Biografie

TERESA GUTIÉRREZ DE CABIEDES

# VAN THUAN

## libero tra le sbarre

CITTÀ NUOVA

Teresa Gutiérrez de Cabiedes, *Van Thuan. Libre entre rejas*

José Picón 28 - 28028 Madrid
www.ciudadnueva.com

Traduzione dallo spagnolo
di Roberta Munegato


via Pieve Torina, 55 - 00156 Roma
tel. 063216212 - diffusione@cittanuova.it

ISBN 978-88-311-5374-4

Finito di stampare nel mese di febbraio 2021
dalla tipografia Arti Grafiche La Moderna
Guidonia (Roma)

Ristampa:
(6) 7 8 9 10

*A Elisabeth Hiep, madre di F.X. Nguyen Van Thuan,*
*che illuminò e nutrì un testimone di speranza,*
*dono per l'umanità.*
*A Francisco Pérez González e a tutti gli amici di Van Thuan,*
*che non si stancano di raccontare questa storia vera*
*contagiando la pace in molti cuori.*
*Ai condannati a morte per la loro fede;*
*a tutti quelli che, innocenti, sono perseguitati dalla giustizia.*
*A mio marito Hervé e a mio figlio Giuseppe,*
*che mi hanno prestato l'inchiostro e la penna*
*per vivere e narrare questo racconto.*

# 1. CATTURATO

Molte volte si era chiesto come avrebbe reagito se avessero cercato di assassinarlo. Il momento era arrivato. Si sentiva sopraffatto, su una giostra fuori controllo: oscillava tra le vertigini e il desiderio di mostrarsi coraggioso.

I fatti si erano susseguiti senza il tempo di metabolizzarli. Ogni azione si ripercuoteva sulla successiva. I soldati li circondarono e li obbligarono a seguirli. Bastò salire le scale del palazzo presidenziale per trovarsi immersi in un mare confuso di sguardi nervosi. Molti ufficiali parlavano, urlando ordini contraddittori.

Lo terrorizzava l'eventualità di non essere degno del suo cognome e, nello stesso tempo, desiderava non tradire una dinastia che tante volte era stata fedele fino allo spargimento di sangue: per secoli nessuno della sua stirpe aveva esitato a dare la vita per difendere le proprie convinzioni o per proteggere il Paese dal veleno che lo stava invadendo.

Istintivamente, Thuan si immerse profondamente nelle pupille dell'arcivescovo Binh. Lo sguardo dell'anziano si sciolse in una cascata di pace.

Per un istante, tutto sembrò tacere; si udivano solo gli scatti delle macchine fotografiche, come echi di tamburi prima di una battaglia.

– Sorridi pure, – borbottò un ufficiale, – tanto questo sorrisetto lo perderai presto.

Thuan non riusciva a capire perché volessero tanta documentazione del suo arresto. Forse era solo polvere negli occhi: non aveva ancora le manette, conservava intatti i vestiti e il volto in buona salute. Era felice pensando che alcune di quelle foto sarebbero arrivate ai suoi amici, a sua madre e ai suoi fratelli: un'ultima immagine senza traccia di tortura.

Binh e Thuan camminavano quasi allo stesso passo, nonostante il primo avesse molti anni in più. I loro piedi risuonavano sul pavimento di marmo come fossero zavorrati. Non potevano parlarsi, ma cercavano di accordare il ritmo dei loro passi.

Lungo il corridoio si imbatterono in volti contratti, alcuni giovanissimi: sembrava una sfilata di maschere. Quell'edificio maestoso, perfetto nei suoi disegni geometrici, era perforato da tutte le parti, con molte finestre distrutte e taglienti punte di vetro che sfidavano il vento. Sulla scalinata di accesso al cuore dell'edificio c'era una bandiera degli Stati Uniti completamente bucata: sembrava il bersaglio di una fiera in cui si fossero scaricati i proiettili di alcuni fucili, gareggiando nell'affinare la mira.

Thuan desiderava intensamente abbracciare il suo compagno. Nelle ultime settimane, Binh era stato per lui un maestro spirituale e un angelo consolatore. Solo due ore prima avevano fatto la loro ultima passeggiata nel giardino della casa che ospitava Thuan.

– Fai ancora in tempo a nasconderti – lo aveva supplicato quasi con voce paterna.

– Non voglio disertare e abbandonare i miei. La mia storia ha senso solo qui, aiutandoti e, se necessario, dando la mia vita – lo aveva interrotto, prima di concludere con fermezza. – A cosa mi serve conservare la vita se non riesco a compiere la missione per cui sono nato?

Avevano ripercorso insieme gli avvenimenti degli ultimi mesi: gli spasimi finali di una guerra civile che aveva colpito il Vietnam per più di due decenni, la presa del potere da parte del Partito comunista, le costanti minacce verso gli oppositori del regime, l'espropriazione dei beni, i tentativi di pressione affinché loro stessi cedessero e sventolassero la bandiera del nuovo governo. E in mezzo a questo dissanguamento, due milioni di morti, centinaia di migliaia di sfollati, una devastante carestia e un futuro minaccioso. Gli agenti della polizia segreta fecero un cenno che non ammetteva equivoci. Il corridoio si biforcava. Si guardarono per l'ultima volta.

– Addio, Binh. Quando ci rivedremo, sarà cresciuto molto il bonsai che mi hai regalato? – Thuan, quasi bisbigliando, cercò di consolare l'anziano.

Binh aveva un nodo in gola che gli strozzò la voce. Tuttavia, il suo sguardo pieno di tenerezza attraversò gli occhi di Thuan, lasciandogli l'ultimo abbraccio di pace nel fondo dell'animo. Quindi, mise le mani in tasca. Anche Thuan accarezzò furtivamente la sua tasca abbozzando un lieve sorriso, con cui confermava il messaggio cifrato.

Il detenuto sentì di essere inghiottito nelle viscere del Governo. Vari spintoni lo fecero avanzare verso la sala per essere interrogato. Un frastuono confermò che il passato sarebbe rimasto sigillato tra le due porte, immense e pesanti, che si erano appena chiuse.

## 2. DOMANDE SENZA RISPOSTA

L'ufficio presidenziale era maestoso. C'erano almeno venti ufficiali governativi: Thuan cercò di leggere i loro sguardi, ma trovò solo volti compressi in una smorfia di odio. Uno di loro, orgoglioso di aver preso possesso dell'enorme tavolo di legno nobile, aspettava impettito come un re appena incoronato.

– Generale Tu Ha, responsabile della sicurezza pubblica e del dipartimento della gioventù del Governo – si presentò, chiaramente contento di ascoltarsi ma parlando al vento, come se di fronte a sé avesse un mobile e non un detenuto.

Si fece un silenzio denso, interrotto solo dal volo di un moscone che attraversava l'ambiente soffocante dell'ufficio.

– Nguyen Van Thuan, – continuò solennemente l'ufficiale, – ti abbiamo fatto portare qui perché sei colpevole di aver causato problemi al Governo del popolo sovrano del Vietnam. Sei accusato di propaganda imperialista e di essere un infiltrato delle potenze straniere – infierì senza neanche respirare, come se stesse magnificamente interpretando un copione.

– L'ultima cosa che voglio è tradire il mio Paese, per il quale ho vissuto e per il quale desidero continuare a vivere... – Thuan inghiottì la saliva – con tutte le mie forze.

– Il 23 aprile scorso sei stato nominato capo della tua Chiesa a Ho Chi Minh City. Oggi è il 15 agosto. In questi tre mesi ti abbiamo avvertito, attraverso vari messaggeri, perché non accettassi l'incarico. E ci hai disobbedito.

– Non posso abbandonare il mio popolo. Chi mi ha nominato mi ha mandato a compiere una missione spirituale tra questa gente. Abbandonerò l'incarico solo se lui me lo ordinerà.

Le parole del prigioniero fluivano dolci e lente, ma cadevano come schiaffi sull'espressione disgustata dell'accusatore. Il generale cominciò a girare per la stanza, seguito dagli occhi inquieti dei suoi compagni.

– È evidente che la tua nomina è un complotto del Vaticano. Sappiamo che le potenze straniere vogliono rovesciarci. La tua Chiesa ha dichiarato guerra al comunismo. O sei con noi o contro di noi. Ti do l'opportunità di modificare la risposta.

Il prigioniero ascoltava con gli occhi semichiusi. Dal suo atteggiamento traspariva una tranquillità irritante.

– Non è forse vero che come coadiutore hai il diritto di sostituire l'arcivescovo Van Binh se dovesse ammalarsi o morire? – concluse Tu Ha.

– È così.

– Allora, tu sarai il prossimo leader – continuò il generale.

Thuan si prese alcuni secondi. Cercava le parole con cui chiarire che in tutto quell'imbroglio c'era un errore di fondo.

– Mi sono appena congedato da Van Binh – disse con un ampio sorriso e scrollando le spalle – e ha davvero un buon aspetto. Dubito che sia urgente sostituirlo, perché non ha l'aria di qualcuno che morirà presto.

– Van Thuan, qui è in gioco la tua vita. Basta idiozie! – replicò il generale mentre si accarezzava la lunga barba bianca che lo faceva assomigliare a un capretto imbizzarrito. – Quello che avete studiato nelle scuole private, per mandarini, non vi dà nessuna idea di cosa sia la vita. Ho già abbastanza problemi: non dirmi altre scempiaggini!

– Proprio per questo vorrei chiedere: quali sono i miei tradimenti? Che problemi ho fomentato? Consolare chi soffre, trovare cibo per gli orfani e abbandonati... non è forse un modo per risolvere i problemi del nostro popolo? Perché mi chiami lacchè degli imperialisti? Perché sostengo i valori che hanno reso grande il Vietnam nei secoli?

Il generale spostò lo sguardo verso il soffitto. Thuan si domandò se non stava cercando di perforare un muro con uno stuzzicadenti: ogni tentativo di spiegazione si infrangeva sui rigidi muscoli di quell'uomo. Ma continuò a parlare.

– Il problema non sta nel fatto che l'aiuto che diamo arrivi anche dall'estero. Tu sai quanto siete stati aiutati dalla Cina e dalla Russia. E non penso che per questo ti possano chiamare traditore.

– Finirai col farmi perdere la pazienza! – il tono dell'inquisitore si era ormai trasformato in un grido furioso. – Le mie spie ripetono continuamente che nelle parrocchie cattoliche e fra i capi della tua Chiesa tutti hanno fiducia in te. Contro chi volete lottare? Contro di noi, patrioti? Contro la Rivoluzione che sta per dare un nuovo volto al nostro Paese? Quando ammetterete che il Vietnam è cambiato? Non c'è posto per Dio nella nostra nuova patria. Facciamola finita con i miti! Siamo un Governo popolare e cominceremo da zero, con tutta la forza e il potere della classe operaia, che è umile ma non stupida.

Per il calore che invadeva la sala, gli occhiali del prigioniero si erano appannati. Tutto gli appariva irreale. Mai, prima, era stato sottoposto alla pressione di un interrogatorio, anche se gli sembrava di aver superato, nella sua vita, centinaia di esami come quello. Lui stesso assisteva con sorpresa a uno spettacolo che aveva per protagonista la sua pace interiore. Ma, nello stesso tempo, presagiva un finale funesto.

## 3. IL PREZZO DI UNA FIRMA

Thuan osservò i volti privi di espressione degli ufficiali, che a malapena battevano ciglio e, con discrezione, guardavano il generale con la coda dell'occhio.

Cercò di decifrare il volto di quell'uomo, già anziano, che infondeva in loro un simile timore. Gli zigomi prominenti contrastavano con due enormi borse sotto gli occhi. Come risultato, il suo sguardo si mostrava simultaneamente penetrante e permeabile. I capelli, pettinati all'indietro, mettevano in risalto due pezzi di pelle scoperta e tesa, in cui persino le rughe si distendevano, che gli conferivano un'aura di rigidità. Le sopracciglia delineavano appena gli occhi con due linee sottili. Quelle linee discrete rendevano più evidente il contrasto con i folti baffi che inquadravano le labbra sempre indurite. La barba che fuoriusciva dal mento sembrava elettrizzata dalla corrente. Il generale Tu Ha avrebbe potuto essere la personificazione del padre della Rivoluzione vietnamita. Neppure il migliore disegnatore avrebbe potuto riprodurre così bene Ho Chi Minh. Solo tre lentiggini, perfettamente allineate, lo rendevano davvero diverso.

– Maledizione, Van Thuan! Voglio offrirti un'opportunità per salvarti la vita. Faremo insieme una dichiarazione in cui ammetterai volontariamente che sei stato nominato dal

Vaticano come vescovo coadiutore di Ho Chi Minh City in base a un complotto in combutta con gli imperialisti – l'ufficiale tolse una penna dal risvolto dell'uniforme e rovistò tra le carte già predisposte sul tavolo.

Thuan scrutò dentro di sé il modo di costruire un ponte per riuscire ad avvicinarsi alla sponda dell'ufficiale di governo. Ma il suo silenzio sembrò offendere il comandante, che ribolliva di impazienza.

– Non mi senti?! Te lo ripeto per l'ultima volta: ammetti che la tua nomina a gerarca di Ho Chi Minh City è un complotto del Vaticano e di altre potenze imperialiste? – la voce nasale, con echi striduli, contrastava con l'aspetto e il gesto aspro del generale.

Oscillando la testa da un lato all'altro, Thuan disse con voce chiara e incisiva:

– Non posso ammettere qualcosa che non è la verità. Non esiste un complotto del Vaticano né degli imperialisti né di nessun altro nemico che io conosca. Abbiamo sofferto troppi anni di guerra. Ci sono migliaia di vietnamiti sfollati a causa dei combattimenti e delle rappresaglie. Questo Paese è devastato. Non voglio più litigare con nessuno. La mia missione a Saigon è portare una parola di speranza a questo popolo.

– Non capisci. Questa città non sarà mai più Saigon. Avrà il nome di Ho Chi Minh! Grazie al compagno Ho ci siamo liberati della peste americana. Tutto quello che loro toccano viene infettato dalla Coca Cola. Avvoltoi imperialisti! Il Vietnam del Sud non esisterà più. Siamo un solo Paese. E la capitale sarà Hanoi. Hai capito, finalmente? Questa disgustosa guerra l'ha vinta il Nord!

Il generale Tu Ha alzò il pugno in aria. Tutti gli altri ufficiali, attratti come calamite, si unirono a quel gesto disperato: voltando le spalle a Thuan, si radunarono in cerchio e cominciarono a discutere mormorando.

Mentre il tono violento dell'ufficiale gli martellava nelle orecchie, il pensiero andò al dolore che stava soffrendo sua madre. Thuan rovistò con discrezione nella sua tasca. Fino a quel momento nessuno si era accorto che aveva con sé una piccola arma. Quando accarezzò il rosario con le dita, la sua speranza crebbe e diminuì il terrore di morire colpito da uno sparo su un muro posteriore del palazzo del governo.

Pochi minuti dopo, il comandante gli si rivolse d'improvviso:

– Van Thuan, sei in arresto in nome delle forze dell'ordine pubblico della Repubblica Popolare del Vietnam.

Thuan chinò la schiena e, chiudendo gli occhi, trattenne dentro di sé il raggio di luce che entrava dalla finestra.

# 4. VIAGGIO NELL'ABISSO

All'uscita posteriore del palazzo presidenziale era fermo un fuoristrada, seguito da un furgone militare carico di una squadra di soldati con i fucili puntati. Il generale che lo aveva interrogato e due agenti della polizia segreta entrarono nella stessa auto di Thuan.

Mentre si sedeva nella parte posteriore, pensò che quella fosse una scorta di lusso per un pastore detenuto clandestinamente. Perché avevano preso tante precauzioni? I suoi amici erano persone di quartieri e di villaggi poveri; la sua famiglia aveva dovuto scegliere l'esilio; nessuno dei suoi aveva armi o potere politico. Quella squadra di ufficiali e soldati messa su per tenerlo in custodia gli sembrava quasi comica.

Attraversarono alcune strade di Saigon. Un'insegna scolorita faceva intravvedere uno slogan pubblicitario in inglese: «Divertiti a Saigon, la perla dell'Oriente». Thuan si commosse pensando al contrasto tra quella frase e il campionario di orrori che vedeva dal finestrino. Non erano scampate alla distruzione né le casette asiatiche né le costruzioni francesi. Quando l'auto rallentò in prossimità di un incrocio, rimase assorto di fronte a un edificio a cui avevano fatto saltare in aria la facciata. Simile a uno spettacolo teatrale interrotto all'improvviso, dentro era rimasta pietrificata la vita domestica così com'era prima dell'esplosione. Le stanze che non erano bruciate mostravano nei dettagli la vita dei loro antichi abitanti. Al primo piano, un pianoforte aperto mostrava uno spartito incompiuto. Sul terrazzo, i panni erano rimasti stesi, come una scultura di cartapesta.

Lungo le strade cumuli di macerie, e l'odore di gomma bruciata irritava le narici. Bambini e anziani rovistavano tra i rifiuti. Altri giocavano a carte mentre le donne raccoglievano foglie dagli alberi e le mettevano in una pentola arrugginita, dove bolliva una minestra. La fiamma improvvisata si andava spegnendo in un batter d'occhio; mentre soffiando scuotevano le braci.

Uscita dalla città, l'auto cominciò a prendere velocità e contemporaneamente i pensieri di Thuan si fecero più aspri. Le buche della strada facevano sobbalzare la sua angoscia.

– Che schifo di strada! – l'autista parlava quasi a sputi. – In questo Paese nessuno si occupa di riparare le strade, mentre tutti vengono a fare la guerra.

– Non dire mai più quella maledetta parola – il generale Tu Ha abbassò un po' il finestrino e prese una boccata d'aria. – Dobbiamo cancellare questo capitolo e scrivere la nuova storia di questo Paese. Sono finiti i mandarini, i francesi colonizzatori, gli imperialisti americani e la classe dispotica – si girò verso Thuan e lo guardò con disprezzo. – Il popolo è libero! Ora governa il popolo.

– Ah, se bastasse non parlare della guerra. Guarda dal finestrino. Quanti bambini hai visto abbandonati lungo le strade? – l'autista si mise le mani tra i capelli. – Non sopporto la vista di quelli con i capelli gialli. Odiosi americani! Oltre che farci conoscere le bombe, hanno messo incinta le nostre donne. Che muoiano tutti!

Nonostante i continui ostacoli, l'auto percorreva a tutta velocità la strada tra Ho Noi e Xuan Loc. Thuan riconobbe perfettamente i due piccoli villaggi a nord di Saigon. Le casette basse, illuminate dalla luce del tramonto, sembravano bellissime pennellate di un quadro. Nei mesi precedenti, per vari pomeriggi aveva bussato a quelle porte per far giungere una parola di incoraggiamento agli ammalati o l'ultima benedizione ai moribondi. Proprio una settimana prima lo avevano invitato a condividere un tè per festeggiare l'arrivo di un bambino. Ora, curiosamente, non c'era anima viva. Solo in una specie di tenda, da dove pendeva un'improvvisata insegna d'ospedale, si erano raccolte alcune persone che gridavano per far posto al passaggio di una barella. Sotto gli arbusti giacevano dei feriti che cercavano riparo all'ombra. Al margine della strada c'era un furgoncino capovolto: al di sopra, due bambini giocavano a spararsi.

Un paio di curve all'uscita del villaggio bastarono a ricondurli alla monotonia della strada statale. Thuan cercò di allentare la tensione riposando un po'. Stava schiacciando un pisolino quando l'auto cominciò a rallentare per fermarsi in un locale sul margine della strada. Gli ufficiali scesero per chiedere qualcosa da mangiare. Thuan cercò di ubriacarsi con l'aroma che arrivava: gli ricordava le minestre di coriandolo e cardamomo della sua infanzia.

Un calcio lo distolse da quell'estasi.

– Prendi. Magari crepi lungo la strada e ci tagliano la testa – gli disse l'autista allungando il braccio e passandogli una foglia di banano con del riso freddo e secco.

– Grazie mille, ti ringrazio del cibo. Mi ricordi che c'è qualcun altro a cui interessa che continui a vivere – Thuan strizzò gli occhi.

I soldati, che non sapevano se potevano sorridere, scelsero di guardare il generale Tu Ha.

– Presto vedrai come perderai la voglia di fare battute – disse questi con una risata ostentata.

Uno dei soldati lo imitò ridendo esageratamente. La smorfia smisurata mise in mostra la sua bocca completamente sdentata.

– Ti sei perso una lezione di sopravvivenza – gli disse un altro soldato che aveva metà della faccia bruciata. – Non ti hanno raccontato che bisogna bere la pipì per non farsi cadere i denti? Prigioniero, informati. Bisogna bere le vitamine!

Thuan rimuginò su quel "trucco" da veterani, ma l'altro soldato interruppe i suoi pensieri.

– Dannazione! Non ti hanno detto che nella foresta sarebbe piovuto gas arancione e avrebbero fatto un arrosto con la tua pelle?

– Vediamo se ci indovino e ti metto questo tra i buchi che hai in bocca – quasi senza finire di parlare, gli gettò il resto del cibo in faccia.

Con il volto coperto di grani di riso, il soldato si avventò sul suo compagno e si presero a pugni.

L'ufficiale li separò a calci.

– Se volete finire in prigione con questo traditore, continuate a litigare, bambine! – finendo di parlare diede un altro spintone con gli stivali a Thuan. – Dovreste aver lottato, come me, dagli undici anni, essere sopravvissuti nella selva e aver scavato chilometri di tunnel con le mani. E smettereste di litigare stupidamente.

– Generale, lei ha costruito un tunnel? – uno dei soldati lo guardò affascinato.

– Credi che i 250 chilometri di Cu-Chi si siano costruiti da soli? No! Siamo un popolo di lavoratori. E se c'è bisogno di inventare un Paese sotto terra per scacciare l'invasore, allora si inventa. Ho inghiottito più polvere io che tutti voi messi insieme in tutta la vostra vita. Ma il giorno in cui ho saputo che eravamo al di sotto di un ospedale americano e loro non lo sapevano, ho dimenticato tutta la terra che avevo inghiottito! – il generale era compiaciuto del suo racconto. – Il nostro Paese ha bisogno di veri soldati, non di bambini che litigano tra di loro come se stessero a scuola. Andiamo!

Dopo un po' il cielo si oscurò completamente. Fuori, a malapena si vedeva la scia di luce lasciata dai fari. Thuan tentò di nuovo di riposare e di risparmiare le forze per quello che sarebbe avvenuto.

## 5. NOTTE DI NEBBIA

Anche se la maggior parte dei lampioni erano distrutti, Thuan riconobbe l'entrata di Nha Trang, città di cui era stato vescovo fino a pochi mesi prima. Arrivati al quartier generale, gli ufficiali scesero in fretta ed entrarono nell'edificio. A pochi metri da lì, le onde del mare si infrangevano sulla riva. Si mosse in quella direzione fermandosi sotto un lampione che languiva per il poco gas.

Amava quella spiaggia. Gli riportava alla mente molti tramonti sereni. Sentì che il suo corpo galleggiava. Con l'immenso oceano che ondeggiava nel buio, assaporò per un istante la felicità di sentirsi libero, circondato di pace e di bellezza. La sabbia penetrava tra le fessure dei suoi sandali facendogli il solletico. Quattro palme spettinate dalla brezza ondeggiavano in una danza serena. Persino le stelle sembravano ballare. Per un momento ebbe il desiderio di camminare sulle onde e che tutto quello che si era lasciato alle spalle svanisse.

Le impronte frettolose di un soldato lo distolsero dalla sua estasi.

– In macchina! – gli urlò con voce affannata.

Nella penombra, Thuan si accorse che anche il volto era bruciato.

– Capitano, qual è il destino di questo marinaio? – sussurrò Thuan, in evidente contrasto con la strombettata che aveva ricevuto.

Il soldato si guardò gli stivali. Si strinse nelle spalle. E finalmente abbozzò un mezzo sorriso.

– Io ubbidisco agli ordini. Guardi, non mi piace affatto come la stanno trattando. Mia nonna mi ha parlato molto bene di lei: grazie al suo aiuto hanno potuto ricostruire il telone della tenda nella quale vivono. Però qui non ho voce in capitolo. Mi fa schifo dover servire un esercito come questo. Quale sarà il nostro futuro? Sto pensando di farla finita.

– Quanto ti manca per finire il servizio militare? – Thuan cercò di abbracciare il soldato con lo sguardo.

– Due mesi.

– Ti supplico, sopporta.

– Mio padre è morto in guerra. I miei amici sono cadaveri carbonizzati nelle trincee – si coprì la metà del volto bruciata. – Non voglio guardarmi mai più in uno specchio. Odio questo mondo. E tu mi chiedi di sopportare ancora?

Il soldato abbassò la testa.

– Guarda il cielo.

– Cosa?

– Guarda il cielo.

– Non vedo nulla. È molto scuro. Credo che anche la luna sia scappata via, fuggendo da questo Paese.

– Se aspetti qualche ora, uscirà il sole. E con la sua luce ogni cosa sarà diversa. Scoprirai che il cielo era coperto di nuvole e di uccelli di cui in questo momento non puoi accorgerti. Non vuol dire che non ci siano. Il fatto è che non li possiamo vedere perché non c'è luce.

– Magari potessi aspettare. Magari…

Il soldato guardò Thuan per alcuni secondi. Nei suoi occhi c'era un grido di aiuto, corrisposto da un torrente di tenerezza. Il ragazzo fece dietrofront.

– Andiamo! Quello delle tre lentiggini e la barba bianca è il generale più sadico dell'esercito. Sarebbe capacissimo di rinchiuderci in una latrina.

Thuan respirò intensamente, cercando di riempirsi i polmoni con la brezza marina. Per la prima volta gli venne in mente la possibilità di andare in prigione. Incoscientemente la sua bocca si riaprì, cercando di trattenere la maggior quantità possibile di aria.

I soldati suonarono il clacson. Un rombo del fuoristrada annunciò la ripresa della marcia. Thuan si affrettò. Gli ufficiali erano tornati ciascuno alla propria posizione come pezzi degli scacchi.

Appena arrivati al commissariato, il generale Tu Ha ritornò all'attacco.

– Puoi firmare qui. Dormirai meglio. E domani sarai libero – tirò fuori i documenti e cominciò a cercare qualcosa con cui scrivere.

– Non posso firmare questa confessione. È falsa.

– Sei un maledetto erede di un clan in estinzione. Ora basta! – il generale era tutto rosso in viso, con gli zigomi sporgenti ancora più in rilievo, disseminati di gocce di sudore. Sembrava un leone sul punto di balzare sulla preda. Fece in tempo a prendere un po' d'aria prima di scoppiare in un grido assordante. – Vuoi tornare a un Vietnam ormai passato e impedire che la Rivoluzione porti il progresso nella nostra terra? Per vent'anni abbiamo lottato contro tuo zio Diem, un altro lacchè dell'imperialismo. Gli Stati Uniti sono sempre stati vicini al suo governo per poter, dopo, invadere il nostro Paese e...

Thuan approfittò di una momentanea mancanza d'aria per fare una precisazione, scandendo ogni parola.

– Mio zio Diem era un patriota ed è morto assassinato proprio per non essere il lacchè di nessuno. Sapeva che avrebbe potuto perdere la vita per questo, e non ha avuto paura di dare fino all'ultimo respiro per il Vietnam. In ogni caso, non sono mio zio, né il presidente di questo Paese: la mia missione è un'altra, non è politica.

– Lui è stato un nostro nemico come tutti coloro che sono legati al traditore imperialista. Anche tu sei un infiltrato del sistema oppressore. Hai diretto un ufficio della tua Chiesa che si è sostituito al Governo nel dare terra e lavoro ai patrioti vietnamiti. Sei un disgraziato che ha chiesto soldi ai Paesi capitalisti. Ci hai reso lacchè delle potenze straniere – la voce dell'inquisitore risuonava con disprezzo. – Potrei farti fucilare in questo stesso momento, solo per questa ragione. Potrei torturarti stanotte fino a farti firmare.

– L'organismo che ho diretto era frutto del lavoro di molti altri miei fratelli. Il nostro unico obiettivo è stato e sarà quello di alleviare la miseria della nostra gente. Il Comitato per la ricostruzione del Vietnam ha ricevuto fondi da molte parti del mondo. Alcuni dei Paesi che ci hanno aiutato sono poveri. Non capisco perché mi si accusi di collaborare con l'imperialismo. Se qualcuno vuole aiutare il mio popolo, non gli chiedo il passaporto e neanche la tessera del suo partito.

Il timbro di voce del prigioniero risuonava in modo lento e melodioso. Il generale appariva visibilmente stanco mentre si lisciava nervosamente i baffi e il pizzetto.

– Van Thuan, vediamo se recuperi il senno durante la notte e domani firmi la confessione. Non penso di sacrificare il sonno e di infastidirmi con i tuoi raggiri. Levati di mezzo!

I soldati, a malincuore, condussero via Thuan. Nella stanza attigua, si lasciarono cadere su alcune brande e gli indicarono il suo posto. Non fece in tempo a sdraiarsi che si mise la mano in tasca. Nel suo cuore sentiva risuonare un grido lacerante: "Ricordati di me, Madre. Giammai si è sentito dire che tu abbia abbandonato colui che si è rivolto a te!". Mentre accarezzava i rilievi del rosario, sentì il bisogno di pregare. Come un bimbo spaventato, cominciò a ripetere quella preghiera nel suo intimo, desiderando che portasse via l'incubo.

# 6. PAESAGGIO CON SBARRE

Quando si svegliò, Thuan aveva il corpo intorpidito. I vestiti appiccicosi gli ricordarono che non era un'alba normale. La luce del mattino definiva lo spazio fatiscente nel quale aveva trascorso la notte. Dall'intensità del sole, dedusse che non era presto.

– Avanti, che non abbiamo tutto il giorno a disposizione. Forza, in macchina! – urlò dalla porta il generale, come un padre furibondo che dopo aver ripetuto cinque volte un ordine, vede che suo figlio non gli obbedisce.

Thuan si affrettò ad alzarsi e a uscire dall'edificio. Le auto erano già in moto. I soldati della scorta gli puntavano contro le armi, quasi come se in quello stesso istante dovessero lottare contro un esercito intero.

Dopo alcune curve, la vista della sagoma scoscesa della montagna Nha Trang scatenò in lui una tempesta di sentimenti contrastanti. Le risaie mostravano chiazze di terra devastata. Le zone bruciate dalle bombe e dai gas erano brunite e aperte come piaghe suppuranti. Per anni aveva percorso quei luoghi palmo a palmo. Nonostante la desolazione di quel paesaggio, il solo sentirsi in un luogo familiare bastò per infondergli coraggio.

Il convoglio si fermò nella parrocchia di Cay Vong.

In un piazzale vicino, alcune donne lavavano i panni in uno stagno. Erano accovacciate, su isolotti di fango mescolato con l'immondizia, mentre i bambini ballavano nudi sotto la pioggia. Una bimba si avvicinò saltando. Aveva in mano una bambola con un braccio amputato.

– Signore, lei è il nuovo medico del paese? La mia bimba ha una bua.

Thuan non fece in tempo a rispondere.

– Va' subito via con tua madre! – le gridò il generale. E la bimba scappò impaurita, schizzando fango dappertutto.

Tu Ha entrò come un turbine nella canonica, seguito da due guardie. Guardandolo in faccia, Thuan si rese conto che era pettinato in modo impeccabile.

– Van Thuan, firmi?

– Sì, se però mi lasci scrivere la mia confessione.

– Che schifo mi fai! Dopo tutti quelli che sono morti nella tua famiglia per niente, tu ancora non hai imparato! Sei proprio un testone. Scegli. Passerai qui un bel po' di tempo, mentre ti si informerà sul tuo destino – parlava a scatti. – Ti è assolutamente proibito parlare con chiunque. Non potrai uscire da questa stanza. Sarai controllato ventiquattr'ore su ventiquattro. Per il momento, questo è tutto e non accetto domande.

Un raggio entrò folgorante dalla finestra, lasciando una scia di luce nella quale ballavano miriadi di particelle di polvere. Thuan si sentiva piccolo e, allo stesso tempo, parte di una corrente luminosa che aveva benedetto i suoi avi e che adesso illuminava lui. Desiderò con tutte le forze che la sua lucentezza rivivesse nell'anima di quell'uomo che sembrava una belva di cemento.

Il generale uscì.

Attraversando la porta quasi scaraventò a terra il parroco che abitava nella canonica, ma non batté ciglio.

– Hai sentito. Siamo controllati – balbettò l'anziano evitando di guardarlo negli occhi. – Lì c'è un libro.

– Ti ringrazio. Devo pensare con calma a un piano. È la prima volta nella mia vita che ho tanto tempo, almeno da quando ho avuto la tubercolosi per alcuni mesi. E inoltre mi ordinano di non fare niente! Non so come potrò organizzare tante ore libere.

– Mia madre diceva: «Se vuoi che qualcuno ti aiuti ad arare, cerca uno che stia già mietendo il campo». Siccome sei abituato a lavorare duro, saprai cosa fare in questi giorni.

Thuan percepì nel tono della voce dell'anziano più un desiderio che una convinzione. Il suo sguardo metteva in evidenza una paura atroce.

– Via, fuori subito, non siete qui per chiacchierare! Non voglio sentirvi raccontare segretucci o... – il soldato di guardia diede uno spintone al pastore e mimò con la mano un coltello che gli tagliava la gola. – Parroco, mi auguro che collabori con il nostro governo. Non voglio sentirti parlare con lui. Porterò io stesso da mangiare a questo qui – si rivolse al prigioniero. – E tu, non creare problemi. Non voglio che ci puniscano per colpa tua.

Thuan stava pensando come rispondergli quando la porta si chiuse di colpo. Lo spazio della stanza cominciò a soffocarlo. D'istinto guardò verso la finestra con la speranza di veder entrare un altro furtivo raggio di luce. Ma trovò consolazione solo ascoltando il ticchettio della pioggia sulle sbarre arrugginite. Neanche il paesaggio poté consolarlo; la vita vista da lì era quasi inesistente: alcuni arbusti trascurati e un muro. Un albero dal tronco larghissimo aveva le radici annegate nell'acqua e nelle foglie morte. Mise la mano in tasca. Mentre le punte delle dita accarezzavano la sua arma, il cuore si dilatò. Si tolse gli occhiali e appoggiò la testa alla parete scrostata. Il cuore gli si apriva sul sentiero di un bosco interiore colmo di misteri.

## 7. FULGORE NELLE STELLE

Come un uomo al quale si è rotto l'orologio, Thuan contemplava lo scorrere del tempo. Per lui era un autentico lusso disporre di tanta tranquillità, però il peso dei giorni cominciava a lasciare il segno. Non sapeva per quante settimane, mesi o anni sarebbe rimasto agli arresti domiciliari. Aveva avuto modo di riprendersi e rimpiangeva di non poter fare almeno qualcosa in compagnia.

Solo un suono interrompeva la sua solitudine. Thuan conosceva perfettamente il rintocco di quella campana. La cattedrale di Nha Trang non doveva essere lontana. Avrebbe potuto riconoscere quel suono fra mille. Quella prima destinazione sarebbe stata la sua prediletta: ogni volta che segnava le ore, l'eco del metallo si ripercuoteva dentro di lui, intensamente.

A intermittenza riceveva le visite del generale Tu Ha, che veniva a importunarlo con nuovi interrogatori. Le domande erano sempre le stesse e nelle sue risposte non si presentavano grandi varianti. Al principio, Thuan sentiva un certo sollievo nel poter dialogare con una voce umana, ma la chiusura mentale con la quale lo martellavano le stesse domande finì per annoiarlo. E l'odio inquisitorio del timbro di voce, che sembrava quello di un gallo impazzito, lo esasperava.

– Finirai per arrenderti, cadrai ai miei piedi come un cane affamato – decretò il generale un giorno.

Ascoltando queste parole il prigioniero capì che non poteva aspettare che gli aiuti gli arrivassero dall'esterno. Thuan cercò nella sua memoria personaggi che potessero aiutarlo a ottenere un vantaggio da quella prigionia. Un pomeriggio si fermò a ripassare la storia di Paolo, l'ebreo dell'epoca di Cristo che aveva ucciso molti cristiani finché si era convertito ed era stato fatto prigioniero perché annunciava il Vangelo. Dalle carceri dell'impero in cui era recluso, scriveva alle comunità dei credenti appena nate per alimentarne e sostenerne la fede.

Per un istante intravvide la speranza di poter essere utile nonostante la reclusione. Negli ultimi giorni gli era passata per la mente un'infinità di pensieri. Erano come piccoli spiragli di luce che davano vita a un universo di stelle. Da piccolo, gli piaceva unire i punti di luce del firmamento, scoprendo le costellazioni. Ora, nella penombra della sua prigionia, gli si presentava la possibilità di tracciare un percorso che unisse i diminuiti bagliori che ancora ritrovava dentro di sé. La sua vita era stata messa alla prova: gli era stato chiesto di firmare una dichiarazione falsa, era stato accusato di mentire ed era stato rinchiuso per fargli pressione, affinché cedesse davanti al nuovo Governo. Tutto questo lo spingeva a chiedersi giorno e notte perché mai dovesse rinunciare alla libertà e cosa stava ottenendo in cambio. Una scintilla di speranza cominciò a riaccendersi.

Ma le notti cadevano, plumbee, sulla sua idea di scrivere come Paolo. Col buio, un manto di tristezza e oppressione gli ricordava che la sua vita era un incubo. A volte rimaneva sveglio e le domande degli interrogatori lo pungevano come spilli.

In mezzo a un combattimento corpo a corpo con la tristezza, Thuan vide passare per la memoria un ricordo prezioso, e lo trattenne. Si concentrò ad assaporarlo. Erano passati vent'anni da una passeggiata con suo zio Diem. Camminavano su un sentiero che aveva grandi platani ai margini. Il suo padrino gli narrava storie avvincenti della sua infanzia. E mentre da un albero cadeva una grande foglia, gli disse:

– A volte, la penuria risveglia la nostra maggiore ricchezza – lo zio parlava piano, come se cercasse di ricomporre la sapienza, estraendola dalle cose vissute. – Guarda, quando eravamo poveri non avevamo neanche un po' di carta per scrivere. Ma quanto sono diventato ricco quando sono riuscito a imparare a scrivere caratteri cinesi su foglie di banano, con un poco di polvere!

Thuan rimase a guardare fisso un calendario appeso alla parete. Nel resto della stanza spoglia, oltre al giaciglio c'erano solo il libro che gli avevano lasciato e una penna. Il solo fatto di aver ricordato lo zio Diem gli fece venir voglia di sorridere. Una scintilla si accese dentro di lui quando capì da dove poteva cominciare.

# 8. QUANG, PICCOLO MESSAGGERO

Thuan cercava la stella del mattino dalla minuscola finestra della cella. Nonostante i giorni diventassero sempre più lunghi, il suo corpo era allenato alle mattinate.

Aprì uno spiraglio per respirare aria fresca. Dalla strada entrava il brusio del villaggio che cominciava a svegliarsi: le imposte delle porte, alcuni galli in lontananza, il mormorio di alcuni contadini che caricavano gli aratri sui buoi.

Dei passi veloci sorpresero Thuan. Quasi attaccato alla sua finestra passava un bambino che giocava calciando una pietra.

– Pssss – disse il prigioniero.

Il bambino, prima un po' incerto, poi con molta curiosità, spinse i cespugli e si avvicinò alla finestra.

– Come ti chiami? Sta' giù un momento, fa' finta di prendere una pietra.

– Va bene, ma me ne devo andare subito di corsa perché mia madre aspetta che torni dalla chiesa per riscaldare l'impasto del pane – disse il bambino, deciso.

– Che ore sono?

– Non lo so, signore, ma la messa era alle 5.

– Di' a tua madre che zio François gli chiede se può regalargli dei calendari vecchi. Dille che vorrei raccontare dei segreti ai miei amici – gli chiese Thuan, parlando in fretta e facendogli una smorfia molto divertente.

– Ah sì, bene, d'accordo.

– Dille che voglio scrivere ogni giorno pochi pensieri. Domandale se ti permette di portar via i fogli e copiarli.

Mentre parlava, un brivido percorse il corpo di Thuan. Per un momento ebbe timore per il bambino e la sua famiglia. Li stava rendendo complici della sua avventura, e forse il regime avrebbe potuto vendicarsi contro di loro. Il bambino lo fece sobbalzare.

– Certo che posso farlo. E mia madre vorrà aiutarla – il bambino sorrideva.

– Come ti chiami?

– Ah, ... sono Quang.

– Quang, devi sapere che è pericoloso. In realtà, non devi restare vicino alla finestra.

– Pericoloso? – soffocò una risata mettendosi le mani sulla bocca.

Thuan era come in paradiso parlando con quel bambino sorridente. Però non poteva rischiare oltre.

– Domanda prima a tua madre, per favore, Quang. Ripetile quello che ti ho detto. Lei capirà che è pericoloso. E ti dirà se puoi aiutarmi.

– Ho detto che ti aiuteremo, zio François.

– Grazie, Quang – la voce del prigioniero era quasi spezzata dall'emozione. – Ascolta bene, figliolo, può darsi che ai militari non piaccia. Non vogliono che io parli con nessuno. E io voglio raccontare un segreto a tutti gli abitanti del Vietnam.

– La mamma dice che non si deve disubbidire – il bambino sorrise con malizia. – Ma credo che questa volta sarà contenta che non dia retta a quelli che comandano.

Quang prese a calci la sua pietra e scappò correndo. Mentre cercava di capire quello che era appena successo, Thuan provò una fitta d'invidia per il bambino che aveva appena partecipato alla messa dell'alba. Una nostalgia appiccicosa gli invase lo spirito. La solitudine lo opprimeva. Ebbe il desiderio di uscire volando dalla finestra come un passero, ma quando le sue mani toccarono il freddo delle sbarre, fece una smorfia.

Il cielo, striato di viola, cominciava già a dissolvere l'oscurità. Thuan si afferrò a quella nascente luminosità e si ripeté, fermamente, che non voleva arrendersi.

## 9. TEMPERINO DI UNA MATITA

Thuan era assorto, disteso sul giaciglio. Nel suo cuore continuava a scoprire scrigni sconosciuti; quando li apriva, venivano fuori ricchezze stupefacenti.

Quando si aprì la porta, si spaventò talmente tanto che quasi gridò.

– Il generale Tu Ha verrà domani con una nuova confessione – gli annunciò il soldato di guardia. – Mi manda a dirti di pensarci su. A dire il vero, avrebbero già potuto arrestare il parroco di qui. Quello sì che fa tutto ciò che gli comando, ma tu sembri una vecchia volpe.

Il custode sputò per terra e sbatté la porta. Thuan attese che il suo cuore si calmasse.

L'illusione cominciò a dileguare tra la nebbia delle emozioni contrastanti in cui era immerso. Nei giorni precedenti aveva sofferto molto per la flessibilità del tempo: i momenti eterni, nei quali la sua vita si rinchiudeva in un secondo superfluo; i momenti di incubo, invasi da allucinazioni oniriche che lo opprimevano come tentacoli; i ricordi evanescenti simili a mosche agili e ostinate.

Thuan scoprì che aveva fra le mani un tesoro: il momento presente. Il coraggio di Quang era penetrato nella cella come un raggio di luce rivitalizzante. Guardò la punta della matita e cominciò a far leva sul suo cuore, ridotto a una matassa raggrinzita. Lentamente, assaporando ogni lettera, abbozzò l'introduzione:

*Ecco che Dio mi concede*
*qualche momento di intimità con Lui.*
*L'ho desiderato da tempo;*
*finalmente, comincio a scrivere*
*alcuni pensieri che nascono dal cuore:*
*sono l'esperienza di una vita,*
*sono le confidenze di un padre.*
*Non potrò dir nulla di totalmente nuovo.*
*Vorrei soltanto ricordarti qualche parola*
*Che già altre volte, certamente,*
*è giunta, buona consigliera,*
*ai tuoi orecchie, al tuo cuore.*

Immaginò i volti degli amici, dei figli spirituali, di tutti coloro che stavano soffrendo, come lui, persecuzioni politiche e religiose. E cercò di avviare un dialogo che oltrepassasse le mura, le distanze e il tempo.

*Il Signore dice: «Io sono la verità»* (Gv *14, 6). Non dice che i giornali, la radio o la televisione sono la verità. Quale tipo di verità vuoi perseguire?*

Il dilemma sulla verità continuò ad affiorare nella mente di Thuan.

Come ottenere il meglio da questa situazione crudele nella quale poteva comunque trasformarsi in una persona più autentica? Pilato il traditore e Giuda il suicida, il re Davide afflitto e l'ebreo Paolo: decine di volti sfilavano nel suo intimo. Pensò ai tanti uomini che avevano cambiato la propria storia e la Storia dal patibolo della sofferenza. Molti di loro erano cambiati dopo aver letto buoni libri.

Thuan immaginò il suo amico Ignazio di Loyola, secoli prima, convalescente per le ferite di guerra: prostrato in un letto, guerriero inabile e sofferente, passava il tempo leggendo le storie epiche dei santi. E, a vedere tanto incommensurabile onore, tanto coraggio in battaglie immortali, volle arruolarsi in un esercito che avesse per bandiera l'Amore. Inoltre, gioendo per le vite esemplari di quegli uomini e donne di Dio, si era chiesto quale forza soprannaturale avesse potuto muovere quegli spiriti. Aveva così riscoperto Gesù Cristo e lo aveva conosciuto in un modo nuovo: come amico inseparabile, come maestro di lotta, come fonte eterna di una pace a prova di qualsiasi guerra. E quel soldato, che avrebbe conservato per sempre le conseguenze del combattimento, riuscì, zoppicante, a mettere insieme un esercito di apostoli che avrebbero predicato Dio fino ai confini dell'Oriente.

Thuan assaporava l'idea di elaborare i suoi pensieri in un libro che fosse di riferimento per altri guerrieri che si trovavano ora a fronteggiare un regime oppressore. Ma che genere di libro poteva scrivere?

La memoria andò a ritroso negli anni. Mentre faceva il dottorato a Roma, amava leggere un'opera di Pascal. Mise alla prova la sua memoria e scarabocchiò una di quelle massime:

*Nessun'altra religione, eccetto il cristianesimo, ha riconosciuto che l'uomo è la creatura più importante e allo stesso tempo la più miserabile.*

Era difficile, per Thuan, scrivere sotto il peso della sofferenza. Comunque, considerando ciò che aveva scritto, non poté reprimere una risata. Non era il genere di libro che avrebbe voluto regalare ai suoi. No. Non si trattava soltanto di delineare grandi pensieri, frasi celebri. Desiderava aiutare a ripercorrere il cammino, condividere la sua esperienza di pellegrino.

«Il cammino della speranza», scrisse su un foglio del calendario. E quel titolo lo sedusse, inducendolo a continuare a svuotare la sua anima. Nelle ore successive, perse il senso dello spazio e del tempo.

Quando si aprì la porta, di riflesso, Thuan appoggiò il libro delle preghiere aperto sul foglio.

– L'ufficiale Tu Ha ha telefonato questo pomeriggio. Mi ordina di dirti che ti dà alcuni altri giorni – comunicò il custode che gli aveva portato qualcosa per la cena. – Dice che spera tu abbia tempo per riflettere e che ti decida a firmare la confessione, per il tuo bene. Mi chiedo che ti costi firmare e andartene dal Paese quanto prima. Sei un idiota.

Il sole autunnale aveva già compiuto il suo percorso nel cielo. Il prigioniero desiderava ritrovare la stella del mattino. Prese la sua arma e, mentre l'accarezzava, sperò che arrivassero nuovi pezzi di carta.

## 10. COMPLOTTO

Quang aveva imparato a fingere vicino alla canonica. Approfittando che al ritorno dalla messa dell'alba c'era ancora penombra, si avvicinava alla finestra aperta del prigioniero. Fingeva di giocare a dare calci a foglie e a pietre. Entrava e usciva dai cespugli. Nessuno poteva sospettare che il piccolo facesse parte di una cospirazione.

– Buon giorno, zio François! – sussurrò felice mentre lanciava sul davanzale della finestra alcuni vecchi calendari con tutte le pagine in bianco. – Gliel'ho detto: mia madre sta cercando di aiutarla. Le mie sorelle copieranno i testi. E... – si mise a ridere a bassa voce – sappia che non abbiamo paura.

– Prendi allora, Quang, figliolo – rispose commosso Thuan mentre gli porgeva le prime pagine manoscritte.

– Mia madre mi incarica di dirle una cosa: abbiamo un problema. Non possiamo fare che poche copie a mano – mentre parlava, il bambino si era messo i fogli fra la pancia e i calzoni e continuava a far svolazzare le foglie con i piedi.

– Tranquillo – sospirò il prigioniero. E con voce ferma, soggiunse molto convinto – Copiate in un quaderno e distruggete i fogli. Quando tutto sarà pronto, io stesso vi dirò a chi dovrete consegnarlo.

– Ah, va bene; e sappia che – Quang aveva bisogno di mettersi in mostra – sono contento che mia madre mi lasci disubbidire alle guardie. Perché questi *polis* non ci piacciono per niente. A domani!

Quella mattina sembrava che il sole dell'estate si fosse intrufolato nella cella di Thuan. Le pareti ammuffite e sgraffiate erano bagnate da una radiosa luminosità. Il silenzio assoluto della canonica si era trasformato in un laboratorio dove scolpire un'opera d'arte spirituale. Solamente il cinguettio degli uccelli gli ricordava che viveva in una cella, mentre gli uccelli volavano in libertà.

Spesso il prigioniero si sentiva trasportato indietro nel tempo di almeno venti secoli. Vedeva se stesso confinato in una prigione romana, permeato dallo spirito dei primi martiri. Poteva sentire al suo fianco l'apostolo Paolo, che lo spingeva a mettere su carta i suoi più profondi pensieri. Thuan scriveva e riscriveva cercando la maggiore concisione, la maggiore semplicità possibile. Soprattutto, era convinto che le sue frecce sarebbero state efficaci solo se fossero nate dalla sua esperienza di vita. Evitava di predicare teorie. Intuiva che l'unico modo di vincere l'indottrinamento del regime era offrire una testimonianza di vita. Una testimonianza così autentica da renderla inconfutabile.

Ogni mattina Quang metteva le dita nelle tasche simulando nascostamente un segno di vittoria. Sebbene non potesse trattenersi molto, spesso chiedeva al prigioniero di imitare qualche personaggio.

– Zio François, – gli confessò un giorno, – se finisci questo libro, ne comincerai uno comico? Sarebbe molto divertente.

– Quang, zio François non sa cosa succederà domani. Però oggi metterà tutta la sua vita in ciò che scriverà. E grazie a te, questa vita percorrerà tutta la nostra patria – Thuan non poteva evitare di emozionarsi ogni volta che toccava con mano il coraggio di quel ragazzo, di quella famiglia.

Quang si sentiva il generale di un esercito di insorti. Ogni notte andava a dormire, felicemente inquieto, pensando alla missione che avrebbe compiuto la mattina seguente.

## 11. MILLE E UN PEZZO DI CARTA

La torcia illuminava alcune parole le cui linee si stavano affievolendo. Thuan piegava la testa sul tavolo, vinto dal sonno. Una nube di zanzare volteggiava intorno alla tenue luce incollata al viso. A ogni puntura si riprendeva, ma le palpebre gli cadevano, come tendaggi di piombo.

Per mesi, una notte dopo l'altra, attraversò quel deserto. Vi erano momenti in cui sprofondava nella preghiera e altri in cui si lasciava trascinare dalla scrittura, che fluiva senza tregua. Riordinava i fogli del calendario. Rileggeva quanto scritto prima. Cercava nella biblioteca della sua memoria una citazione o un pensiero di un'altra persona che lo potesse illuminare.

Dopo aver consegnato le carte a Quang, vedeva l'alba, riposava alcune ore e si rimetteva di nuovo a preparare la scena per l'odissea notturna. La sua estasi creativa veniva interrotta solamente dalle visite inquisitorie dell'ufficiale di turno.

– Mi piacerebbe sapere quale piano mediti nella tua testa ribelle – gli disse un giorno, d'impulso, il generale Tu Ha, dopo che, per l'ennesima volta, aveva rifiutato di firmare una confessione.

Thuan, che aveva appena nascosto i suoi calendari sotto il materasso, fece una smorfia di noia infinita.

– A cosa stai pensando?

Il prigioniero taceva.

– Non mi rispondi? A che pensi?

– A mia madre? – Thuan s'intenerì pensando a lei, ma fece in modo di mantenere austero il volto. Nell'intimo stava ripassando alcuni messaggi cifrati che sarebbero andati nel manoscritto.

Il generale di pubblica sicurezza abbandonò la stanza sbattendo la porta, e lo scrivano tornò, ansioso, a tirar fuori le carte dal materasso e si sedette con la matita in mano.

Ottobre e novembre trascorsero in un soffio. Sfiorando già la fine dell'anno del calendario cristiano, Thuan era arrivato al chilometro mille del suo itinerario. Quel libro gli chiedeva ad alta voce un epilogo. Era già pronto per passare alla stampa ed essere distribuito.

Un pomeriggio, prima del tramonto, si ricordò del racconto delle mille e una notte. Pensò a come finire il suo compito. Con profonda sincerità scrisse a mo' di conclusione:

> *Una sola ricompensa: Dio stesso. Quando Dio chiese a san Tommaso d'Aquino: «Hai scritto bene su di me, Tommaso: quale ricompensa vuoi?», san Tommaso rispose: «Solo te, Signore!».*

Thuan ritenne l'opera conclusa. Sentì però il bisogno di aggiungere un ultimo sospiro. Con tratti decisi scrisse in maiuscole: «tu hai una patria». Ripassò le lettere.

Per un momento passò per la sua mente, come un tuono, la falsa accusa che gli era stata attribuita nel primo interrogatorio subito dopo l'arresto. Rimbombava nelle sue viscere la voce cavernosa del generale Tu Ha, mentre gridava con disprezzo: «Van Thuan, hai tradito il tuo Paese!». Questo ricordo dell'uragano con la barba e tre lentiggini gli provocò un conato.

Deglutì. Respirò con calma tre o quattro volte. E come un guerriero che si prepara per l'ultimo assalto, si rimise in sesto, con l'intenzione che nulla avrebbe amareggiato le ultime parole della sua confessione spirituale. Con più convinzione che mai, scrisse di getto una poesia:

*Tu hai una patria, il Vietnam*
*Un paese tanto amato, lungo i secoli,*
*È la tua fierezza, la tua gioia.*
*Ama le sue montagne e i suoi fiumi*
*I suoi paesaggi di broccato e di raso.*
*Ama la sua storia gloriosa,*
*Ama il suo popolo laborioso,*
*Ama i suoi eroici difensori.*
*I fiumi vi scorrono impetuosi*
*Come scorre il sangue del suo popolo.*
*Le sue montagne sono elevate,*
*Ma più alte ancora sono le ossa*
*che vi si ammucchiano.*
*La terra è stretta, ma basta la tua ambizione,*
*Oh piccolo Paese molto rinomato!*

Thuan si sentì trascinato verso un luogo simile al Paradiso. Lì c'era una moltitudine di volti conosciuti: gli zii, i nonni, i genitori e i fratelli; amici, figli spirituali, tante persone per bene che aveva abbracciato in momenti di difficoltà. Tutti ripetevano le parole che lui stava scrivendo, e un esercito di pace e armonia tesseva le loro voci e diffondeva in tutto il Vietnam un concerto di antiche melodie.

*Aiuta la tua patria con tutta l'anima,*
*Sii fedele ad essa.*
*Difendila col tuo corpo e col tuo sangue,*
*Costruiscila col tuo cuore e la tua mente,*
*Condividi l'allegria dei tuoi fratelli*
*e la tristezza del tuo popolo.*
*Un Vietnam.*
*Un popolo.*
*Un'anima.*
*Una cultura.*
*Una tradizione.*
*Cattolico vietnamita,*
*Ama mille volte la tua patria!*
*Il Signore te lo insegna, la Chiesa te lo domanda.*
*Possa l'amore del tuo paese essere tutt'uno col sangue*
*che scorre nelle tue vene.*

Lo scrittore si fermò alcuni secondi. Si mise in ginocchio per terra e alzò lo sguardo verso l'alto.

– Ho intessuto una collana di stelle e desidero deporla con la luna ai tuoi piedi, mia Regina. Che questi puntini di luce abbandonino la mia cella e illuminino la notte oscura degli altri. Lo sto chiedendo a te, madre, lo sto chiedendo a te.

Thuan si coricò soddisfatto ed eccitato all'idea che il giorno dopo Quang sarebbe venuto per le ultime righe del suo diario spirituale. Appuntò sul foglio un nome cifrato, quello dell'uomo che avrebbe portato a una tipografia clandestina il quaderno che riuniva tutti i frammenti. Mentre visualizzava il viso di quel ribelle, accarezzò con gratitudine il rosario, spense la lanterna e si lasciò cadere dalla stanchezza.

## 12. UNA NUOVA PUNIZIONE

In pochi giorni, una miccia accese la scia di polvere da sparo che giaceva disseminata in molte case del Vietnam. Di villaggio in villaggio, di conversazione in conversazione, di nascondiglio in nascondiglio, gli uni agli altri copiavano frammenti o ripetevano a memoria le frasi che li avevano colpiti di più.

Quelle confessioni spirituali volavano come i gabbiani del Pacifico. La gente dei villaggi, delle città e delle montagne le beveva assetata, come se il cielo si fosse aperto e piovesse acqua purificatrice.

Nelle copie non appariva il nome di nessun autore; e neppure nelle versioni che viaggiavano da un luogo all'altro, con gli estratti disordinati dell'opera. Ma molti sapevano con quale sangue fossero firmate quelle confessioni.

Nel palazzo presidenziale, dove Thuan era stato interrogato il giorno del suo arresto, si svolgeva una feroce lotta fra ufficiali. L'odio incontenibile riecheggiava dalle pareti e percorreva il pavimento di marmo, elettrizzando tutto al suo passare.

– Vi avevo detto che gli arresti domiciliari non sarebbero stati sufficienti. Il tempo mi ha dato ragione! – il generale Tu Ha aveva la vena così gonfia che minacciava di fargli scoppiare il collo.

– Compagno Ha, penso che la cosa migliore sia farlo sparire. Dobbiamo essere discreti. Ma possiamo riprendere il piano che avevo proposto all'inizio – suggerì un altro ufficiale di pubblica sicurezza.

– Siete una banda di incapaci! Mi ucciderete! Volete che facciano un consiglio di guerra e ci eliminino? – il generale Tu Ha era completamente fuori di sé. – I grandi capi mi hanno convocato alla loro riunione d'emergenza perché li informi. Dovreste andare voi, lì!

– Compagno Ha... – si schiarì la voce un altro ufficiale.

– Compagno Ha! Com-pa-gno-Ha! Compagno Ha!

L'ufficiale sembrava un gallo che starnazzava il proprio nome. Girava e contorceva la testa da un lato all'altro, con una voce sempre più acuta. Se non fosse stato per la tensione che opprimeva l'ambiente, tutti avrebbero riso.

– Inetti, senza cervello, questo è quello che siete! Farlo sparire? Eliminare il disgraziato? Ma cosa volete, che il Vaticano e gli imperialisti ci mandino un comitato per i diritti umani? – Tu Ha smetteva di parlare giusto per respirare. Il volto era sudato e i gradi dell'uniforme gli tremavano. – Tutti sanno che questo Van Thuan è agli arresti. Farlo sparire? Come posso garantire la sicurezza pubblica di questo Paese con inetti come voi?

– Compagno Ha... – osò dire di nuovo quello che per ben tre volte era stato chiamato inetto.

– Se mi interrompi un'altra volta te ne vai con il prigioniero perché ti contagi con i suoi veleni! Mi sono arrivate informazioni sulle comunità vietnamite straniere. Il virus di Van Thuan è già arrivato negli Stati Uniti e in Francia. La scorsa domenica hanno sentito predicare in alcune parrocchie occidentali con il suo testo in mano. Credete che questi imperialisti ci considereranno un Governo rispettabile? Questo comitato di pubblica sicurezza è diventato uno zimbello! Voglio recuperare immediatamente il nostro prestigio! Sarò irremovibile! Però non posso lavorare con un esercito di imbecilli...

– Compagno... – l'ufficiale più giovane prese coraggio e lo interruppe di nuovo. Da vari minuti accarezzava una proposta che gli avrebbe spianato la strada verso l'ascesa che desiderava – Van Thuan è un prigioniero pericoloso. Ricordi che durante la guerra fabbricavamo trappole di bambù per ferire i prigionieri senza ucciderli? Se lo isoliamo perderà ogni contatto con i suoi. Il dolore lo farà ragionare. Si renderà conto che è meglio non aggirare le regole di sicurezza del Governo.

Soddisfatto della sua proposta, il giovane ufficiale si raddrizzò, mettendosi sull'attenti davanti a Tu Ha.

– Finalmente qualcuno che dice qualcosa di sensato. Qual è il campo di rieducazione più temibile in questo momento? Abbiamo bisogno che si spaventi una volta per tutte. Che firmi, che firmiii!

– Phu Khanh, compagno. Quanto più al nord saliamo, meglio è. Nel sud lo conosce troppa gente. Ma lassù non lo aiuterà nessuno.

– Stasera informerò i nostri superiori che il prigioniero sarà trasferito. Compagno Nguyen Van Chim, hai avuto una buona idea. Ti ordino di incaricarti personalmente che abbandoni in segreto la parrocchia nella quale è in arresto. Per il momento, portatelo in quello schifo di campagna. Ordinerò subito di preparare una cella d'isolamento. Che il prigioniero non parli con nessuno. E che non scriva nemmeno una maledetta parola!

Tu Ha aveva dato per conclusa la riunione. L'ufficiale Chim uscì a gran velocità con una macchina militare e si presentò nella canonica di Cay Vong.

Quando entrò nella cella improvvisata di Thuan, lo trovò con lo sguardo perso e un'espressione di tedio perpetuo. Si soffermò per un momento a scrutare la scena. Lo guardò in faccia. Dietro quella maschera di noia si intravedeva una tale serenità, che l'ufficiale si sentiva a disagio. Distolse lo sguardo dal prigioniero e si rimise in sesto. "Vedrai cosa ti aspetta, traditore", pensò dentro di sé. Ma si limitò a dire:

– Alzati, e in macchina! Senza portare niente, scrittore – sottolineò le ultime parole con evidente disprezzo.

Thuan sentì dentro di sé un sussulto di gioia. Il testo si stava cominciando a diffondere? Cercò di non manifestare nella sua espressione il solletico di felicità che gli percorreva l'anima. Simulando impaccio, si alzò dalla sedia per uscire.

L'ufficiale Chim gettò per terra il libro di preghiere che era sul tavolo, facendo schizzare via la matita. Sputò sul libro. Si avvicinò alla matita e la schiacciò con lo stivale. Si sentì lo scricchiolio del legno schiacciato mentre la mina saltava fuori.

Per la mente di Thuan passò l'immagine della nonna che spezzava il collo di una gallina dopo averla sgozzata. Un brivido di terrore gli scese dalla testa fino alle dita dei piedi. Quell'uomo era gigante, però la sua testa era sproporzionatamente piccola, sebbene la coronassero due enormi orecchie. Gli occhi opachi e neri erano pieni di rabbia.

Seduto in macchina, Thuan cercò di non pensare al destino della sua prigionia. Mise la mano in tasca.

Nel toccare il suo rosario, la respirazione rallentò un poco. Il rumore del motore gli offuscava l'udito. Cercò di rifugiarsi nel panorama. In mezzo a una distesa di risaie, alcuni contadini guardavano il cielo. Il verde brunito dei campi e alcune nuvole grigie inasprivano la luce primaverile, colorandola di riflessi grigiastri. L'acqua che allagava le risaie rifletteva le nuvole e frangeva le loro forme. Cercò di pregare per i suoi compagni di viaggio. Accarezzò di nuovo la piccola arma celata nella tasca, in cerca di sicurezza. Ogni volta che passava le dita sul filo, sentiva una piccola ondata di sollievo. La sua pelle, però, cominciò a imbrattarsi con un sudore acido. Le ascelle gli bruciavano. L'odore del suo corpo lo nauseava e cercò di soffocare i conati. Mentre alcune gocce di sudore salato gli toccavano gli angoli della bocca, fissò il cielo agitato, implorando la grazia di resistere.

# 13. CRUDELE ISOLAMENTO

La scorta militare si fermò nel perimetro di sicurezza. Mentre aprivano i cancelli del campo di rieducazione, il prigioniero contemplò l'ampia pianura su cui si estendeva.

La prima notte, Thuan sentì nell'oscurità il fragore delle onde e alcuni rumori che provenivano dall'aeroporto. Intuì che si trovava molto più vicino a Nha Trang, la sua amata città. Le prime ore, cullate dalla marea, gli conciliarono il sonno.

– Questo non è un albergo! Andiamo! Alzati!

Thuan schiuse gli occhi e vide la sagoma corpulenta della guardia che lo strappava dal dormiveglia.

– Mettiti subito in piedi e non far aspettare gli ufficiali – ripeté, seccato.

Thuan si mise sulla soglia della porta, imbattendosi in quattro soldati che cercavano rogna di primo mattino.

– Ecco qui il piccolo vescovo cospiratore! – disse una guardia all'altra scoppiando in una fragorosa risata.

– Ai suoi piedi, eccellenza! – si burlò un altro mentre imitava la risata del primo.

Una terza guardia si avvicinò a Thuan e gli diede uno spintone. Avvicinandosi all'orecchio gli disse ansimante:

– Prendi il mio saluto, intanto. Dopo giocheremo a moscacieca. Vediamo se indovini chi ti picchia!

– Ora basta – li interruppe quello che l'aveva svegliato, cercando di imporre la sua autorità. – Abbiamo un dovere da compiere, compagni. Pertanto vi chiedo silenzio.

– Ai suoi ordini, compagno Chim! – gridarono tutti all'unisono.

L'ufficiale era di un'enorme statura e il suo volto, alla luce, appariva più rude. Prese un foglio di carta e Thuan osservò che aveva le unghie completamente morse e la punta delle dita screpolate.

– Nguyen Van Thuan, confessa che hai cercato di tradire il regime della Repubblica popolare del Vietnam alleandoti con interessi stranieri. Hai tradito il popolo: se ammetti che hai sbagliato sfidando le autorità che rappresentano la nostra patria, sarai liberato quanto prima.

L'ufficiale aveva cercato di leggere il comunicato con voce solenne. Addirittura aveva fatto un passo in avanti e si era messo sull'attenti.

Thuan cominciò a sentire che il suo corpo vacillava. Gli doleva ogni muscolo, l'immaginazione lo faceva tremare e l'orrore barcollare.

Tentò di riprendere il controllo di sé e cercò nel silenzio una risposta accettabile.

– Nemmeno ti difendi dalle accuse? – la voce dell'ufficiale era massiccia come il suo contegno. – Quindi tu stesso hai scelto la tortura. Portate il traditore al pozzo. Vediamo se rifletterai prima del ritorno dell'ufficiale Tu Ha: un giorno di questi si presenterà qui e ti renderai conto di cosa significa.

Thuan venne sospinto lungo un corridoio. Scesero per un dislivello profondo e si aprirono le fauci di un abisso.

– Marcisci, traditore – gli sputò addosso un soldato, dandogli uno spintone.

Thuan rimase per un momento steso per terra. Dietro il suono metallico del portone si sprangò il mondo.

Nelle tenebre mosse le braccia, con precauzione. Le pareti erano molto vicine e la sensazione di sentirsi dentro una bara gli opprimeva il petto. Cominciò a sentire un calore intenso. Soffocato, cercò di respirare un po', ma non percepiva neanche un minimo soffio d'aria. Tastando le pareti con le mani, cercava qualche foro di ventilazione.

Nella parte bassa del muro notò una piccola apertura. Mise il dito e toccò qualcosa di gelatinoso: aveva schiacciato un verme. Ne estrasse altri due, tre. Una rana flaccida. La mosse un po'. Era morta. Il prigioniero depositò il cimitero di animali accanto ai suoi piedi. Avvicinò il naso quanto più poté all'orifizio. Respirò bolle di fango e un filo d'aria.

Il sudore gli bagnava il corpo. La camicia, incollata come una pelle umida e polverosa, gli pesava come se fosse tessuta con fili di metallo.

Affaticato, si sedette cercando di sgranchire le gambe. Perse la nozione del tempo. A un certo punto la porta si schiuse, ma non si sentiva voce alcuna, né si vedeva figura umana.

Entrò un vassoio, strisciando per terra, e rimase accanto alla rana morta. Thuan ebbe un conato di vomito. Non poteva proprio mangiare con quelle mani intrise di fango e sudore.

Aveva bisogno di riposare. Cercò di chiudere gli occhi, ma in quel momento si accese una luce spettrale. Adesso la caverna era tenebrosa. Diventava sempre più nauseante. La ciotola di riso gli ricordava una tinozza con dentro del pesticida.

Desiderò che spegnessero le luci. Desiderò svenire. O morire. O cadere in una sonnolenza profonda. Cercò di pregare un po', ma la sua mente era disfatta. L'incubo dell'inferno combatteva per tenerlo sveglio fino allo sfinimento.

# 14. NAUSEA DIVORANTE

La cella cominciò a riempirsi di cadaveri. Si incollavano l'uno all'altro col fango o infestavano l'aria, asfissiando Thuan.

Il tempo era stato la prima vittima della prigionia. Qualche secondo elastico cuciva e scuciva eterne solitudini. Altri istanti veloci, alimentati dalle vertigini, lo ricoprivano come un tifone di spilli spietati.

La luce non si spegneva. La notte e il giorno si erano dileguati, affogati in quella lampadina agonizzante. Almeno, l'oscurità avrebbe nascosto le sfumature dell'inferno, ma la lampadina, persistente, feriva le cornee di Thuan. I suoi occhi vagavano fino allo sfinimento per quell'antro di putrefazione.

– Proibito parlare. Proibito disturbare le guardie. Vediamo se per una maledetta volta firmi la confessione – gli aveva detto un giorno l'ombra gigante che si profilava sulla porta.

Con quelle parole era morta ogni traccia di umanità.

Il prigioniero venne trascinato in un isolamento assoluto. Si estinsero i volti. Nemmeno un'eco di voce lontana. A volte Thuan rimpiangeva persino di poter udire qualche insulto, una risata sarcastica, per sentire di far parte ancora del mondo. Sapeva di non essere morto, ma lo sapeva solo per la fame vorace e la sete infinita che si alternavano conficcandogli il loro pungiglione nel corpo sfinito.

Di tanto in tanto, la porta si apriva ed entrava un vassoio con un avanzo di cibo. Ma una nausea permanente si era impadronita di tutti i suoi sensi. In alcune parentesi, la nausea sminuiva un poco. Però, di notte, una mano quasi di fantasma apriva la porta affinché il prigioniero facesse alcuni passi verso la latrina, e allora la nausea si rinnovava in tutta la sua potenza. L'odore pestilenziale si espandeva divorando la poca aria nuova che era entrata nella cella.

Poi il movimento si placava. Thuan sapeva di aver bisogno di mantenere un minimo di attività affinché l'organismo non gli si anchilosasse. Si sforzava di tenersi in piedi: faceva due passi e mezzo in avanti; appena toccava la ruvidezza del muro umido, retrocedeva altri due passi e mezzo. L'insufficienza di spazio lo spossava, ma si obbligava a ripetere i movimenti molte volte. Il dolore irrigidiva i muscoli come se fossero infestati da spine. E si ricopriva di sudore putrefatto. Dopo pochi minuti crollava asfissiato. Il tappetino per terra, pieno di muffa, lo aiutava a trascinarsi fino all'orifizio. E da lì cercava di aspirare un po' di aria nuova, mescolata con il fango e il tanfo.

Con l'arrivo dell'estate, l'umidità e il caldo opprimente anchilosarono il corpo del prigioniero. Le piogge facevano salire il livello delle discariche. Dall'orifizio di ventilazione entrava di nuovo un esercito di animaletti, accompagnati all'occasione da un rigagnolo di acqua putrida e fango liquido. Thuan vedeva sfilare attorno a sé, illuminati da un tenue filo di luce, vermi, rospi e millepiedi. Non aveva la forza di spingere verso il buco gli unici che gli facevano compagnia.

Vedeva se stesso come un serpente moribondo. I brividi gli divoravano i muscoli e lo stomaco gli ardeva di fitte. L'idea che gli stessero avvelenando il cibo penetrò nel profondo della sua immaginazione e inondò il suo spirito agonizzante. Thuan cercò di non mangiare nulla per vedere se il suo fisico maltrattato riprendeva un po' di vigore. La pazzia lo assediava a ogni istante.

Un giorno si ritrovò alla porta una zucca colma d'acqua fresca. A fianco, alcuni piatti attrassero il suo olfatto e gli risvegliarono lo stomaco distrutto. Il prigioniero non poté resistere. Divorò il cibo, annaffiandolo con l'acqua fresca, che aveva il sapore del vino invecchiato più ambito della terra.

Quando finì il pranzo, Thuan cercò di riposare, col desiderio di rimettersi in forze con un sonno profondo. Chiuse gli occhi felice di costatare che la sua arma era sempre lì, come una superstite, in fondo alla tasca.

Poco dopo, un dolore fulminante lo svegliò all'improvviso. Lo stomaco gli si lacerava per i crampi. Una bomba d'aria voleva far scoppiare le sue viscere. Piegato in due, stretto da una cintura di malessere che lo stringeva sempre di più, cominciò a picchiare alla porta. Sentì alcuni rumori dall'altra parte.

– Per carità, sto male! Ho bisogno di qualche medicina!

– Qui non c'è né carità né amore! Solo responsabilità! – una voce rauca si perdeva in lontananza.

Il prigioniero picchiò e ripicchiò la porta. Ma la sua richiesta di aiuto precipitò nell'abisso del silenzio.

Thuan resse al passare delle ore. Ogni secondo di tortura era una battaglia per non vomitare né riempire di escrementi liquidi il piccolissimo spazio della cella.

Quando, ore dopo, si aprì la porta, come un verme contorto ed esausto cercò di raggiungere la latrina. A quell'ora, la malattia si era ormai fatta strada nel suo corpo decrepito. La resa cominciava a profilarsi come l'unica via d'uscita.

# 15. DISARMO E NUDITÀ

Il generale Nguyen Tu Ha sembrava particolarmente compiaciuto ogni volta che attraversava il perimetro di sicurezza del campo di rieducazione di Phu Khanh. Non così i soldati guardiani, che erano tornati alla loro perenne noia dal momento in cui avevano ricevuto l'ordine di non comunicare in alcun modo con il prigioniero.

Ogni volta che andava a interrogarlo, Tu Ha era certo che quel giorno sarebbe stato quello della vittoria: portava con sé una nuova confessione e una penna stilografica appena ricaricata perché il prigioniero firmasse.

– Van Thuan, sei ancora vivo o sei un fantasma? – lo salutò con disprezzo.

Gli altri ufficiali e soldati risero vigorosamente, adulando il generale.

– Mi hanno informato che, oltre a essere un traditore, vai vomitando nella cella e si lamentano dell'odore che lasci attorno a te.

Thuan sentiva tremargli ogni muscolo delle gambe, come se non fossero capaci di sostenere il busto e la testa. Nonostante ciò, quel contatto con voci umane risvegliava la sua mente. Quella sensazione di vita attenuava la tortura interiore.

– So che non è piacevole pulire. Ringrazio i suoi soldati che lo fanno.

– Questo tizio è imbecille! Un aristocratico imbecille! Ringrazio i soldati! – imitando la sobrietà del prigioniero, una guardia si mise a fare inchini a destra e sinistra, come un pagliaccio dopo una rappresentazione. – Grazie! Grazie!

– Comandante, ci aveva detto che era un capo religioso!

Tu Ha rise per le buffonate e la soldataglia si animò. Si sbellicavano dalle risate. Il generale si mise la mano sulla barba e tutti si zittirono di colpo.

– Immagino che desideri confermarci che, fino al tuo arresto, avevi un incarico di spionaggio della CIA. Puoi firmare qui la tua dichiarazione. E, inoltre, se ci dici i nomi delle persone per le quali lavori, ti accompagneremo oggi stesso alla frontiera del Vietnam e sarai libero.

Quando parlava così, Tu Ha faceva pensare a un messaggio registrato.

– Temo che questa confessione non servirà, allora – balbettò Thuan, con estrema lentezza, appoggiato alla parete, guardando i fogli che Tu Ha gli porgeva. – Fino all'ultimo interrogatorio, non ero inviato dalla CIA ma dal Vaticano.

La voce di Thuan agonizzava a ogni parola: l'estrema magrezza rendeva più evidente lo scheletro robusto della sua anima.

Le relazioni dei carcerieri descrivevano il prigioniero come un uomo consumato, abbandonato alla malattia, un essere che, gemendo, aspettava la morte. Tu Ha pensò di sostituire quei soldati annoiati. Trovava Thuan malridotto ma disperatamente irremovibile.

– Da una vacca tarata viene fuori un vitello tarato. Sei il perfetto nipote del traditore Diem – concluse, sputando.

– Del presidente Diem… – Thuan non aveva fiato ma continuò, balbettando – che si è consegnato per la sua patria… fino alla morte. I figli… del Vietnam… non si sarebbero mai dovuti macchiare le mani con il sangue di un fratello…

A Thuan era costato uno sforzo colossale mettere insieme quelle parole, però adesso si sentiva pieno di soddisfazione per esserci riuscito.

– Toglietegli questi pantaloni sporchi e dategli dei calzoni. Se prenderà un'infezione la puliremo e la cureremo. Che marcisca, no. Ci interessa che si mantenga vivo, ancora.

Un soldato abbassò i pantaloni a Thuan. Tu Ha ebbe un conato di vomito. I soldati ridacchiarono. Nel mezzo, come una marionetta, Thuan tremava di freddo. Le sue gambe, macilente, coperte di fango e sporcizia, sembravano pali di argilla. Al lato dei pantaloni induriti dalla porcheria era rimasta appesa una cordicella con palline di legno.

– Toglietegli anche quell'amuleto. E siete tutti in arresto il fine settimana per non aver imparato a perquisire i prigionieri quando arrivano – la voce di Tu Ha usciva come un tuono dalla sua barba canuta.

– Signore, lo abbiamo perquisito nudo – protestò timidamente una guardia. – Non sapevamo che avesse questo piccolo amuleto nei pantaloni.

Il generale lo fulminò con lo sguardo. La guardia strinse le dita sul naso e lo raccolse da terra. Chim glielo strappò dalle mani. Thuan si sentì come un soldato al quale, improvvisamente, rubano l'arma nel bel mezzo di una battaglia.

– Guarda – Chim gli passò davanti agli occhi il rosario che gocciolava porcheria dappertutto. – E adesso guarda questo – dalla tasca tirò fuori un brandello di bandiera degli Stati Uniti. – L'ho chiesto in prestito a uno, dopo averlo strangolato.

Chim mise le sue mani nervose e giganti attorno al collo di Thuan. E strinse un po'. Il prigioniero sentì il peso muscoloso delle sue braccia sulla spalla e sentì che gli mancava l'aria.

– Basta così. Portatelo via: si vede che ha bisogno di più tempo per riflettere... nel suo palazzo – concluse Tu Ha, fingendo una risata.

Thuan percorse i corridoi a ritroso, oppresso da una fatica estrema. Tutte le celle per le quali passavano erano chiuse a chiave. Nessuna traccia di presenza umana. I suoi piedi che strisciavano nella polvere erano l'unico suono, debole e attutito, che si dissolveva in un silenzio straziante. Vortici di sporcizia imbrattavano quegli infiniti corridoi. Ogni passo sembrava l'ultimo.

Un soldato gli diede vari spintoni. Paradossalmente, i colpi lo aiutavano ad avanzare ancora di un pezzo, in quel difficile tragitto.

Il prigioniero, quasi senza respiro, raggiunse il suo giaciglio ammuffito. I pantaloni senza tasche e senza arma lo facevano sentire completamente spoglio. Non appena il rumore metallico del portone gli chiuse nuovamente le porte del mondo, la lampadina si spense. L'ombra del dolore divenne ancora più cupa. Il prigioniero disegnò nella sua immaginazione una luna dalla quale potesse sprigionarsi una scia di luce, sebbene minuscola, per illuminare quella notte interminabile.

## 16. DESOLAZIONE

Dal momento in cui la fievole luce si era spenta, le tenebre avevano ingoiato ogni riferimento. Forse erano trascorse settimane, o mesi. Thuan sentiva che le ultime cellule vive del suo corpo svanivano tristemente.

Dal primo momento aveva cercato di ricostruire la sua scala verso il Cielo. Sapeva che si sarebbe mantenuto vivo solo fino a quando il suo cuore avesse conservato dentro di sé almeno una scintilla di speranza. In ogni interrogatorio, quella scintilla interiore sembrava ricevere una nuova spinta. Ma dopo un po' il silenzio infinito e la puzza costante facevano sì che il suo spirito affogasse lentamente nel fango.

A volte, credeva di perdere coscienza. Con la mente putrefatta, il prigioniero sentì cominciare l'agonia della sua anima. In mezzo alla notte perpetua, una domanda cominciò ad assediarlo insistentemente. Perché continuare a vivere? Le prime volte che quella domanda lo insidiò, Thuan temette che fosse l'inizio un'allucinazione e volle inginocchiarsi per domandarlo al suo Dio. Ma nessun muscolo del corpo gli rispondeva. Prostrato, col viso schiacciato a terra, cercò di aprire le labbra: la bocca gli si era completamente seccata.

La distruzione gli mostrò un dolore inevitabile quando cercò di sussurrare la preghiera del Padre Nostro e non ricordava le parole. La sua memoria si era incagliata. Cercò di uscire dalla palude, tessendo una corda di piccole giaculatorie. Ma la muffa invadeva i suoi ricordi colonizzando ogni cosa.

Nella mente gli spuntò l'immagine del momento più tenebroso della storia. Molto spesso aveva contemplato quella scena. Però adesso vi si sentiva immerso. Vide se stesso seduto ai piedi di un patibolo, con il cielo squarciato sopra e sotto da lampi di angoscia. E osservò l'uomo-Dio mentre si dissanguava in un grido: «Dio mio, Dio mio, perché mi hai abbandonato?».

Thuan cercò di ricordare una frase che aveva scritto nel suo *Cammino della speranza*. Quando riusciva a recuperare una parola, la afferrava subito:

> *Il Signore Gesù ha già patito per tutto ciò. Ma se continui a seguirlo, anche tu avrai la tua Pasqua.*

Ma le sue frasi sembravano vuote di significato. Era completamente rapito da un inferno. Ormai non trovava né luce nella fede né consolazione nelle parole sacre.

L'angoscia stringeva sempre di più il suo opprimente assedio. Aveva bisogno di piangere, ma dopo la prima lacrima non c'era più acqua nel suo corpo. Le labbra coperte da lacerazioni e le piaghe della bocca gli bruciavano mentre beveva quel resto di acqua salata. Il panico lo assalì. Mai, prima di quel momento, lo aveva pervaso nell'intimo il desiderio di morire. La vita non era stata facile, ma una forza segreta e irresistibile lo aveva spinto a cercare nuove strade, a trovare altri motivi per continuare a sperare. Non aveva mai trovato un ostacolo così grande da non poterlo superare.

Tuttavia, ora il suo spirito era bloccato, come le acque sporche del condotto d'aria. La pazzia contaminava l'aria opprimente della cella. Sentiva solo un profondissimo desiderio di andarsene subito all'altro mondo.

Totalmente privo di controllo, il film della sua immaginazione si avviò. In disordine. Scelleratamente. Dalle tenebre pestilenziali riaffioravano le immagini dei poveri che aveva lasciato abbandonati alla loro sorte. Chi li avrebbe sfamati adesso? Chi si sarebbe occupato che i bambini crescessero con un sorriso? Chi avrebbe dato agli adolescenti una parola di speranza? Proprio prima di essere incarcerato, il suo progetto di dare una terra ai diseredati aveva cominciato a prendere forma. Dopo anni di sforzi faticosi, era riuscito a distribuire alcuni ettari di terra fra tanti affamati, aveva disegnato un piano educativo e un sistema di piccole cooperative con le quali gli uni aiutavano gli altri e fra tutti ottenevano del denaro in più con i prodotti di cui non avevano bisogno per nutrirsi. Dopo decenni di feroci sofferenze, finalmente era entrato un raggio di sole nella vita di molte famiglie che si consumavano vedendo morire di fame i propri figli. Thuan aveva cominciato a realizzare il suo sogno, e aveva lasciato nel passato i giorni di frustrazione, di ricerca di risorse, di progettazione di un piano finanziario e agricolo semplice ed efficace.

Adesso il tiranno aveva sopraffatto tutti i suoi sforzi e la sua abnegazione. Senza un processo, senza una sentenza, si era trovato detenuto e trasferito lontano dalla sua terra e dalla sua gente. E adesso sarebbe morto, abbandonato perfino dalle guardie: come un miserabile verme della discarica.

Esausto, oppresso da un intenso dolore, Thuan si raggomitolò in terra e tentò di riposare. Cercò di immaginare il viso di sua madre, ma anche i suoi ricordi si agitavano alla stregua dell'angoscia.

– Dove sarai adesso, madre? – il delirio era incontrollabile. – Perché la storia si nutre della nostra famiglia? Madre mia, mi hai insegnato ad amare la mia patria. Se devo morire, che sia per amore del mio popolo. Però, che otterrà il mio popolo con la mia morte? Potrete, per lo meno, dare sepoltura al mio corpo, o mi decomporrò in questa cloaca?

Per un momento immaginò la sua carta d'identità con un timbro ufficiale; lettere in inchiostro rosso scolorito: «Scomparso». Una frase della Bibbia scaturì dalla ruggine della sua memoria: «Dal più profondo grido a te, o Signore!». Non aveva più forze per gemere a voce alta. L'anima precipitava come una valanga incontrollabile verso l'abisso della depressione. Un altro alito di odore nauseabondo. Un altro conato. Crampi ai piedi. La testa attraversata da una corona di fili invisibili che gli provocavano un dolore lacerante. «Perché non mi ascolti, Dio mio?», sentì risuonare nel suo cuore.

## 17. UNA VOCE CHE LACERA LA NOTTE

Gli sembrò di udire un rumore. Fu preso dal panico credendo che un altro delirio lo avesse assalito. Tastò per terra, si mise gli occhiali e sforzò la vista per cercare di scrutare la penombra. Niente e nessuno aveva mosso la serratura. Per un attimo, ebbe il timore che un topo avesse forzato il condotto di ventilazione. Lo schifo lo paralizzò. Non aveva la forza di lottare contro l'animale.

Prostrato a terra, tornò a implorare Dio chiedendogli di liberarlo. Una lieve onda di pace lo avvolse. Dopo, un'altra e un'altra ancora. Tutta la sua angoscia cominciò a concentrarsi in un immenso globo, che scoppiò come una bolla di sapone.

– Figlio mio, – una voce risuonò nel suo cuore, – non ti affliggere.

– Li ho dovuti abbandonare. Ho lasciato soli i miei orfani, i miei poveri, la mia famiglia – Thuan non avvertiva più le fitte in ogni sua fibra. – E adesso? che senso ha rivoltarmi qui come un insetto? È che non mi rimane neanche la speranza per sopportare questa notte oscura – approfittò dell'occasione per sfogarsi con franchezza, mentre tutto il suo dolore sembrava sospeso.

– Hai fatto tutto il possibile – ogni parola che udiva nell'anima gli apriva una cascata di luce. – Perché l'hai fatto?

Perché tanti sforzi e tante rinunce? – quelle domande facevano posto a dei raggi che penetravano non solo l'ombra della fossa ma anche tutti i ricordi della sua vita. – Quante gioie mi hai dato...

Mentre assaporava gli effetti della sua storia, il prigioniero si chiese anche perché avesse fatto tutto ciò. E in quel momento si sentì piccolissimo, tanto più minuscolo quanto più osservava le proporzioni del gigante con il quale conversava.

– Mio Dio, l'ho voluto fare per te. Era il mio granellino di sabbia affinché tu lo moltiplicassi. Solamente tu puoi creare un mondo nuovo, oltre la distruzione, la povertà e l'odio.

Thuan era felice: cominciava a recuperare la lucidità e, con essa, la capacità di comporre parole coerenti.

– François, quello che hai fatto è grande. E tutte queste opere sono opere di Dio; anche se non sono Dio. Tu pensavi di lavorare per me; però ero io che lavoravo in te.

– Mio Signore e mio Dio – esclamò Thuan, arreso.

– Ti lamenti di non poter lavorare per me. Perché non mi lasci i tuoi progetti? Ami me o le opere che fai per me?

– Mi vergogno di ammetterlo, però molto spesso, credendo di amarti, ho costruito pensando al successo. Hanno lodato i miei risultati. Forse, a volte, tanto bagliore mi ha nascosto il tuo splendore – in quella nudità essenziale, Thuan vedeva molto nitidamente la realtà della sua storia. – Le opere passano, ma tu non muori mai. Oggi voglio che tutto ciò che è mio sia tuo e tutto ciò che è tuo sia mio!

Non c'era fretta né timore, solo specchi che riflettevano le beatitudini. La gioia era tale, che Thuan desiderò rimanere lì per sempre.

– Ti preoccupi per i tuoi perché li ami. Quanto più desidero aiutarli, io! Fidati di me. Mi prenderò cura delle tue opere lì fuori. Le affiderò a molti altri più capaci di te – quella voce nel profondo del suo cuore distruggeva ogni timore e ogni nostalgia.

– Mio Dio, voglio scegliere te e voglio regalarti le opere – Thuan non doveva fare più nessuno sforzo per tradurre ciò che sentiva il suo cuore. – Tu sai ciò di cui abbiamo bisogno prima che te lo chiediamo. Se devo rimanere qui, non mi importa più. Sotto le sembianze di un verme, senza un giudizio, per sempre. Non so se sto per impazzire, ma l'unica cosa che mi interessa ormai sei tu. Resta con me. Ho bisogno della tua presenza in questa oscurità. Adesso tutto è diverso. Nessuna cella, nessuna tortura, nessun tiranno, nessuna malattia né demenza, neanche l'estrema solitudine potranno separami da te, se tu rimani con me.

Il velo delle tenebre si era squarciato, e adesso, nel buio, scintillava nuovamente una speranza indistruttibile, malgrado l'umidità soffocante della cella gli ricordasse, caparbia, che una minaccia pendeva sulla sua vita.

## 18. ALL'ARIA APERTA

Il generale Tu Ha arrivò di corsa. Il suo sguardo, traboccante di furia, non ammetteva domande. I soldati gli aprirono i cancelli con riluttanza. Speravano in una parentesi che portasse un po' di emozione all'eterno tedio del campo di Phu Khanh. Con il prigioniero in isolamento, la noia li torturava.

– Ecco che arriva un nemico della patria – annunciò la guardia gigantesca entrando nella sala degli interrogatori, imitando la solennità di un ciambellano.

Tu Ha vide entrare Thuan con un passo più deciso di quello che ci si sarebbe aspettati da un moribondo. La sua solita serenità appariva rafforzata da un alone di mistero. Si chiese se gli avessero cambiato gli abiti. Però no. Continuava a indossare la sua sgualcita camicia bianca incollata al corpo, i calzoni da buffone, i sandali infestati da striature e fango. Forse erano i capelli, allora. Osservò bene e percepì che non si trattava neppure di questo: il groviglio di capelli rimaneva attaccato al cranio come tagliatelle putrefatte.

Tu Ha lo scrutava con molta curiosità. Evidentemente, c'era stata una grave omissione nelle relazioni che aveva ricevuto. Quel prigioniero apparentemente stava peggio, anche se concretamente sembrava stare meglio. Decise di scoprire quale segreto nascondesse.

– Nguyen Van Thuan, sono sicuro che hai avuto il tempo di riflettere e saprai scegliere il meglio per te. Ti ordino di firmare la confessione.

La cosa peggiore che potesse sopportare il generale era che sul viso distrutto di Thuan fiorisse un sorriso. Non era teso né finto. Fluiva naturale, come una sorgente vergine. E quello scatenava la sua collera.

– Sappi che abbiamo requisito tutte le terre delle tue parrocchie e abbiamo mandato la tua gente nei campi di rieducazione – la vena del collo dell'ufficiale continuava a guadagnare in spessore, mentre il suo tono strideva. – Vediamo se si curano dal veleno che gli hai inoculato e diventano veri patrioti.

Il prigioniero ascoltava imperterrito, come se uno squadrone di spie testimoniasse che le parole di Tu Ha erano una menzogna.

– Eccoti qui di nuovo la confessione. Basta che tu ammetta di aver fatto parte di un complotto imperialista – Tu Ha si sforzava di mostrare magnanimità. – Sicuramente ti ritroverai con la memoria un po' ossidata. È normale. È da molto tempo che rifletti. Ma questo è il momento migliore per firmare. Firmi e te ne vai. Sei libero!

Il silenzio di Thuan e il suo sorriso imperturbabile irritavano sempre di più l'ufficiale.

– Cosa vuoi? Morire di schifo qui? – Tu Ha aveva passato settimane pensando a come riuscire a toccare una fibra che dolesse in modo speciale al prigioniero. – La tua Chiesa è diffusa in tutto il mondo. Sicuramente ti premieranno con una promozione, sicuramente avrai ancora molti progetti da realizzare. Ti costa tanto ammettere che eri contro questo regime, che hai aiutato il Vaticano a tradire il popolo vietnamita, e fare qui uno scarabocchio?

– Io ho soltanto cercato di portare una parola d'amore a coloro che non aspettavano più nulla. Sono sempre stato vicino al popolo – disse Thuan, strappando ogni sillaba alla sua bocca pastosa. Nonostante la luce della finestra gli bruciasse le cornee, cercò di fissare il suo sguardo sull'ufficiale.

Tu Ha, però, chiuse gli occhi. E quando li riaprì erano fuori dalle orbite.

– Odio i tuoi raggiri! *Loro* ti hanno scelto per seminare oppio nel nostro popolo – le parole vomitate con disprezzo spaventarono le guardie, che stavano dietro, insonnolite. – Credi di poter rimanere qui a braccia incrociate, come un qualsiasi prepotente della tua Chiesa, mentre tutto il popolo costruisce il nuovo Vietnam? Oggi stesso partirai per un campo di lavoro. Vediamo se fai qualcosa di utile per il tuo Paese! Vedrai come l'inverno ti convincerà e la smetterai finalmente di dire stupidaggini e ti dimenticherai di fare prediche!

Thuan si illuse pensando che, almeno durante il tragitto, sarebbe stato accompagnato da qualche voce e da qualche volto. La sua sorpresa fu più grande quando, ore dopo, lo obbligarono a salire su di un camion nel quale, oltre ai soldati, c'erano dei prigionieri.

– Chi parla inghiotte il calcio del mio fucile, traditori! – aveva avvertito il plotone la guardia gigante che sembrava destinata a seguire Thuan.

I prigionieri si salutarono con lo sguardo. Thuan vide i volti di alcuni conoscenti dietro le maschere smunte e barbute.

Immediatamente ricordò che quella strada collegava Nha Trang a Saigon. Viaggiare verso il sud lo calmò. Gli venne voglia di ballare dentro il camion quando capì che la sua memoria non era ancora morta. Soprattutto, era eccitato all'idea di poter respirare aria fresca. La poca luce che attraversava il telone del camion gli lacerava gli occhi, ma aveva desiderato così tanto di vedere il sole che i disagi erano quasi benvenuti.

Per alcuni secondi, la vista di Thuan scoprì il mare. Il cuore cominciò a ballargli nel petto. Il paesaggio gli apparve più bello che mai. Conosceva la strada al millimetro. Appena due anni prima aveva percorso decine di volte quel tragitto, mentre organizzava la rete di sostegno per i profughi di guerra. Rimanevano ancora macerie e residui di distruzione dappertutto. In mezzo ai campi, un aereo americano abbattuto, pancia in giù e bruciato, rimaneva come un monumento alla vittoria. La poca gente che camminava lungo i margini della strada andava in senso contrario, trascinando i piedi senza parlare.

A un certo punto, il camion rallentò la marcia e si fece da parte. Alcuni barili giganti di benzina, circondati da cespugli, fungevano da posto di blocco improvvisato. Mentre i soldati mostravano i documenti, giunse odore di zuppa. Alcune donne cucinavano su una brace, mentre altre lavoravano nella risaia vicino alla strada. Tutte sembravano al servizio del posto di blocco. Thuan vide una suora che aveva lavorato con lui nella ricostruzione della zona. Indossava degli stracci, era scalza; ma, per lo meno, il *Non La*, il cappello di paglia a forma di cono, la proteggeva dal sole del mezzogiorno. I loro sguardi si incontrarono per alcuni secondi. Cercò di abbracciarla con le pupille e, nel profondo di quello sguardo, trovò una scintilla di speranza. Istintivamente si mise la mano in tasca. I suoi calzoni, però, erano vuoti. Guardò il cielo e supplicò che quella sua sorella fosse protetta dalla Madre di Dio.

Il camion partì di nuovo. Thuan sentì le viscere lacerate: un fiotto di malinconia lo faceva pensare alle tante persone a cui aveva cercato di regalare una vita migliore, ma si ricordò della voce che lo aveva salvato e, soavemente, una dolce pace cominciò a cullare i suoi sentimenti. Si rese conto che ormai temeva soltanto una cosa: dimenticare il tesoro che gli aveva suscitato un'indistruttibile libertà.

# 19. INCATENATO

Il camion si stava avvicinando a Ho Chi Minh City quando imboccò una deviazione. Dopo pochi chilometri si fermò all'entrata di un campo profughi.

– Siamo di passaggio nel campo di Thu Duc – comunicò un soldato. – Ubbidirete agli ordini in ogni istante. Chi tenterà di fuggire saprà cosa significa morire con un colpo solo – strillò mentre indicava un baraccone.

Il sole e la luna aiutavano Thuan a contare i giorni. Come un bambino piccolo che ha appena scartato un regalo, gioiva nel respirare l'aria aperta, mentre osservava come cambiava la luce, contemplava il volto degli altri prigionieri e ascoltava il timbro della voce delle guardie.

La prima notte, dal baraccone degli ufficiali, arrivò l'eco di alcune voci ubriache.

– Sta per arrivare l'inverno, compagno Minh. Spero che domani porterai a tutti liquore di lucertola per festeggiare il tuo compleanno e riscaldarci un po' lo stomaco – Thuan riconobbe subito la voce afona della guardia gigante.

– Domani è già il 27 novembre? Credo che in questo posto schifoso persino il tempo si sia congelato.

Thuan non riuscì a elaborare altre parole. Conosceva la data esatta! Ebbe bisogno delle dita per aiutarsi a fare la somma. Il suo isolamento era durato nove mesi. Voleva ricordare per sempre la data approssimativa nella quale era rinato. Si sentiva proprio così: appena rinato a una vita nuova, con un'infinita voglia di battezzare in ogni momento la libertà interiore che gli era stata regalata.

Durante il secondo tramonto, un drappello di guardie si presentò nel baraccone.

– Mettetevi a coppie immediatamente! – gridò un ufficiale.

Subito dopo, un rumore metallico precedette l'arrivo di un rullo a catena. I prigionieri furono legati a due a due. Thuan si sentì nuovamente trasportato verso l'antica Roma e pensò che stava vivendo la stessa esperienza dei primi martiri cristiani.

– Cerco di muovermi con precauzione. Se ti faccio male, dimmelo – sussurrò al suo compagno, approfittando che la guardia più vicina si era chinata per allacciarsi uno scarpone.

L'uomo che era legato a lui lo respinse sentendo la voce e Thuan avvertì uno strattone forte alle caviglie.

Messi di nuovo in un camion arrivarono al nuovo porto della capitale. Nella nebbia del molo di Tan Cang era ormeggiata una nave carboniera. Le guardie obbligarono i prigionieri a salire in coperta. Lungo la strada, come un collezionista ambizioso, Thuan raccoglieva suoni, sensazioni, colori che lo facevano sentire completamente vivo. Nel momento in cui il sole si nascose all'orizzonte dell'oceano, un segno spalancò di nuovo la voragine della notte.

– Traditori! Tutti nella stiva! – gridò un giovane soldato mentre si dedicava a colpire con il fucile le ginocchia di alcuni prigionieri.

Thuan rimase sconvolto scendendo le scale. Il rumore delle catene trascinate, accompagnate da echi di gemiti, apriva il passo verso una caverna umida. Lì, come in un obitorio improvvisato, giacevano, stipati, centinaia di uomini. In mezzo alla penombra, la luce tenue di una lampada a olio logorava ancora di più i lineamenti. Le ombre grottesche facevano sì che alcuni prigionieri sembrassero già dei cadaveri.

Anche a lui il corpo pesava come un fardello. Ma dalla sua anima, appena restaurata, fioriva un'immensa compassione per quelle persone che vivevano la stessa disperazione che lui aveva patito solo alcuni giorni prima.

Non appena le guardie chiusero le porte, Thuan girò il volto più che poté verso il suo compagno di catena.

– Come ti chiami, fratello? Finora ci conosciamo solo per le caviglie – disse, sorridendo.

– Thich Nhat Thaverada – balbettò il suo compagno, cercando anche lui di sorridere ma faticando a respirare. – E tu?

– François-Xavier Nguyen Van Thuan – adesso la risata era condivisa e faticosa.

La nave si scosse e la lampada a olio minacciò di affogare lo stoppino vacillante. Thuan cercò di distrarre il suo compagno in quel momento di angoscia.

– Non ho mai conosciuto qualcuno con questo nome.

– È sanscrito. Così chiamavano quelli della scuola di anziani nei monasteri buddisti. Temo di essere anziano e la mia vita comincia a essere abbastanza solitaria... – Thaverada prese aria dopo aver sospirato – E tu, hai una parte del nome occidentale.

– Sì, quello di un frate spagnolo che è venuto ad annunciare Gesù in Asia. Uno con un monastero nomade.

– Io sono di Buddha. Tu appartieni ai cristiani?

– Sì, io sono di Cristo. Anche se, piuttosto, entrambi siamo figli dello stesso Dio. Mi sembra che siamo destinati a formare due facce inseparabili della stessa medaglia – Thuan mosse un po' la catena, accompagnando le sue parole con l'occhiolino.

– Non so da dove tiri fuori l'umore per scherzare. Sai? Questo è l'ultimo istante prima della pazzia – ironizzò con affetto Thaverada. – E io non voglio condividere le catene con un matto.

I due si sfogarono con una risata strozzata.

– Ho sempre pensato che... – Thuan rimpiangeva di non poter vedere il sorriso del suo compagno – se non fossi stato sacerdote, sarei diventato un pagliaccio.

I prigionieri a fianco, che giacevano un po' addormentati, fecero un sobbalzo.

– Sacerdote? – domandò uno, incredulo.

– Sacerdote cristiano? – gridò l'altro. E nel rendersi conto dell'urlo, si coprì la bocca.

Ma era troppo tardi. Il segreto cominciò a correre di bocca in bocca. Alcuni sputavano. Altri piangevano. Altri si trascinavano per muovere i corpi e avvicinarsi un po' a quel prigioniero.

– Credo che porti fortuna stare vicino a un capo religioso – confessò un uomo guercio mentre si avvicinava a Thuan.

– Però porta sfortuna stare vicino a un guercio. Vattene subito! – gridò un uomo che sembrava parlare dal fondo di una caverna.

– Allora cercherò di stare vicino a me stesso – rispose Thuan al primo. – Tranquillo, – continuò guardando quello che aveva protestato, – mi viene in mente che, ancora meglio, potremmo andare vicino al mio Dio, che è un capo più potente.

– Andate al diavolo! – la voce cavernosa sputò.

Un punto luminoso ipnotizzò gli occhi esausti di Thuan. Subito dopo cominciò ad allontanarsi e a rabbuiarsi. La scia del bagliore diventava sempre più sottile. L'oscurità inondò ogni cosa. Buio che opprimeva le pupille impedendo di distinguere qualsiasi cosa tra le tenebre. Buio che cadeva come una cascata gelida dagli intrecci dell'anima, facendola tremare. Nessuno intorno a lui. Solo solitudine. E all'improvviso, nelle tenebre, l'ombra di migliaia di persone con le bocche aperte, come fauci assetate. Cercavano di gridare, ma dalle loro gole uscivano soltanto gemiti muti. Thuan desiderava calmare la sua sete. Guardava il Cielo e chiedeva a Dio pietà su quel popolo. Ma un dragone con sette teste voleva ingoiare d'un fiato la stiva della nave.

Thuan si svegliò bruscamente. Sentiva il cuore battergli a mille. Socchiuse gli occhi. Constatò nuovamente che, attorno a lui, dormivano centinaia di anime in pena. Ricordò Dante e pensò che quel luogo sarebbe servito da immagine vivente per descrivere i passaggi nei quali il poeta esplorò l'inferno. Cominciò a immaginare come trasformare quell'immensa bara.

– Questa è la mia cattedrale, Signore. Se desideri che io stia qui, scelgo di stare qui con tutto il corpo e l'anima. Dammi dell'acqua della tua sorgente affinché io possa calmare la sete di questi tuoi figli. Guarda, Padre, la loro disperazione. Mi hai riscattato. Salvali! – cominciò a pregare.

Nella quiete ballonzolante della nave, delle urla lacerarono l'alba.

## 20. UCCIDERE LA DISPERAZIONE

– Ehi! Ehi! Fermo-fermo-fermo-fermo! Feeermoooo! Un momento, un momento, aspetta, fermo un momento!

Un prigioniero di quelli che non portavano le catene balzò su un altro. Molti altri si avvicinarono. Uno riuscì a saltare e prese nelle sue mani robuste un cavo d'acciaio.

– Lasciatemi in pace, che v'importa di cosa faccio? – protestò l'uomo che aveva cercato di suicidarsi. Cercava di liberarsi dalla loro stretta dando calci a destra e sinistra, però da solo non ce la faceva, contro sei.

Smisero di allentargli il cavo dal collo. I loro sguardi si incrociavano perplessi.

– Ci manca solo di fare il resto del viaggio con la puzza di cadavere – disse bruscamente un uomo decisamente anziano, che non trovava parole migliori.

– E che facciamo adesso con questo squilibrato? – grugnì un altro molto più giovane. – Non me la sento di andare avanti per tutto il viaggio tenendolo d'occhio. Sarà meglio dirlo alle guardie perché se ne incarichino loro.

– Ho sentito che c'è un pastore cattolico da queste parti. Saprà cosa fare al riguardo – propose, contento della sua idea, quello che ancora teneva il cavo nelle mani.

L'uomo che aveva tentato di suicidarsi si oppose a lasciarsi portare via, ma lo trascinarono a forza come un animale ferito.

Trovarono Thuan che stava parlando con i suoi compagni di catene.

– Questo poveretto voleva togliersi la vita – disse l'uomo corpulento, lasciando cadere il cavo d'acciaio ai piedi di Thuan.

– Siate benedetti voi che lo avete impedito – l'affabilità di Thuan risaltava ancor di più, sul suo volto emaciato.

– Benedetti... neanche per sogno! – protestò l'uomo che aveva tentato di suicidarsi. – In questo momento sarei stato morto e in pace.

Gli uomini, stanchi di lottare, scrollarono le spalle e tornarono ai loro posti nella stiva. Dalle alte fessure entrava qualche raggio di sole. La luce naturale, appena sorta, contrastava con le scintille rancide della lampada.

– Almeno, tu cammini senza catene. Quindi ti puoi sedere qui più facilmente. Se vuoi... – Thuan invitò il nuovo arrivato.

– Se voglio? Sarà che qualcuno mi lascerà fare, una maledetta volta, quello che voglio?

– Nella prossima vita, amico – suggerì Thaverada. – Cerca di comportarti bene già in questo karma. Altrimenti, la prossima rincarnazione sarà molto peggiore per te.

– Come ti chiami? – domandò Thuan.

– Che t'importa del mio nome? – lo sguardo disperato di quell'uomo stava perdendo l'ultimo barlume di senno. Gli occhi fuori dalle orbite ruotavano senza alcun senso e cadde per terra tutto rannicchiato.

Thuan trascinò la testa e l'appoggiò sulle gambe per poterla prendere fra le mani. Girò un po' il volto e guardò negli occhi i suoi compagni di catene.

– Senti, Thaverada. Ho bisogno che mi presti un pezzetto del tuo cuore – se non fosse stato perché la sua voce trasudava solennità, sarebbe sembrato che Thuan stesse scherzando di nuovo.

– Finché mi rimane un altro pezzetto per pompare sangue, volentieri! Che può fare questo sacco di ossa per te?

– Uno dei tesori più grandi che possiede un sacerdote cattolico è il proprio cuore. Quando qualcuno ha bisogno di perdono, viene a raccontarci i suoi errori. Dio ci ha regalato la grazia di poter perdonare a nome suo. E noi conserviamo in assoluto segreto tutto quello che abbiamo ascoltato... Riesco a spiegarmi?

– Allora sei un oceano di sapienza umana, fratello. Non riuscirei mai a trascinare il peso di tanto male nella mia memoria!

Thaverada provò compassione per Thuan.

– No, buon uomo! – Thuan aveva appena la forza di sorridere. – Io, semplicemente, presto a Dio il mio udito per conservare il segreto e la mia voce affinché il suo alito arrivi al pentito. Il resto è cosa sua. Io sono i guanti, lui le mani.

– Ascolta, c'è un uomo impazzito steso sopra di te e stai qui a spiegare i misteri al povero Thaverada. E il bello di tutto questo è che ancora non mi hai chiesto il favore.

Thuan impresse un bacio sulla fronte dell'uomo svenuto. E aggiunse:

– Thaverada, fratello. Non posso allontanarmi da te per parlare con lui. Ti chiedo di farmi il regalo che, pur sentendo, non ascolti. Prega Dio affinché la pace ritorni nel cuore di quest'uomo.

– Non ti preoccupare. Non voglio reincarnarmi la prossima volta in un ratto. Cosicché mi concentrerò nella preghiera, affinché questo pover'uomo raggiunga il suo nirvana e possa resistere in questo inferno.

Pulviscolo di carbone pullulava nell'aria. Molti carcerati si risvegliavano dal sonno e tornavano a chiudere gli occhi quando si rendevano conto che continuavano a navigare nel ventre di un incubo.

# 21. A CUORE APERTO

Il cavo di acciaio aveva lasciato una lacerazione profonda sul collo dell'uomo. Thuan chiese a Dio con tutta l'anima di riuscire a dire le parole giuste. Mentre pregava, teneva i polpastrelli sulla ferita; poi, metteva le mani sulla catena affinché si raffreddassero e fossero di sollievo nella zona arrossata.

– Io non volevo vivere. E sono qui, come uno schifo – singhiozzò il ferito.

– Allora benedico Dio perché sei ancora vivo – rispose Thuan lasciando cadere le parole dal suo sorriso. – Se potessi sapere come ti chiami, potrei ringraziare il Cielo con nome e cognome.

– Anh Dinh – un pianto straziante affogò la voce nei gemiti.

Mentre il suo grembo diventava una pozza di lacrime amare, Thuan percepì che in quel nome mancava il riferimento al clan familiare: il passato di quell'uomo era segnato da un'origine oscura.

– Dinh, figliolo. Ognuna delle tue lacrime è acqua per i tuoi occhi. Quanto vorrei che il fiume della tua angoscia si trasformasse in un mare di speranza...

Dinh continuava a piangere rumorosamente, ma il suo

sguardo beveva le parole di Thuan, come le risaie dopo mesi di siccità.

– Questa prigione nella quale viaggiamo non è eterna. Guarda questo raggio di luce che entra. C'è sempre il sole, lì fuori. È tornato a rinascere questa mattina. Adesso non lo vediamo, però c'è. Ci sono tante cose! I nostri occhi non riescono a vederle ma, nonostante tutto, esistono.

Thuan parlava quasi sussurrando. Le sue parole accompagnavano il rollio dell'imbarcazione. I singhiozzi aritmici di Dinh facevano da contrappunto alla melodia della sua voce.

Nel frattempo, Thaverada sembrava immerso in un mondo remoto, lontano da quel braciere di carbone e di uomini alienati.

– Dinh, figliolo, credimi per favore: sarebbe stata una perdita se tu fossi morto. In questa nave abbiamo tutti qualcosa di particolare. Qualcosa da regalare agli altri. Tu sei unico. Irripetibile. Che dispiacere se questo cavo ci avesse lasciato senza di te. Senza ciò che solamente tu puoi regalarci. Solo tu, Dinh – Thuan sottolineava, ogni volta con maggiore convinzione, le sue parole. – Tu. Solo tu, Dinh.

Dinh si riprese un po' e guardò Thuan negli occhi. Il suo volto mostrava un'ansia infinita.

– Accidenti. Se non fosse perché nessuno aveva mai pronunciato così il mio nome, ti avrei chiuso la bocca da un pezzo.

– Sì, il tuo nome esprime, ancor prima delle mie parole, tutto quello che ho detto… Dinh, tempio! – la voce di Thuan sembrava risuonare per la scoperta. – Il tuo corpo è il tempio di uno spirito sacro. La tua vita è sacra, figlio mio.

– Se potessi crederti! Sono un tempio, sì, un tempio di cose orribili. Di dèi falliti. Non ho mai saputo per quale ragione ho vissuto. Mia madre mi ha abbandonato non appena sono arrivato in questo mondo schifoso. Non ho nonni né avi. Tutti lo sanno appena vedono il mio nome: il mio nome non ha cognome. Ho sempre preferito che non mi domandassero come mi chiamo. E tu mi hai già chiamato tre volte figlio – Dinh mostrò le dita con le quali stava contando.

Thuan, nel suo cuore, custodiva una profonda gratitudine verso sua madre e suo padre, verso i suoi nonni e le generazioni che lo legavano a un passato ricco di umanità e di fede.

La nave si mosse con maggiore forza e alcuni corpi scivolarono per terra sul pavimento di legno nero. Il rumore delle catene e i gemiti dei prigionieri rimbombavano in quella miserabile imbarcazione.

Dinh pensò che sarebbero morti affogati. Il volto gli si alterò dalla paura. Si afferrò con forza al braccio di Thuan.

## 22. AFFARI DI SPERANZA

La tempesta ci mise un bel po' a calmarsi. Thuan fu colpito da una forte nausea, come un'onda gigantesca che gli opprimeva lo stomaco e la trachea. Una corrente fredda attraversava lo scafo da poppa a prua sputando coltelli di ghiaccio. Grazie a questa frustata di brezza marina riuscì a non vomitare.

Quando la nave tornò alle sue normali oscillazioni, l'ambiente mortuario era ancor più desolato.

– Caspita, non siamo morti – disse Dinh, sorpreso.

– Il viaggio continua – balbettò Thuan, completamente livido.

– Sei un uccello dal becco d'oro. Dai, sta' zitto e riposa, ché sei più bianco delle nuvole del mio Paese.

Per un bel po', Thuan sonnecchiò. A poco a poco cominciò a recuperare il flusso di sangue in testa. Appena la contrazione della nausea si calmò, il suo stomaco brontolò per la fame. Le articolazioni cominciarono ad avvertire il freddo umido.

– Dinh, figliolo. Il mio corpo ha cominciato le sue lezioni di anatomia. Vediamo se la nostra conversazione mi distrae un po'.

– Come?

– È che ho l'artrite. L'ultima prigione era un po' più piccola di questa – Thuan disegnò in aria, con le braccia, un perimetro di meno di un metro. – Temo che le mie articolazioni non si siano adattate troppo bene, in quel forno in miniatura.

Il volto di Thuan fu sconvolto dai crampi. Dinh si affrettò a dire qualcosa.

– Non riesco a immaginare che cosa avrai combinato per finire in carcere – disse mentre Thuan si afferrava le ginocchia, contorcendosi, incapace di parlare. – Io, comunque, ho rubato sempre per poter zittire questo schifo di verme – si toccava lo stomaco come se avesse vita propria. – Adesso che avevo un lavoro. Accidenti. Mi arrestano come capitalista e mi distruggono la vita un'altra volta. Capitalista io!

– Qui c'è un altro capitalista – Thuan imitò con la mano un saluto militare solenne.

– A cosa ti dedichi? Se riusciamo a uscire da qui dovrò trovare lavoro – domandò Dinh, con tono affrettato.

– Be', la mia attività non è molto redditizia, a dir la verità. Mi dedico a regalare speranza – Thuan sentiva che le fitte di dolore diminuivano.

– Assurdo! Sei pazzo. E questi comunisti maledetti sono dei bastardi. Se tu sei un imperialista, io sono un dio indiano – Dinh cominciava anche a riprendere un respiro normale e aveva recuperato un po' di voce agli angoli della bocca.

– Bene, già che ci siamo, questo pazzo vorrebbe contagiarti un po'. Se muoio in questa nave, posso lasciarti tutta la mia eredità – Thuan fece il gesto di accumulare con le braccia una ricchezza infinita.

– Come ti piacerebbe morire? – domandò Dinh mentre si accarezzava la ferita del collo.

– Un giorno ho letto la storia di un uomo che è morto

accoltellato per la sua fede. Mentre il carnefice sollevava la spada, lui cantava: «Credo». Con il volto sfigurato e la bocca accoltellata, non poteva più parlare. Bagnò il dito nel suo sangue e scrisse: «Credo». Così vorrei morire: fidandomi del mio Dio.

– Una volta vissi in un villaggio sulle montagne Phuoc Son. C'era un anziano con la faccia appassita e la lingua di aquila. Mi piaceva ascoltare le sue storie – Dinh strinse le spalle prima di proseguire. – Se non mi resta che continuare a stare in questa nave schifosa, almeno sarà divertente ascoltare le tue storie.

– Anch'io vorrei sentire ciò che hai ascoltato dall'anziano di Phuoc Son.

– Tu che vendi speranza, brutto capitalista – Dinh scoppiò in una risata e gli si videro i denti rotti. Anche Thuan rise. E sentì che il raggio fuggiasco del sole adesso abbagliava tutto lo scafo della stiva. – Questa cosa non ha alcun senso. Marciremo qui dentro. Come animali abbandonati. E se usciamo da questo schifo, sarà per andare in un altro schifo di mattatoio.

– Hai ragione, Dinh. Eppure forse questa esperienza, nera come il carbone che galleggia nell'aria, ci cambia dentro. Accende in noi una fiamma diversa.

– Mi dirai come, sognatore.

– Dobbiamo chiedere a Dio il regalo di un cuore nuovo, un cuore che viva l'esistenza con una luce che prima non conoscevamo.

– Non conosco questo tuo Dio, però sono abbastanza vecchio perché tu mi possa cambiare il cuore. Sono nato da una prostituta e sarò bastardo finché me ne andrò in una tomba schifosa.

– Se ti sotterro, non ti seppellirò nello schifo – Thuan rideva. – E io sì, chiedo al mio Dio che ti dia uno spirito nuovo in questo viaggio. Non è necessario che il tuo corpo rinasca. Guarda che quando verranno a prenderci troveranno due neonati!

Thuan e Dinh risero di nuovo.

– Speriamo che il tuo Dio ascolti anche me – sospirò Dinh. – Per il momento, le tue parole hanno distrutto le mie paure. Sei uno stregone?

Ora fu Thuan a ridere con entusiasmo. Ondate di solletico e di crampi percorrevano il suo corpo, ma vedere lo sguardo di Dinh era una poesia molto più eloquente.

Le porte della stiva si aprirono. Alcuni soldati entrarono con barili di brodaglia e un paio di sacchi pieni di pesce affumicato. Fecero due montagne di cibo e lo sparsero qua e là, come se un branco di bestiame si dovesse avventare su quel pranzo putrido.

L'aria si riempì di un odore viziato, ma i prigionieri sapevano che era la loro opportunità di mettere qualcosa nello stomaco quel giorno. Stavano uscendo dal loro letargo.

Thuan mise la mano sulla spalla di Thaverada.

– Ora di mangiare, fratello.

Thaverada uscì dal suo stato ipnotico. Guardò il volto del suicida, e vide sulle sue labbra il resto di un sorriso.

– Visto che non ho queste maledette catene, vi precedo per mangiare qualcosa e portarvi del cibo. Così non dovrete trascinarvi insieme – Dinh si era alzato e si dirigeva verso la rampa sulla quale era ammucchiato il pranzo.

Thuan e Thaverada si guardarono fisso.

– Adesso mi dirai come hai fatto il miracolo, stregone.

– Io no, è stato Lui – Thuan indicò il cielo con tutte le dita.

– Il soffitto di questa nave fa miracoli? – Thaverada non perse l'opportunità di scherzare.

– Noooooo! – Thuan fece una smorfia comica. Quindi, con dolcezza gli sussurrò, come chi racconta un segreto – Il buon Dio che veglia su di noi dalla volta del cielo. E da questo cuore d'oro che hai, amico.

Dinh tornò carico di tutto ciò che poteva tenere nelle mani e lo lasciò ai piedi dei suoi compagni. Fece altri due viaggi.

Quando si sedette a mangiare si rese conto che molti altri avevano approfittato dello spostamento generale per sedersi vicino a loro. Ebbe voglia di ridere e piangere allo stesso tempo mentre osservava come tutti divoravano quel putrido spuntino.

## 23. VELENO E PERDONO

Quelli senza catene cercarono di raccogliere con le mani gli avanzi di pesce. Un uomo, adirato, ne sputò un pezzo a terra e disse ad alta voce:

– Questi maledetti ci portano al nord. Se non ci fanno morire di fame, ci faranno morire di freddo.

Nessuno rispose. Ma gli occhi, disperati, annuivano di fronte a quelle parole.

– Non capisco perché ci succede questo. Tutta la vita a lottare per il nostro Paese per finire qui, come lische di pesce marcio.

Thuan riconobbe la voce dell'ufficiale Tran Xuan Dang, uno dei capi di Stato Maggiore del Vietnam del Sud prima dell'ultimo golpe militare. Il suo volto era completamente sciupato. Nonostante tutto, conservava una forza travolgente nella voce, abituata ad arringare alle folle. Per anni, quell'uomo era finito spesso sui giornali rappresentando un'icona del deceduto Vietnam.

– Sì, generale Dang, la nostra patria le sarà per sempre grata – Thuan chinò la testa in segno di saluto. – Quello che lei ha fatto, nessuno lo potrà mai più cancellare dalla storia. Anche se morisse qui. Anche se cercassero di cancellarlo dai libri. Ciò che è stato fatto, resta fatto.

Il generale fissò lo sguardo, sconcertato. Con lentezza, ma con convinzione, rimproverò Thuan. Si avvicinò un po' di più a lui.

– La ringrazio per le sue buone intenzioni, Nguyen Van Thuan, però io non sono come lei. Non riesco a capire il suo atteggiamento. Ieri sera ho provato disprezzo ad ascoltarla. Mi è venuto in mente il volto di suo zio Diem. Perché l'hanno ucciso? Perché non desidera vendicare l'ingiustizia? Nelle vene della sua famiglia deve scorrere sangue diverso. Mi creda: la invidio, persino. Ma io non posso.

– Generale...

– Chiamami Dang, per favore. Qui dentro temo non ci siano ranghi che valgano.

Thuan sorrise e continuò.

– Dang, provare odio e vendetta è la reazione logica di un cuore che è stato ferito. Un soldato, quando riceve un proiettile, comincia a sanguinare, ma se non vuole morire dissanguato, deve usare urgentemente un laccio emostatico. Poi, estrarre il veleno della pallottola quanto prima perché non venga contaminato l'intero flusso sanguigno. Solo il perdono può fermare l'emorragia di una violenza irrazionale. Solo il perdono ci libera dal veleno dell'ingiustizia.

– Ma il fatto è che non è giusto che siamo qui! – il generale si sentiva attratto da Thuan, ma non poteva far propria quella proposta. – Se li perdono, gli do ragione. E mi distruggo ancora di più.

– Se li perdoni, ti liberi dal loro veleno: l'odio, che consuma le viscere del corpo e dell'anima. E che quando non può esprimersi, finisce per infiammare il carattere e ferire il corpo fino a farlo ammalare. Perdonare l'ingiustizia sarebbe assurdo, crudele con te stesso. Ma rendere il male a chi te lo provoca sarebbe perpetuare il suo gioco distruttore.

Dang si guardò intorno e vide che tutti si erano addormentati.

– Invidio la sua capacità di perdonare, Van Thuan; davvero, la invidio. Io non posso – il generale mise la testa fra le gambe, sconfitto. – Io sono stato addestrato a lottare, non ad arrendermi di fronte al nemico.

– Proprio perché sei un grande lottatore, so che puoi vincere questa guerra. Le battaglie del cuore sono le più eroiche: ci giochiamo la morte ma, soprattutto, conquistiamo la vita…

Le parole di Thuan furono interrotte da uno sbadiglio che, a sua volta, contagiò Dang.

– Van Thuan, forse vuole riposare e io la sto trattenendo – si scusò.

– La verità è che in questo viaggio bisognerebbe fare un monumento a chi riesce a intrattenere – Thuan sorrise. Ancor di più, quando vide che il generale si lasciava scappare una timida risata. – Se vuole possiamo continuare domani, sono contento di poter parlare con il mio generale.

– Cerchi di riposare un po', per favore. Anch'io mi sforzerò di dormire. Se quest'aria polare non ci congela.

Thuan si strinse i vestiti contro il corpo il più possibile, come se fossero una coperta, ma il freddo si intrufolava tra la stoffa fino al midollo.

Anche il generale tentò di stirare al meglio la sua uniforme. I galloni fatti a pezzi e i distintivi strappati gli davano un'aria spettrale.

"Se comincia a morire gente questa notte, almeno il freddo farà in modo che i cadaveri non si decompongano", pensò Thuan. Un brivido gli percorse la schiena, come un serpente infuriato.

L'idea che forse sarebbe stata la sua ultima notte balenò tra le tenebre come un lampo. Persino la lampada a olio sembrava languire di fronte al freddo atroce. Una tormenta di ricordi cominciò a lottare con i suoi sogni.

# 24. SEGRETI DI MEZZANOTTE

I secondi incalzavano nella notte di Thuan come fili elastici. Non riusciva a prendere sonno. Cercava dentro di sé il volto di Dio per riposare in Lui. Chiedeva all'Onnipotente di dargli in prestito forza per non cadere nella disperazione e luce del Cielo per illuminare la notte funesta di tutti i suoi compagni di prigionia.

Vedeva Dang dimenarsi negli incubi. Ricordò i peggiori momenti nella cella di Phu Khanh, il fango asfissiante delle tenebre che gli avvelenava l'anima. "Solo un po' di quel caldo ora andrebbe bene qui", desiderò. A volte chiudeva gli occhi, ma sentiva formarsi il gelo sulle ciglia e preferiva sbattere un po' le palpebre per scrollarsi il peso del freddo.

– Mammaaaaaaaa! – gridò Dang, e si risvegliò di soprassalto, come un ragazzino oppresso tra le grinfie di un incubo.

– Che venga la sua mamma e gli chiuda la bocca, a questo imbecille! – gridò una voce cavernosa proveniente dall'oscurità. Si udì il suo corpo strisciare sul suolo, allontanandosi un po', il minimo permesso dalle catene.

– Smettila di muoverti, inutile, o vuoi svegliarci tutti? – disse un'altra voce tenebrosa.

Thuan sentì una compassione infinita. Aprì gli occhi e

guardò il generale. Si stava stiracchiando, con una certa vergogna per il grido che aveva appena emesso.

– Ho sognato che morivo torturato. Mi toglievano gli occhi e le orecchie, e mi tagliavano i piedi e le mani. Mi inchiodavano nel corpo tutti i distintivi. Poi mi appendevano un cartello ai fianchi, che diceva: «Vendetta».

– Mi sento fortunato di non riuscire a dormire – insinuò Thuan con un timido sorriso.

– Forse ha ragione. L'odio è un groviglio che ci soffoca. Se non può dormire, continuiamo a parlare. Domani può essere tardi. Forse saremo morti. Guardi se riesce a estrarmi quel veleno prima... – sospirò.

– In questo momento, anch'io parlavo con Dio di quanto abbiamo detto prima – spiegò Thuan. – Generale, se trovassi le parole per raggiungere il suo cuore! Anch'io non ho reagito sempre così. Il giorno in cui hanno assassinato mio zio Diem, un'amarezza infinita è piovuta sulla mia anima. Si è scatenato l'odio, è cresciuta velocemente l'ansia di vendetta, sono sorti nella mia anima interrogativi come quelli che lei mi ha confessato: perché lui? perché il potente crudele sembra trionfare e il governante fedele muore assassinato? perché il mio popolo si corrompe? perché non rendere giustizia alla sua vita vendicando la sua morte ingiusta? e soprattutto, perché questa angoscia che mi confonde e mi fa credere che perdonare è un mito o una buffonata?

– Però, ha perdonato. E in questa porcheria di galera continua a perdonare, continua a costruire, continua... Da dove prende le munizioni?

Thuan non rispose subito. Socchiuse gli occhi, come scrutando dentro di sé. Un sorriso attraversò le sue labbra. Ritornò ad aprire gli occhi e, con le mani, indicò il cielo.

– Non sono sicuro che queste munizioni si possano fabbricare. Non c'è neppure un mercato di seconda mano. È piuttosto un regalo; un'arma segreta che ci vuole prestare l'Unico che tutto può. Io non mi sento capace di perdonare. Quando assassinarono i miei zii, anch'io ho invidiato mia madre: la sua serenità, la sua moderazione, il suo abbandono alla volontà di un Dio che veglia su di noi anche in occasione di eventi che ci risulta difficile capire. L'ho invidiata tanto da chiedere al mio Dio che mi regalasse un cuore come il suo, capace di trasformare l'odio in amore. Lo confesso.

– Anch'io sono cattolico. O meglio, mi hanno battezzato. Ma, per la verità, non sono stato un buon credente. Lo ammetto.

– Vuoi confessarti? – mormorò Thuan, accompagnando le sue parole con un'espressione birichina. – Ti ritroverai esattamente come ti lasciarono i tuoi genitori il giorno del battesimo e molto più disponibile al miracolo del perdono.

– In realtà, non volevo dire questo, ma forse non è una cattiva idea. Potremmo morire presto. E vorrei essere in pace con Dio. Se, poi, Lui mi presta quell'arma segreta... Ma ho paura di affaticarla, Nguyen Van Thuan.

– Mi chiami padre François, per favore.

– Questo viaggio sarà lungo e...

– La cosa buona del fatto che sia lungo è che non abbiamo nessuna fretta – sussurrò con calma.

Thuan fece una pausa e girò la testa verso Thaverada. Il suo compagno era assopito, ma colse al volo ciò che gli stava chiedendo. Guardando Thuan, fece il gesto di tapparsi le orecchie con le mani e chinò la testa in segno di rispetto.

Thuan posò la mano sulla fronte di Dang e, con la punta del pollice, come chi fa un mimo, tracciò lentamente il segno della croce.

– Che il Signore sia presente nel tuo cuore e che tu possa pentirti e confessare i tuoi peccati – le sue parole entravano nell'intimità di Dang come una cascata purificatrice.

Poi prese le mani del generale tra le sue e chiuse gli occhi. Dang cominciò a rievocare i capitoli più oscuri della sua vita. Di tanto in tanto, la voce era interrotta da gemiti di angoscia. Thuan approfittava delle pause per guardarlo con affetto e infondergli coraggio.

Dang pensò che l'orologio del tempo si fosse fermato. Il silenzio accogliente di Thuan infondeva una forza misteriosa che curava le ferite dei suoi ricordi; le sue parole cancevano l'impronta sanguinante delle sue colpe. Alla fine, Thuan gli mise le mani sulla testa e gli sussurrò, come un padre:

– Dang, Dio mi ha fatto il dono di poterti perdonare nel suo nome – quindi la sua voce si trasformò, risuonando come avvolta dal divino. – Ti assolvo dai tuoi peccati nel nome del Padre, del Figlio e dello Spirito Santo. I tuoi peccati ti sono perdonati. Va' in pace! – Thuan fece una pausa e sorrise. – Bene, ma non te ne andare…

Dang sorrise come un bambino. Si sentì come un bambino. Abbracciò Thuan come un bambino che aveva appena ricevuto il più bel regalo della sua vita.

– Scommetto che oggi dormirò meglio del giorno del mio battesimo – soggiunse, emozionato. – Non so come potrò mai ringraziarla per la pace che mi ha donato.

– Rendiamo grazie, insieme, al buon Dio, che si è inventato questa medicina che guarisce persino il veleno più pungente. Per me è così sorprendente essere ministro di questo re di misericordia!

– La prego, per favore, di riposare anche lei. Ho sempre detto ai miei soldati che per vincere le battaglie bisogna essere forti. E in questa nave c'è molto da conquistare. Può contare sul mio aiuto per qualsiasi cosa.

– Ai suoi ordini! – rispose Thuan sottovoce. – Agli ordini Suoi... Va' a dormire rendendo grazie a Dio. Chiediamogli che con la tua vita e con la mia giungano la pace e la speranza a tutti questi fratelli.

Con il palmo della mano in verticale, tracciò una croce che abbracciava l'intero perimetro della nave. A Dang non passò per la mente che stava includendo tutto l'equipaggio.

Thuan si sdraiò sul pavimento. Era gelido, ma nel suo cuore divampava un fuoco ardente e non vedeva l'ora che quel calore contagiasse tutti i compagni di prigionia.

## 25. COME UNA CALAMITA

Non era riuscito a chiudere occhio. La sua testa era piena di idee e di suppliche. I muscoli del corpo diventavano sempre più tesi per il freddo. Ciò nonostante era sorpreso di constatare che non c'era amarezza nella sua anima. Tutto rannicchiato, Thuan mormorava desideri come un bambino alla mamma ai piedi del letto: «Non sono mai stato al nord del Vietnam. Solo nei sogni. Forse morirò lì, lontano dai miei. Fammi il regalo di morire contento».

Quando vide che l'alba si intrufolava tra le fenditure della stiva, intonò dentro di sé una melodia che gli infondeva forza per affrontare il nuovo giorno.

Il gemito metallico di alcune catene annunciava l'arrivo di qualcuno. La sagoma di due uomini emerse in controluce.

– Vescovo Van Thuan, finalmente la troviamo – disse una voce sorpresa.

Thuan li invitò a sedersi al suo fianco con un lieve cenno del capo.

– Maledetto chiacchierone! – gridò un uomo che giaceva incatenato a pochi metri. – È già abbastanza la tortura di stare qui, per essere costretti a sorbirsi anche le tue prediche! Pensi forse di lavarci il cervello a tutti con false speranze? Smettetela di venire a disturbare!

– Nessuno ti obbliga a stare qui, né ad ascoltare – uno degli ultimi arrivati cercò di interromperlo.

– Alzati e vattene a pescare, imbecille! – gridò indignato. – Credi che se non fossi incatenato al suo fianco starei qui, a sopportare il predicatore? Oltre al fatto che mi legano insieme a un branco di criminali, devo sopportare anche questo fastidioso, che cerca di ingannarci tutti.

Thaverada e Dinh si erano svegliati agitati e a malapena riuscivano a reagire per il freddo.

– Ehi! Tranquillo – disse Dinh, sbadigliando. – Se vuoi, vi aiuto a spostarvi un po' più in là, ma lasciateci fare il viaggio in pace.

– Ci mancava solo questo! Il suicida che fa da assistente al ciarlatano!

– È meglio un leone pentito che una zanzara infuriata – Thaverada si stava arrabbiando.

– Si vede che anche in una nave ci sono i mercati dell'alba. Sembriamo galli in un pollaio – disse Thuan, ridendo. –. Cercherò di parlare più a bassa voce... – anche se non lo distingueva bene nella penombra, diresse lo sguardo verso lo spazio da dove giungevano le proteste – Ancora non so il tuo nome.

– Non penso proprio di dirtelo, non voglio cadere in uno dei tuoi incantesimi. Sei proprio un ingannatore.

– Bene, vuoi che ti aiutiamo a spostarti? – insistette Dinh.

– Ehi, un momento, siamo in due! – mormorò l'anziano incatenato insieme all'uomo infuriato. – E io non mi muovo da qui finché sarò vivo. Parola di Pham Van Du.

– Lunga vita a Pham Van Du! – canticchiò il generale Dang fingendo un brindisi.

Tutti cominciarono a ridere. Gli ultimi arrivati cercarono di sistemarsi in modo che le catene non gli impedissero di stare entrambi di fronte a Thuan.

– Monsignore…

– Chiamami padre François, figliolo. Che non succeda che mi sia dato il riconoscimento di capitano di galere – Thuan rise contagiosamente. – Quest'uomo sì che è un generale pluridecorato – disse indicando Dang.

Tutti scoppiarono nuovamente a ridere.

– Padre, grazie di quello che ha scritto in carcere! Grazie per aver scritto il suo cammino di speranza. Ce ne hanno dato una copia sul molo di Saigon, il pomeriggio in cui, in decine di famiglie, abbiamo abbandonato il Paese su una barca. Il nostro peschereccio ha fatto naufragio a poche miglia dalla costa, ma quella notte molti sono morti afferrati alle sue parole, come se fossero l'ultima zattera di salvataggio.

– Non sapevo che fossero riusciti a fare delle copie – Thuan era commosso. – Come siete sopravvissuti al naufragio, fratelli?

– Un convoglio della polizia di frontiera ci stava inseguendo prima che il mare impazzisse. Ci hanno recuperato nel cuore della notte. Ci hanno incarcerato sul molo prima di salire su questa nave. Figli miei… – la voce dell'uomo si spezzò e scomparve affogata in singhiozzi.

– I suoi bambini piccoli sono caduti nelle mani delle forze dell'ordine pubblico. La madre era morta affogata nella tempesta – concluse il racconto il suo compagno di catene.

– Non potrò rivederli – il padre piangeva, afflitto.

– Come si chiamano i tuoi figli? – chiese Thuan.

– Hieu, Quy, le mie principesse Linh e Tuyen – all'ultimo nome ritornò nuovamente ad annegare nel pianto.

Thuan chiuse gli occhi, cercando di registrare i nomi dei piccoli nel fondo dell'anima.

– Come si chiama lei? – chiese timidamente Dinh.

– Io, André Tran Xuan Thao, e lui, Paulo Nguyen Van Uy – rispose quello che ancora riusciva a parlare.

Abbattuti dal pianto del nuovo arrivato, tutti ammutolirono. Diedero un'occhiata di traverso a Thuan, desiderando che anche questa volta trovasse una parola di speranza.

## 26. MELODIE DELLO SPIRITO

Thuan canticchiava a bassa voce una musica armoniosa per addolcire l'ambiente. Dall'alba fino a quando avrebbero servito un po' di cibo, le ore diventavano eterne.

Thao piangeva fiumi di angoscia. Anche Thuan aveva il cuore a pezzi immaginando i quattro bambini che erano rimasti orfani. Pensava soprattutto alle due bambine, che forse si trovavano già nelle mani di trafficanti senza scrupoli. Per un bel po' non riuscì a pronunciare nessuna parola. A malapena canticchiava la sua melodia, come per cullare tanto dolore.

– Thuan, mi piace molto questa musica – gli mormorò Thaverada. – Te l'ho sentita varie volte. Te la cantava tua madre?

Thuan sorrise e continuò a cantare un po' più forte sussurrando le parole. Dopo l'ultima strofa e il finale confidò a Thaverada:

– La cantavano i miei genitori. I miei nonni. I miei bisnonni. I loro antenati…

– A me sembra di averla sentita dall'anziano di Phuoc Son – disse timidamente Dinh.

– Che cosa dicono le parole della tua canzone? La musica assomiglia a un'altalena che sale e scende, e ogni volta che sale arriva sempre più in alto – chiese Thaverada.

– È un'invocazione allo spirito di Dio, un gemito all'eterno consolatore. Lo invita a visitare le nostre anime e gli chiede di effondere la sua vita nei cuori che Lui ha creato.

– Il tuo mantra infonde pace ma…

– Diciamo che non è esattamente un mantra, si tratta di una preghiera.

– E qual è la differenza? – Dinh interruppe Thuan.

– Un mantra è una musica umana che influisce sullo spirito. Una preghiera è una lode a Dio affinché effonda il suo dono. Diciamo che è come cucinarsi un piatto di riso o chiedere a un imperatore che ci faccia il regalo di partecipare al suo banchetto. Scusa, Thaverada: ti ho interrotto. Dicevi che la musica infondeva pace… Ma?

– Thuan, non riesco a capire come ci possano essere religioni che credono in un Dio che ha creato un male come questo che ci tortura. Una delle cose che più mi convince della mia religione è che Buddha non ci chiede di credere in questi miti. Io cerco di essere un buon discepolo, di riempire la mia vita con opere buone e di trovare una reincarnazione migliore. Ma credere che il tuo Dio ti abbia creato per poi lasciarti qui a marcire…

Thuan non voleva interromperlo nuovamente e attese con pazienza.

– Comunque, mi piacerebbe imparare quella musica. Qualunque cosa sia, suscita pace dentro di me – Thaverada fece capire con un cenno della testa che aveva terminato la frase.

Thuan ricominciò a cantare. Questa volta Uy lo accompagnò timidamente. Quando giunsero al finale, rimase in silenzio per un breve momento. L'urto delle onde risuonava con una forza brutale e il freddo si faceva sentire sempre di più.

– Le parole della canzone chiedono anche allo Spirito di Dio di riversare sulle nostre labbra i tesori della sua parola divina, – Thuan assaporava ogni sillaba come se fossero dolci, – di accendere la luce dei nostri sensi, di unire con il suo Amore i nostri sforzi, di allontanare il nemico che distrugge la pace.

– Ah, se Dio esistesse e avesse orecchie e ti ascoltasse... – sospirò Dinh.

– Credimi: Dio esiste e ci ascolta. Noi cristiani crediamo che Dio si è fatto uomo, con orecchie, con mani che abbracciano e con un cuore, con sentimenti! – Thuan parlava come qualcuno che stava riscoprendo questa convinzione. – E che è morto torturato in croce per assumere su di sé tutte le nostre sofferenze.

– Ebbene, che Dio minuscolo, che fallimento – ritornò a sospirare Dinh.

– Beh, crediamo anche, – il generale Dang si sorprese di aver preso la parola, – che il Padre risuscitò suo Figlio Gesù.

Thuan lo guardò con orgoglio e concluse:

– E così vinse il male, per sempre.

– Credete questo? Dai! – Dinh era sbalordito.

– Sì, che ci ha donato la sua presenza in uno Spirito di amore eterno... quello della canzone – Thuan cercò di sorridere, ma i suoi denti tremavano per il freddo.

– Risuscitare? Che roba è questa? – Dinh guardava con gli occhi spalancati.

– Rinascere – spiegò Thuan, sorridendo.

– Ma va'! – Dinh toccò con il dito la tempia, come per insinuare che Thuan fosse pazzo – Preferisco reincarnarmi in un'altra cosa che essere perennemente bastardo.

– Se Gesù non fosse risuscitato dai morti, se non fosse vivo per sempre, la mia fede non avrebbe senso – Thuan riusciva a parlare nonostante il tremito. – E Thaverada ha ragione: Dio avrebbe permesso un male assurdo, sarebbe un Essere ingiusto, non un padre buono.

– Parli di Dio come se fosse tuo padre. Non finisci di stupirmi – Thaverada era confuso. – Credi in lui, lo conosci, gli parli, ti ascolta! Dio! E lo tratti come un padre! La verità è che chi si è inventato questo mito deve avere un cuore colmo di umanità.

– Dio è mio padre. E il tuo e di Dinh, che non è un bastardo ai suoi occhi. Lui l'ha voluto in questa vita, lo ama mentre vive e vuole che viva con Lui per sempre. Dinh è un tempio d'amore, un figlio preferito del Padre.

Thuan osservò il suo compagno di catene e gli sorrise. Thao era riuscito a smettere di piangere e aveva lo sguardo assorto in Thuan. Anche il generale Dang non si perdeva una parola. Ma ora era Dinh a piangere come un neonato.

– Dovremmo cercare di alzarci e muoverci un po', Thaverada, altrimenti il freddo ci penetrerà nelle ossa e finiremo in cancrena.

Dinh si mosse per primo e li aiutò ad alzarsi. Piano piano si mossero quelli che potevano. Thuan notò una moltitudine di occhi che seguiva i loro movimenti. Chiese a Thaverada di camminare a piccoli passi e fermarsi per poter conoscere i nomi di coloro che giacevano intorno a lui.

# 27. AGONIA E ASSALTO AL CIELO

Tra il fragore sordo delle onde, Thuan udì in principio il rumore di una voce e, a mano a mano che si avvicinavano, un lamento straziante. Un uomo agonizzava per terra sotto lo sguardo impotente di chi gli stava intorno. Di tanto in tanto borbottava qualcosa di incomprensibile.

Sussurrò qualcosa a Thaverada e i due si chinarono un po' a fianco del moribondo, che aprì gli occhi quando sentì il respiro di Thuan vicino al suo viso.

– Dio mio, pietà, accogli la mia anima – le sillabe mozzate di quella voce che si spegneva, ora erano più comprensibili.

– Figlio mio, sono sacerdote – Thuan guardò Thaverada, tirò un po' la catena per inginocchiarsi e sussurrare all'orecchio del moribondo nella sua lingua. – Come ti chiami?

– Grazie, Dio mio, grazie! – disse a gran voce l'uomo. Poi, quasi soffocando, supplicò – Padre, mi assolva, voglio salvarmi e non sono degno del Cielo.

– Come ti chiami? – ripeté Thuan mentre gli imponeva le mani sulla testa.

– Giovanni, padre.

– Giovanni, chiediamo a Gesù che ti accolga in paradiso.

– Mia madre mi diceva sempre che chiedeva alla Madonna di aiutarmi nel momento della morte. Ma, padre, io ho rubato più del buon ladrone. Ho rubato a molte bambine... – soffocava ma aveva bisogno di continuare a parlare – Ho rubato il loro corpo, ho visto il terrore nei loro occhi e l'ho ignorato. Sono stato un cattivo soldato.

– Figlio mio, e sei pentito? – Thuan continuava a tenere le mani posate sulla sua testa.

Il moribondo assentì vagamente con la testa. Non gli rimaneva fiato per parlare.

– Offriamo tutte le tue sofferenze alla Madre del Cielo, perché guarisca le ferite di quelle bambine, perché regali loro un nuovo sorriso? Vorrai prenderti cura di loro, con Maria; in paradiso?

Il moribondo ritornò a scuotere la testa. Il suo volto si distese e gli angoli della bocca cercarono di abbozzare un sorriso.

– Dove abita tua madre?

– Assisi... – balbettò – La *signora* Elisa della Scala... *Piazza della Fontana*... Le dica che sono morto confessato... E in pace.

Thuan si avvicinò al suo orecchio e cominciò a sussurrargli una canzone popolare.

*Maria lavava,*
*Giuseppe stendeva,*
*Il figlio piangeva*
*dal freddo che aveva.*
*Stai zitto, mio figlio,*
*che adesso ti piglio:*
*il latte t'ho dato,*
*il pane non c'è.*

Il soldato emise un forte rantolo e morì.

Thaverada appoggiò la testa sulla spalla di Thuan, che continuava a canticchiare.

– Non mi raccontare quello che ti ha detto – gli disse quando terminò di cantare. – Ma in che lingua parlavate?

– Italiano.

– Ma tu sai altre lingue?

– Ho studiato la scienza di Dio a Roma. Ho dovuto anche fare molti viaggi e ho imparato diverse lingue.

– Mi piacerebbe che ci raccontassi le storie dei tuoi viaggi.

– Questa canzone è di una terra bellissima, dove il vento diventa musica, il sole balla con la luna; dove sorgono le viti... – sospirò Thuan, estasiato.

– Ho l'impressione che dovremo aspettare che servano il cibo e avvisare gli ufficiali che portino via il cadavere. Pover'uomo. Morire così lontano da casa e ora finire in preda agli squali. Almeno, sembra che se ne sia andato in pace. Non so quello che dici loro, ma mi piacerebbe essere capace di stregare in questo modo. Che cosa racconta la tua canzone?

– Parla di un bambino che nasce povero, che ha freddo. Piange, ma sua madre non può dargli né latte né pane perché non ne ha. Allora lo prende in braccio e lo culla e lo copre con il suo velo.

– Povera madre. Non ci può essere una sofferenza più grande di quella di vedere tremare dal freddo un neonato, sentir piangere di fame...

– Ti assicuro che la madre della canzone è quella che più ha sofferto nella Storia. Poi uccisero suo figlio. Ed era il più giusto di tutti gli uomini.

Thuan mise la mano sulla spalla di Thaverada. Con l'altro braccio, fece un cenno a Uy e a Thao. Si avvicinarono e guardarono, spaventati, il cadavere.

– Vi chiedo di pregare un istante con me per questo nostro fratello. Presto verranno a servire il rancio e suppongo che porteranno via il corpo. Vegliamo per lui, intanto.

I due uomini si inginocchiarono senza sapere cosa dire.

– Mio piccolo Thuan! François! – un'altra voce ruppe il ghiaccio.

Thuan sobbalzò riconoscendo l'inconfondibile accento degli abitanti di Hue.

## 28. COMPAGNI DI VIAGGIO

Thuan puntò lo sguardo verso Thaverada e lo invitò a seguire quella voce che chiedeva aiuto. La catena, però, ostacolava i loro movimenti. I prigionieri su cui inciampavano cominciarono a protestare di nuovo.

– Non è che puoi stare tranquillo? Non abbiamo già abbastanza tormenti perché anche tu ci punisca? – gridò una voce disperata.

Thuan e Thaverada si sedettero per terra trascinandosi, molto lentamente, verso la voce che aveva richiesto aiuto.

Un sacchetto di ossa cominciò a rotolare e, arrivato ai piedi di Thuan, iniziò a rigurgitare dimenandosi nel proprio vomito. Thuan si abbassò e si intenerì riconoscendo il panettiere del suo quartiere.

– José Pham Ngoc Tin! Che ci fai qui? – chiese, commosso.

– Non lo so – rispose emettendo un nuovo rigurgito. – Suppongo che morirò vomitando. Spostati, ché ti sporcherai!

Thuan, come se fosse completamente sordo, si avvicinò un po' di più.

– Prova a muoverti un po' verso la stiva di prua. Da lì entra un'aria più fredda e starai lontano dall'entrata: non ti raggiungerà l'ondata puzzolente del cibo quando lo porteranno.

– François, sto morendo. Il giorno del tuo onomastico... – Tin parlava tra un rigurgito e l'altro – Ricordo quando tua madre ordinava i dolci per il tuo onomastico. Tua madre sta... Mio piccolo Thuan... Mi ci è voluto un mondo per trascinarmi fin qui. Toglimi i peccati prima che uno di questi conati mi uccida.

– Rimettiti un po' in sesto, così parliamo con calma.

– Sì, ma non voglio andare nella stiva di prua. Lascia che rimanga qui. È stato un trionfo attraversare questa galera e se sto per morire, voglio stare vicino a te.

– E se vivrai, che gioia continuare insieme il viaggio!

Tin emise un conato fortissimo e, scomposto, perse i sensi. Thuan gli fece un segno di croce sulla fronte. Poi lui e Thaverada chiamarono Dinh e il generale Dang. I quattro cercarono di sistemarlo nel miglior modo possibile, mettendogli un pezzo di catena sulla tempia per far sì che il freddo lo aiutasse a riprendere conoscenza. Lentamente, Tin tornò in sé. Vedendosi pieno di vomito, corrucciò la fronte ritorcendosi di angoscia.

Si aprì la porta di coperta e l'odore di pesce marcio annunciò che era ora di mangiare. Thuan e Thaverada si diressero verso il corpo del soldato Giovanni. Dinh si avvicinò ai guardiani chiedendo loro di andare lì.

– Che schifo di corpo. Non lo vorranno neanche gli squali – affondando lo stivale nel corpo rigido, il soldato gigantesco emise un sussulto di terrore. Puzzava di acquavite.

L'altro soldato, molto più giovane, chiese al suo compagno di scostarsi un po'. Gli fece un cenno perché guardasse che cosa stava succedendo nella fila che si era formata intorno al barile di brodaglia. Guardò e se ne andò barcollando.

– Lo conosci? – chiese il soldato giovane a Dinh. Dinh reagì con una faccia terrorizzata.

– Io lo conosco – si fece avanti a rispondere Thuan.

– Non so che cosa faranno con il corpo. Cercherò di convincerli a lasciarlo essiccare con i pesci. Così potremo tentare di seppellirlo in terra. Che non succeda che il suo spirito si infastidisca con noi e ci torturi.

Gli toccò i vestiti per controllare se avesse qualche documento. Nella tasca trovò una busta di plastica con dei fogli, una medaglia cucita e una moneta.

– Sopra lo perquisiranno, per verificare che non porti con sé qualcosa di valore – disse frettolosamente, assicurandosi che l'altro soldato non lo stesse vedendo né ascoltando. – Tenete pure i documenti. Chissà, magari un giorno incontrerete la sua famiglia. Il metallo lo lascio perché nessuno sospetti che lo abbiamo già perquisito.

Tolse la busta di plastica, che conteneva una carta d'identità militare, la foto di una bellissima ragazza e un'altra foto di una grande famiglia. Thuan esitando nel suo intimo, si rivolse al soldato guardandolo negli occhi:

– Come ti chiami, soldato?

– Compagno… – dubitò nel rispondere – Chau.

– Potresti avvicinarti, per favore?

Il soldato si accostò e Thuan gli sussurrò all'orecchio:

– Chau, la medaglia che porta cucita non vale molto, ma per sua madre sarà un tesoro.

Il soldato si mostrò molto dubbioso riguardo al da farsi. Si sfregava le mani, ricoperte da uno strato di bitume e pezzetti di squame di pesce. Avvicinandosi all'orecchio di Thuan gli disse:

– Di' ai tuoi compagni di non guardare, perché mi possono tagliare la testa per questo.

Thuan suggerì a quelli che non erano incatenati di avvicinarsi per mangiare il cibo preparato per tutti. Quindi, muovendo un po' la catena e puntando il dito su Thaverada, gli disse:

– Quest'uomo è una tomba... – e aggiunse, con un sorriso malizioso – d'oro.

Il soldato tolse rapidamente un coltellino dalla tasca, tagliò il filo della medaglia e nascose il coltello frettolosamente.

– Prendi il portafortuna. E zitti – con la medaglia ancora intrappolata tra il pollice e l'indice, fece una smorfia aspra –. Voi, come vi chiamate? Perché appena aprite il becco...

– Io sono Van Thuan e lui non ha un becco.

– No! Dovevo capire che tu eri quello...

– Quello...?

– Ce l'hanno con te, lassù. Me ne vado. Non guardarmi, l'ufficiale Chim mi ha già avvertito che sei contagioso – lasciò cadere la medaglia e corse via come se avesse visto un fantasma.

– Possa Dio ricompensarti, Chau – disse Thuan a quell'ombra che fuggiva.

Thuan guardò il piccolo metallo: su un lato, un'immagine della Madonna del Carmine; sul retro, un cuore trapassato da una lancia. Immaginò il volto della madre di Giovanni mentre metteva nella tasca dei pantaloni la medaglia. E desiderò con tutta l'anima di poter un giorno restituirgliela.

Thaverada sospirò quando vide che Tin si alzava aiutato da Dinh e dal generale Dang, mentre Uy e Thao finivano di distribuire il cibo a tutti.

## 29. MEDICINA AMARA

Il dondolio della nave, investita dal mare mosso, rendeva più difficile mangiare con un po' di tranquillità. Si addensavano momenti di silenzio. Sembrava che un cumulo di scheletri agonizzanti si fossero dati appuntamento per un pranzo di commiato.

– Mio piccolo Thuan, o ci portano in Russia o questo viaggio sta per finire – disse Tin, che aveva ripreso un po' il fiato. – Il mar della Cina non è così ampio, e siamo chiusi in questa balena da molti giorni.

– La verità è che fa tanto freddo, e io mi sono beccato un gran capogiro che mi fa desiderare di arrivare il prima possibile dove siamo diretti – Uy si grattò la testa, rassegnato.

– Che sarà di noi? Ho una paura da morire – Thao cominciò a sentire di nuovo che gli si annebbiava la vista, e le lacrime si trasformavano in ghiaccio.

Thuan guardò fisso Thao. Senza fretta. Per riscaldare con il suo sguardo quegli occhi congelati dall'angoscia.

– Non riusciremo a evitare che l'uccello del malaugurio voli sopra la nostra testa, però che si annidi nei nostri capelli sì – sentenziò Thaverada. – Mio nonno ripeteva sempre questo. Qualcosa potremmo fare… – lo diceva tenendo fisso lo sguardo su Thuan.

– Fino all'ultimo capello della nostra testa è contato – sussurrò Thuan.

– Come possiamo continuare a credere questo, padre François? – protestò Uy, disperato.

– Credere che cosa? – Thaverada guardava Thuan come se la rotta della nave dipendesse dalle sue parole.

– C'è una frase della Bibbia in cui il Figlio di Dio dice che suo Padre, nostro creatore, conosce persino quanti capelli abbiamo – cercò di spiegare Dang.

– Nemmeno io potrei inghiottire questo, adesso – confessò Thaverada con una sovrabbondante sincerità.

– Thao, penso ai tuoi figli – Thuan parlava battendo i denti. – Guarda l'amore che hai per loro, la tua sofferenza per loro. Se noi, che siamo così miserabili, amiamo in tal modo i nostri figli, come ci amerà nostro padre Dio, che ci ha dato la vita e in ogni istante ce la conserva?

– Non voglio dubitare di Dio – gemette Thao. – Padre François, quando la nostra barca stava affondando pensavamo che Lui ci avrebbe liberato. Non voglio dubitare! Ma, perché tutto questo? Lui sì che ha il potere di impedire le disgrazie.

– Hai ragione, figliolo – Thuan si fermò, come chi ha perso la pagina esatta di un libro che contiene la risposta a un enigma. – Ora è difficilissimo crederlo. Ma tu e io lo sappiamo: quando il male non è impedito, è solo per un bene che senz'altro è migliore per noi. Il problema è che ora questo bene non lo vediamo!

Tutti ammutolirono. Si udiva solo la furia del mare che cercava di distruggere la nave.

– Sicuramente hai dovuto dare delle medicine ai tuoi piccoli, qualche volta. Loro ti avranno guardato male, perché sentivano il sapore amaro e non potevano capire perché mettevi quel veleno nella loro bocca. Ma tu sapevi che quella medicina era buona, che da quella sarebbe dipesa la loro salute. Loro si sono fidati di te…

– Thuan, Dio non ci ascolta. Non ti rendi conto? – Dang era sconvolto.

Il rumore assordante delle onde sembrava voler spegnere la debole voce di Thuan.

– Questa notte ho ricordato Gesù, quando in mezzo alla tempesta giaceva completamente addormentato nella barca. Lui, apparentemente, si era disinteressato dei suoi amici; tuttavia vegliava su di loro, e quando si destò rimproverò il mare. E il vento e il mare gli obbedirono.

Thuan tacque. In mezzo a quel mal di mare, molti sguardi cercavano un'ancora di salvezza nelle sue parole.

– Allora, che venga giù e gli gridi contro. Questa nave che non smette di sballottare mi farà vomitare quel poco che sono riuscito a mangiare – Dang si mise le mani sullo stomaco.

– Ma sai cos'è la paura o sei un extraterrestre? – Thao chiese sopraffatto, al limite della disperazione.

– Certamente, figlio mio! Ti confesso che ora mi ritrovo con una forza interiore di cui io stesso mi meraviglio. Ma sono stato paralizzato dal terrore. Terrore da impazzire, da non riuscire a sopportare. Prima di entrare in questa nave sono stato nove mesi a marcire in una cella di due metri, in fondo a una fogna. Mi torturava un'orribile angoscia, ero spaventato al pensiero di morire solo e disperato – Thuan parlava sottovoce sibilando, fiducioso. – Ma dopo essere ritornato più volte a Lui, mi sono reso conto, quando ormai non possedevo più niente, è stato più facile consegnargli l'ultima cosa: la paura – Thuan tentò di mettere ancor più enfasi nelle parole che gli altri andavano bevendo con ansia. – Nel più profondo dell'abisso inizia un tempo in cui è possibile il miracolo.

– Davvero non capisco come potete continuare ad ascoltare questo imbroglione schifoso – Thuan fu interrotto da una voce cavernosa.

– Sta' zitto, imbecille – Dinh gridò più forte.

– Il suicida sta disturbando un'altra volta. Fate silenzio, tu e il ciarlatano, andate al diavolo! – la voce infuriava.

– Per favore, non perdete le forze discutendo – disse Thuan con serenità.

– Senti, – Thaverada prese la parola con autorità, – nessuno impone a nessuno di ascoltare. E se sono menzogne, nessuno ci costringe a crederci. Ma se quest'uomo sta dando conforto ad altri, sarà meglio che ti tappi le orecchie e sopporti queste grida.

– Possiamo approfittare del silenzio che lui ci chiede, per pregare – propose Thuan.

Thuan chiuse gli occhi e cercò di ingannare il freddo pensando a lingue di fuoco sparse nella stiva. Nel profondo del cuore, le sue parole arrivavano in Cielo: "Dio mio, questa nave è ora la mia cattedrale. La più bella di tutte. Signore, qui c'è il popolo di Dio che mi hai dato perché io ne abbia cura. Voglio garantire la tua presenza tra questi fratelli disperati. Se tu vuoi questo, anch'io lo voglio".

La nave ridusse la marcia e diede un'improvvisa frenata. I legni scricchiolarono, i corpi furono catapultati fuori. Un frastuono di gemiti e di colpi di catene si mischiò con la fuliggine del carbone e un'umidità corrosiva che faceva presagire una fine orribile.

## 30. SBARCO NEL PRESENTE

Mentre i prigionieri cercavano di ristabilirsi, le porte si socchiusero e vari soldati scesero. Uno di loro gridò:

– Mettetevi in fila e andate su per continuare il tragitto sui camion. Chi cercherà di fuggire finirà alla griglia degli ufficiali, che da tempo non mangiano carne fresca – sputando per terra scoppiò in una sonora risata, a cui i suoi compagni si unirono di mala voglia.

Thuan osservava come si muovevano quelle centinaia di ombre trascinando le catene. Il gruppo che circondava Thuan fece il possibile per continuare insieme a lui. Con passo faticoso, riuscirono a salire in coperta. I volti dei prigionieri erano cadaverici e la fuliggine della stiva gli conferiva un aspetto ancor più lugubre. La brezza del mare, seppur gelida, era purificatrice.

Thuan fu colto da un pizzico di curiosità e si rallegrò di trovarsi in una parte del Vietnam fino a quel momento sconosciuta. Fin da bambino aveva provato a immaginare come fosse il nord del Paese.

L'ufficiale Chim, guardandolo da lontano come un avvoltoio, fumava una sigaretta appoggiato su di un palo del molo.

Un gruppo di soldati, con i fucili puntati, indicò un furgone. Furono spinti verso la parte posteriore del veicolo come sacchi.

Il freddo si intrufolava fino alle viscere, recidendo con i suoi morsi la speranza di sopravvivere. Le curve della strada spingevano i corpi e le catene da un lato all'altro. Dopo aver sbattuto contro il suolo, Dinh disse con rammarico:

– Quel Dio onnipotente di cui parli potrebbe liberarci, o almeno liberare voi che credete in lui – Thuan gli tese la mano guardandolo come un padre che rialza il figlio appena inciampato. In questo gesto silenzioso, Thao si sciolse nuovamente in lacrime.

– Hai ragione. Non serve a niente. Perché ci abbandoni? Non ne posso più.

Thuan cercò lo sguardo di Thao per afferrargli la mano, ma non riusciva a raggiungerla.

– Thao, figlio mio, anche Gesù gridò a suo Padre dalla croce. Lui ci salverà.

– Non ci ries... co...

– Forza, potrai sopportare meglio la sofferenza se vivi solo quella di ogni istante. Quando pensiamo al passato e al futuro lo scoraggiamento pesa di più, ci vince più facilmente. Soffrire solo in questo momento ti risulterà meno doloroso. Provaci, figlio mio – Thuan gli fece l'occhiolino.

Ma Thao gemette di nuovo. Dal di fuori del camion si udì un grido di dolore:

– Stanotte ti porterò a letto con me, se non piangi, donnetta che non sei altro! – gridò un soldato ubriaco.

Uy chiuse la bocca di Thao con la mano. Thuan sussurrò sottovoce:

– Forse ora la fame e il freddo ti impediscono di pregare. Nonostante tutto, invocalo dal profondo del cuore: «Mio Dio, in te mi abbandono». Quando precipito nell'abisso, mi aiuta molto considerare che, se mi abbandono completamente nelle mani di Dio, non gli resta altra possibilità che prendersi cura di me! Ancor prima di te e di me, molti altri hanno vinto la disperazione, Tin – Thuan balbettò alcune parole mentre gli si annebbiavano gli occhi. – «Dal più profondo grido a te, Signore».

– Che semplice era ripetere quel Salmo le domeniche, nel momento dell'eucaristia, seduto sul banco, mio piccolo Thuan – soggiunse Tin.

– E oggi si compie questa parola. E ora possiamo abbracciarla davvero. Thao, ti assicuro che nessuna delle tue lacrime cade a terra invano. Le raccoglie il tuo Dio tra le sue mani piagate. Lui vinse nella debolezza estrema. Avrebbe potuto trionfare con un miracolo, ma preferì il supplizio. Lo stesso Gesù che ha dato l'ultima goccia del suo sangue perché ti amava, lo stesso Gesù che sopportò la tortura delle tenebre, accoglie la tua sofferenza e la trasformerà in gloria.

– Mio piccolo Thuan, ma come non provare terrore di fronte a questa morte orribile? – Tin si prese la testa tra le mani tremando.

– Non moriremo né un secondo prima né un secondo dopo di quello che Dio ha pensato. Ascolta, il pomeriggio in cui mi hanno arrestato mi sono ricordato di un vescovo cinese a cui era successa la stessa cosa. Quando l'hanno liberato, ha esclamato: «Ho trascorso metà della mia vita aspettando!». Mi sono riempito d'angoscia. Non volevo veder passare il tempo. E come una stella cadente, si è acceso in me ciò che mi diceva sempre mia madre. Quando la vedevo soffrire per l'ingiustizia, quando il futuro era incerto e terribile, ripeteva convinta: «Viviamo il momento presente, riempiendolo d'amore».

La felicità che vedevamo in lei ci spingeva ad avere fiducia. Questo mi sono proposto il giorno in cui mi hanno arrestato. E questo voglio proporre oggi a voi: chiediamo al nostro Dio di vivere tutti i momenti che ci dà riempiendoli d'Amore per Lui.

– Vivere momento per momento è uno dei migliori segreti della sapienza – Thaverada cercava di far sue le parole di Thuan.

– Mio piccolo Thuan, tua madre era molto saggia – aggiunse Tin. – Che bellezza traspariva dai suoi occhi, sempre ricolmi di misericordia. Il suo sguardo era come un mare calmo. Quanto vi amava! Voi otto. Tuo padre. Ognuno di noi. Che gioia la sua! Non faceva rumore, ma ci contagiava sempre con il suo sorriso.

– In questi giorni, pensando a tutte le volte che non si è arresa, – a Thuan si spezzò la voce, – anch'io mi chiedo se la nostra sfida è vivere come mai abbiamo fatto fino ad adesso.

– Ho una vita orrenda – Dinh si guardò le mani e vi sputò con disgusto.

– Hai avuto... – lo corresse Thuan. – Ora puoi vivere in un altro modo. L'altra notte, mentre non riuscivo a dormire, pensavo che forse possiamo trarre del bene da questo disastro. E se vivo ogni giorno, ogni minuto, come l'ultimo della mia vita? Una linea retta è composta da tanti punti, uniti tra di loro. Anche la mia vita, come la tua, è fatta di milioni di secondi, uno dietro l'altro. Ora che ci hanno obbligato a staccarci da tutto, è più facile concentrarci solo su ciò che è più importante. Ogni parola, ogni gesto, ogni decisione è la cosa più bella della mia vita. Posso offrire a tutti il mio amore, il mio sorriso.

– Comunque, l'unica cosa vera è che non ho mai avuto un amico come te – confessò Dinh.

– Non ce la faccio, mio piccolo Thuan, non ce la faccio! – Tin aveva oltrepassato i confini della disperazione. – Moriremo torturati. A cosa mi serve sopportare il presente, se tutto questo non finirà? – Tin cominciò a piangere.

– Tin, figlio mio, sei sfinito. Hai bisogno di recuperare un po' di forze. Ti chiedo di avere fiducia. Tutta questa sofferenza servirà. Anche tu, quando mettevi il pane nel forno, dovevi aspettare con pazienza che il lievito agisse. Non pensare al passato né a ciò che succederà. Sopporta questo momento guardando il cielo – Thuan alzò gli occhi e li richiuse mentre riprendeva la parola. – Dacci oggi il nostro pane quotidiano, Padre, che stiamo morendo di fame!

– Se almeno potessimo alimentarci dell'eucaristia! – singhiozzò Tin. – Mio piccolo Thuan, chiedi un miracolo per me – gemette, e colto da un colpo di nausea si ritorse sullo stomaco. Thuan rabbrividì ricordando quanti mesi erano passati dall'ultima volta che aveva toccato, fisicamente, Dio. E anche lui sentì quanto la fame spirituale gli lacerasse l'anima.

– Tin... – Thuan si sentì invadere da una grande certezza – Dalla deportazione, dall'oscurità del carcere, possiamo rivolgerci verso tutti gli altari del mondo dove Gesù si offre in sacrificio. Offriti tu stesso in sacrificio come ostia e nutriti dell'eucaristia spiritualmente! So che Lui infonderà in te forza e conforto.

Thuan pregò quasi sussurrando:

«Gesù, ad ogni minuto voglio dirti: ti amo. Che d'ora in poi questa sia sempre una nuova ed eterna alleanza con te. Canto insieme a tutta la Chiesa della terra e del Cielo: a te sia la gloria, perché hai vinto!».

Chiuse gli occhi e nel profondo del cuore vide la Madre del Cielo, seduta in quel furgone, che avvolgeva sotto un manto i suoi figli. Tra le curve, con l'aria gelida che squartava la pelle, lo supplicò che la pace infondesse coraggio al suo spirito e a quello dei prigionieri che lo accompagnavano verso un destino incerto.

# 31. RIEDUCAZIONE

Quando il furgone si arrestò, Thuan ebbe la percezione che accanto a loro fossero rimasti solo alcuni veicoli. Calcolò che non dovevano essere più di duecento persone.

Un soldato, urlando, li obbligò a scendere. Il trambusto era grande: le catene si attorcigliavano e il suono metallico si mescolava con il gemito dei prigionieri e con gli scatti d'ira della soldataglia. Ora l'inferno era al centro di un paesaggio estesissimo, con montagne sullo sfondo e filo spinato in primo piano. A un certo punto, Thuan perse l'equilibrio e cadde a terra trascinando Thaverada. Mentre la sua faccia si graffiava con l'erba ghiacciata, scorse gli inconfondibili stivali dell'ufficiale Chim sotto il suo naso.

– Questi qua non hanno bisogno di catene, ora. Scioglieteli e metteteli in quella stalla intanto che li portiamo nelle baracche. Thuan, sia chiaro che non mi conviene che tu muoia adesso, quindi smettila di buttarti per terra. Vediamo se approfitti del tempo in questo campo di rieducazione e il tuo cervello riacquista finalmente il senno. Il mondo, da qui, è troppo lontano per scappare. E io desidero riprendere la mia vita normale. Per colpa tua mi trovo in fondo al mondo. Non hai sentito che devi alzarti da terra?

Thaverada mosse le labbra per dire qualcosa, ma Thuan lo fulminò con lo sguardo.

Sopraggiunsero vari soldati: a colpi di tenaglie fecero saltare in aria le catene. Il sangue caldo lacerava la pelle della caviglia di Thuan uscendo a fiotti. Tenne premuto il pantalone e cercò di fermare il sangue.

A spintoni, tutti quelli del furgone furono portati in una baracca all'ingresso del campo. Il cielo era completamente terso e la luce invernale del sole tingeva il paesaggio di un verde elettrizzante. Lungo la strada, Thuan riuscì a distinguere, nella sagoma sullo sfondo, le mitiche montagne Tam Dao. Immaginò quanto fossero vicine al tempio dei re Hung, la cui leggenda risaliva alla fondazione del Vietnam. Lo rendeva felice l'idea che in quel campo di prigionia non avrebbe sofferto un'altra volta un isolamento devastante.

Quando entrarono nella stalla, furono avvolti da un'ondata di caldo e di fetore. La puzza di sterco provocò in Tim un nuovo colpo di nausea, che per paura inghiottì.

L'ufficiale Chim lanciò uno sputo e gridò, chiudendosi il naso:

– Chi si muove da qui, finirà nella fossa con una pallottola. Boom!

Mentre lui e il plotone se ne andavano a mangiare, rimasero due soldati di guardia, con i fucili incrociati, sulla porta della stalla.

– Perlomeno qui fa un po' caldo – sospirò Dinh.

– Ora, senza catene, possiamo perfino ballare! – replicò Thuan mentre andava ad abbracciare Thaverada.

– Ora, finalmente, posso allontanarmi da te. Sei peggio di un bue con la diarrea – incalzò la voce cavernosa, che ora aveva il volto di un uomo scapigliato, con un labbro rotto e gli occhi infiammati.

– Sta' attento, amico, costui il prima possibile coglierà l'occasione per trarre qualche vantaggio. Non hai visto come guardava mentre quell'ufficiale ti urlava contro? – Thaverada era contrariato.

– Cerchiamo di approfittare di questo momento senza catene – Thuan sembrava non voler dare importanza all'avvertimento.

– Mi fa piacere che non trascini più quella cosa, mio piccolo Thuan. Ma a che cosa ci serve non avere le catene se ci tortureranno?

– Siamo un po' più liberi, suppongo – gli sorrise Thuan. – Ma saremo molto più liberi…

– Adesso dimmi che verrà il tuo Dio a riscattarci – scherzò Dinh.

– Magari, e a te per primo. Quando ti avrà liberato, ricordati di noi! – Thuan rideva. – In ogni caso, in questi giorni ho parlato molto con Lui di come difendermi da questa possibile tortura.

– Thuan, non abbiamo armi, non abbiamo nemmeno forza – Uy colse l'occasione per sfogarsi.

– Qualcosa possiamo fare. Sì. Distruggere il loro odio con l'amore, come il sole disfa una lastra di ghiaccio. Bastano i suoi raggi perché si sciolga.

– Lo ha scritto anche Confucio: «È più facile assumere il controllo di un comandante in capo di un esercito, che privare un miserabile della sua libertà» – era da un po' che Thaverada cercava di remare nella stessa direzione di Thuan.

La parola «comandante» tolse il generale Dang dalla sua estasi.

– Una cosa è certa: nemmeno il tiranno è immortale; prima o poi, cade! – esclamò, convinto.

– Ascoltarti mi fa ricordare la storia di un vescovo cinese, Ky An. Immaginatelo qualche istante prima di essere martirizzato per avere disobbedito al tiranno. Mao Tse Tung lo guarda con disprezzo, credendosi il padrone della sua vita, perché l'avrebbe fatta finita presto. Ma all'imputato rimanevano ancora alcune parole. Sapete che cosa gli ha detto, lì per lì, ai piedi del patibolo? «Ho solo un'anima e una coscienza. Li sacrifico al mio Dio. Potrai avere solo il mio corpo». Lo uccise, chiaramente. Ma non poté uccidere il suo spirito. Voglio implorare a Dio la sua grazia affinché non ci possano strappare la libertà. Potranno farci soffrire, ma non riusciranno a impedirci che li perdoniamo.

– Thuan, ma io ho paura – confessò Thao.

– Abbi paura solo di una cosa: del male. Questa notte mi è venuta in mente anche la storia di san Giovanni Crisostomo, quando l'imperatore lo volle punire per la sua fede. Qualcuno gli disse: «Sbattilo in prigione»; ma questi rispose: «Significherebbe servirgli su un vassoio l'occasione di pregare e soffrire per Dio, che è ciò che desidera». Un altro propose: «Bandiscilo»; l'imperatore ragionò: «Ma per quest'uomo non esiste un posto dove non ci sia il suo Dio». Un terzo: «Condannalo a morte»; «No, perché morirebbe martire e si compirebbe il suo anelito più profondo: incontrare il suo Dio. Dobbiamo trovare qualcosa che veramente lo affligga, che non lo faccia felice». «Ho trovato! C'è solo una cosa di cui ha paura e che disprezza con tutta l'anima: induciamolo a peccare», propose un astuto ministro. «Ma a questo non possiamo obbligarlo se la sua libertà non ce lo permette!», confessò, arreso, il tiranno. Se solo abbiamo paura del peccato, vinceremo questa battaglia.

– Thuan, voglio confessarmi – disse Thao.

Ma sulla porta, i soldati si erano messi sull'attenti per cedere il passo all'ufficiale Chim che entrava barcollando.

– Che puzza orribile c'è qui dentro! Vi ordino di riunirvi subito in gruppi di sei – la sua ebbrezza era evidente. – Ho detto subito! Ognuno sarà accompagnato alla sua baracca da due soldati. Venite, velocemente!

Thaverada guardò Thuan e, con lo sguardo, cominciò a contare quelli che lo circondavano. Entrambi fecero un passo di lato e si presero per mano.

– Siete già sei, e il vostro Dio vi proteggerà meglio insieme.

– Lui proteggerà anche te, fratello.

– Ogni volta che con la mano tracci nell'aria quella croce, attrai benedizioni. Chiedile anche per me, per favore.

Un soldato spinse Thuan con il calcio del fucile. Ma intanto lui aveva già finito di tracciare, sulla fronte di quel prigioniero, il segno della croce.

# 32. UNA LETTERA CON UN ENIGMA

L'ufficiale Chim stava guardando il suo riflesso sulla finestra quando Thuan entrò. Sentì richiudersi la porta, ma non si girò.

Due soldati tossirono per far capire che erano tutti presenti.

– Andate via! – a giudicare dal tono della voce, l'uomo non era di buonumore.

I soldati tentarono di uscire così in fretta che si scontrarono l'uno contro l'altro, cadendo a terra.

– Si vede che in questo schifo di campo mandano i più idioti del mondo. Uscite subito o chiedo di trasferirvi in infermeria perché vi possiate contagiare con qualcosa e vi diate una calmata quanto prima!

Come due vermi impauriti, i soldati uscirono quasi strisciando, chiudendo la porta.

– Nguyen Van Thuan, ne ho davvero fin sopra i capelli di questa situazione.

Thuan rimase in silenzio, con il volto in attesa.

– Cerchiamo di arrivare a un accordo. Voglio essere benevolo con te. Voglio che quanto prima tu te ne vada di qui e anch'io. Quindi, siediti lì: ti concedo di scrivere una lettera che manderò ai tuoi familiari. Puoi chiedergli anche le cose di cui hai bisogno. In compenso, voglio che tu tenga a mente che quanto prima firmerai la confessione, prima uscirai da qui. Spero che tu sappia apprezzare questo gesto che ho per te.

– Grazie, ufficiale. Non so ancora il suo nome, anche se ci siamo visti ultimamente.

– Ci siamo visti? – Chim scoppiò in una risata così falsa che lui stesso si sorprese. – Sono stufo di andare dietro al tuo culto, traditore. Non ti costerebbe niente firmare la confessione che Tu Ha ti ha consegnato. Siamo tutti stanchi. Tu ritornerai a casa tua e io alla mia. Ma sei ostinato. Penso che in questo campo imparerai in fretta: sono esperti nell'insegnare ai testardi a memorizzare la verità. Vedrai com'è – un'altra risata ostentata diede all'ufficiale un aspetto carnevalesco. – Sono l'ufficiale Chim e hai cinque minuti per scrivere la tua lettera.

Thuan si sedette con calma, prese in mano la penna e, camuffando la sua ansia, scrisse varie righe. Si accorse subito che la debolezza aveva intaccato il polso. Non gli era facile trovare le parole, ma l'illusione lo spronava a dare il meglio di sé. Dopo pochi minuti, Chim incalzò:

– Vieni, firma, non puoi perdere la lezione di oggi – l'ufficiale prese la lettera e lesse ad alta voce:

*Carissima famiglia,*
*non preoccupatevi per me. Sono contento e in buona compagnia. Lo Spirito fluttua e brucia il mio cuore nella Parola. Il Vietnam fiorirà con sangue rinnovato.*
*Mi manca molto la mia medicina per lo stomaco, di cui avrei bisogno per poter continuare la Vita. Se potete inviarmela, ricordatevi anche della camicia con il taschino,*

*per poter conservare una tregua vicino al cuore.*
*Ho conosciuto alcuni panettieri che sospirano per tornare ad avere tra le loro mani del pane. Magari poteste inviarcene qualcuno che non arrivi ammuffito e li consoli. E un po' di dentifricio, per dopo il banchetto.*
*Non smettete di ricordarvi di me presso il cielo.*

*F.X.*

– Matto da legare, sei matto da legare! E per giunta fai il poeta. Che testa, la tua, se aspetti che ti piova amore dal cielo. Tra alcuni giorni arriverà la medicina. Intanto, ti puoi consolare annusando questo – con disprezzo gli tese una scatola di sigarette. – Che storia è questa, che ti concedi banchetti senza il mio permesso? Qui non fuma nessuno se non lo dico io. Oggi ti do la scatola. Un altro giorno ti darò una sigaretta. Mi auguro che apprezzi come mi sto comportando bene con te e non complichi le cose. Non parli, che c'è?

– Apprezzo il suo gesto, ufficiale Chim. In realtà, non fumo. Ma mi piace questo odore – Thuan raccolse la scatola vuota da terra, la prese tra le mani come fosse un tesoro.

– Ma non firmi la maledetta confessione. E intanto, devo inghiottire viaggi schifosi in nave e il freddo di queste montagne del nord. Non firmi, disgraziato.

– Perché non posso confessare una cosa falsa – Thuan sentì nuovamente gioia ricordando sua madre.

– Perché sei uno stupido, ma sono sicuro che tra qualche settimana avrai imparato la strada giusta. Allontanati subito dalla mia vista! Guardie, portate questo traditore alla seduta di indottrinamento!

## 33. SACRO NASCONDIGLIO

Alle nove e mezza di sera tutti i prigionieri erano presenti all'appello sulla porta delle baracche. Thuan vide Chim affacciato alla finestra: voleva assicurarsi che lui fosse al suo posto e lo salutò alzando timidamente le sopracciglia.

– Avrete saputo che d'ora in poi nessuno potrà uscire da qui. Chi ha bisogno, che vada in un angolo della baracca – il soldato proclamava l'annuncio dalla porta. – Chi esce, passerà la notte alle intemperie e all'indomani sarà un fantasma di ghiaccio. Non voglio schiamazzi, non voglio che prendiate in giro i vigilanti notturni. Non voglio problemi e mi farebbe piacere domani mangiare il doppio, nel caso che qualcuno di voi questa notte tirasse le cuoia!

Con queste parole di buonanotte, il soldato ritornò sui suoi passi. Thuan e i cinque compagni caddero stanchi morti sulla brandina. Disponevano solo di mezzo metro ciascuno, ma la stanchezza era tale che tutti riuscirono a trovare un po' di spazio per riposare nel letto comune. Quando avevano già chiuso la zanzariera, Thuan mise la mano in tasca.

– Ho della carta per costruire la casa di Dio – disse sottovoce, mostrandogli il pacchetto di tabacco.

– Se ci scoprono, ci uccideranno, padre – disse, tremante, Thao.

– Quando arriverà Gesù, lui ci darà la forza per dare la vita, se fosse necessario. Sai una cosa? Una volta mi hanno raccontato che, durante una rivoluzione, un sacerdote era andato a portare l'eucaristia a vari cristiani che erano stati dispersi. Sentirono che si stavano avvicinando dei poliziotti. Temettero che venisse profanato il corpo di Gesù. Si cibò dell'eucaristia e la diede anche al bambino che lo accompagnava. Li arrestarono, interrogarono il bambino: «Dove avete nascosto le ostie?». E lui rispose: «Nel mio cuore». Trovarono la scatola delle ostie vuota e lo fucilarono. Seppellirono il corpo sotto un albero. Il tempo passò e un giorno una tormenta strappò l'albero dalle radici. E dalla terra spuntò il corpo di un bambino con la piccola scatola sopra il suo cuore.

– Ma come possiamo celebrare l'eucaristia se non abbiamo né pane né vino? – Uy cercava di immaginare il miracolo.

– Oggi mi hanno permesso di scrivere una lettera chiedendo alcuni oggetti. Confidiamo che i miei capiscano ciò di cui ho bisogno. Tin, amico, gli ho detto che c'era un vecchio panettiere che desiderava impastare del pane.

Tin cominciò a singhiozzare sulla spalla di Thuan.

– Se tua madre ti vedesse qui, mio piccolo Thuan…

– Proprio mia madre sa che Lui è con noi; e non si rattristerà.

Sopraffatti dal sonno, caddero tutti addormentati, ma Thuan non riusciva a prendere sonno, e vide che anche Dang era ancora sveglio.

– Come sta, mio generale?

– Quanti pacchetti di sigarette hai?

– Scusa? Sigarette non ce ne sono.

– Parlo di pacchetti.

– Questo mi ricorda quel gioco che facevamo nell'intervallo di scuola – Thuan sorrise in un sussurro.

– Thuan, non sto giocando. Ascoltami bene: oggi ho dovuto scavare una latrina a fianco della baracca della sala da pranzo. Quando eravamo dentro il buco, ho parlato con un prigioniero americano. John mi ha confessato che anche lui è cattolico. Nella sua baracca c'è persino un frate e vari fratelli protestanti. Dobbiamo elaborare un piano per potergli portare l'eucaristia. Se io potessi portare con me un piccolo tabernacolo!

– Sei uno stratega anche di notte, anche su una montagna sperduta e anche se ti hanno fatto prigioniero. Sia benedetto Dio per la tua vita, Dang!

– Sia benedetto perché contiamo su un sacerdote tra di noi. Thuan, se non fosse perché ci hai fatto sentire la presenza di Dio qui, credo che mi sarei già suicidato. Sogno pensando che Lui ritornerà a stare fisicamente in mezzo a questo orrore.

– Se hai intenzione di continuare a vivere, dovresti cercare di riposare, figlio mio – scherzò Thuan. – Andremo a contare le stelle per la Regina del firmamento... Buonanotte!

Thuan fece scorrere le dita riempiendo il letto comune di preghiere a sua Madre, supplicando protezione per tutti quei prigionieri.

## 34. LIBERATI DAL LETAME

Thuan rivedeva il volto di suo nonno e dei suoi zii mentre solcava la terra con l'aratro. Quando lo toglieva dalla terra, un crampo gli stringeva i tendini e il viso gli si contraeva.

– Padre François, lasci a me scavare la terra e faccia finta di spianare la superfice – Thao parlava con una tale veemenza da dare quasi degli spintoni a Thuan. – Cerchi di non sforzarsi troppo, per favore.

Thuan si asciugò il sudore della fronte con il braccio e, mentre respirava profondamente, sorrise.

– Sai che provengo da una famiglia di contadini? Non mi piacerebbe abbassare questo livello.

– Il generale Dang mi ha raccontato l'altro giorno gli atti eroici della sua famiglia. Contadini! Se tuo zio Diem è stato presidente del Vietnam. Sarà che si crede davvero che qui siamo tutti stupidi, come dice l'ufficiale?

Scoppiarono a ridere entrambi.

– È vero che mio zio è stato un uomo importante, ma lo è altrettanto mio nonno, a cui anni fa confiscarono tutti i beni perché era cristiano e che mandarono dalla corte imperiale in un campo, come punizione. Mio zio, che era un bambino, scappava tutti i giorni, facendo chilometri, per portargli da mangiare perché non morisse di fame.

– Ogni volta che penso alla sua famiglia, mi consolo e mi convinco che i miei figli non saranno divorati dal destino – Thao si commosse. – Prima o poi, il sangue sparso benedirà la nostra patria. Ma, padre François, non riesco a capire del tutto che cosa vuole Dio con questo tormento che ci manda.

Thuan aveva finito di spianare la superfice e si stava preparando a caricare un mucchio di letame in un cesto. Il corpo si contraeva di dolore a ogni movimento.

– Per l'amor di Dio! Lasci stare! Spiani qui, penserò io a trasportare il concime – Thao cercava di non gridare per non richiamare l'attenzione dei due soldati che stavano morendo dalle risate sotto alcuni alberi lontani.

– Thao, osserva questo concime. Senti come puzza. È uno schifo. E tuttavia è necessario per fecondare la terra. Sono convinto che il nostro Dio farà germogliare il bene da questa notte oscura.

– Padre, non posso avere questa fede. Mi sento un fallito. Non sono come lei.

– Che ne dici di portare questo cesto un po' più vicino alle guardie? Sono convinto che quando si renderanno conto del profumo che esce da qui se ne staranno lontani per un bel po'.

Thao, con sguardo malizioso, raccolse il carico di letame e lo mise quaranta passi più in là. Le guardie non tardarono a reagire.

– Tutto quello che toccate fa schifo, traditori! Tu lascia tutti i cesti che dovete trasportare insieme a questo, noi ce ne andiamo. Vediamo se la smettete di disturbare! Se superate questa linea, sarà la vostra tomba!

Mentre ridevano a malincuore, i due soldati si allontanarono. Thao ritornò soddisfatto.

– Come li hai resi felici, figlio mio. Gli hai strappato dei complimenti!

– È orribile che la trattino così, padre François – Thao abbandonò il cesto e si appoggiò sul rastrello.

– Eppure, quanto male, anche noi, spesso trattiamo nostro padre Dio. Non abbiamo fiducia in Lui, lo rinneghiamo...

– Padre, non sono degno di Lui. Non lo vedo da nessuna parte. Spesso mi si riempie il cuore di rabbia.

– Chiedigli perdono. Chiedigli aiuto. E vedrai come non può resistere.

Thao guardò Thuan come un bambino che ha appena rotto un piatto. Fissò lo sguardo all'orizzonte e vide i due soldati in lontananza, invischiati nella loro conversazione. Eresse un mucchio di letame e vi si nascose dietro.

– Padre mio, Dio mio, sono un figlio miserabile. Non posso credere in te, ma lo voglio. Guarda il mio cuore e perdona la mia ira, perdonami se non riesco ad abbandonare tutto in te. Padre del Cielo, non sono nemmeno fango, sono letame nelle tue mani. Ho bisogno del tuo soffio di vita, ho bisogno che mi rinnovi completamente. Ma mi sento così abbattuto che a malapena so di che cosa chiederti perdono. Mi pento d'essere orgoglioso; mi pento di invidiare padre François per la sua fede; mi pento di essermi rivolto con disprezzo a Dinh, ieri notte; non so di cos'altro posso chiederti perdono...

– Un cuore affranto e umiliato tu, Dio, non lo disprezzi – Thuan aveva gli occhi colmi di lacrime, che cadevano come perle sul letame.

– Muova il rastrello, padre, muova il rastrello.

– Thao, Dio ti perdoni. E io ti assolvo dai tuoi peccati nel nome del Padre, del Figlio e dello Spirito Santo – con il pollice sudato e sporco, Thuan tracciò il segno salvatore sulla fronte. – Lascia che ti aiuti, figlio mio, ora sei concime per la terra!

I due soldati si avvicinavano nervosi.

– Ma che cosa credete? Pensate che non vi vediamo?

– Perché lo alzi da terra? A che gioco state giocando? Amate rotolarvi nel letame, o che fate? Qui non si gioca, si lavora!

Thao non sembrava nervoso.

– Sono caduto per il peso del letame...

– E l'ho aiutato a rialzarsi – aggiunse Thuan con calma assoluta.

– Tra dieci minuti tramonterà il sole e dovrete andare a lezione.

– Sbrigatevi, calabroni traditori!

I soldati si riallontanarono, lamentandosi del fetore che c'era lì.

– Lei riempia le ceste e io le carico – ordinò Thao, sorridente.

Thuan gli diede retta e, quando stavano per trasportare l'ultima, si fermò un secondo.

– Guarda com'è bello il sole all'orizzonte: Dio lo fa brillare sui buoni e sui cattivi. Thao, figlio mio, ringraziamolo per questo tramonto in cui rinasci in lui. Rivolgiamoci a Maria, preghiamo con affetto e fede per tutti i suoi figli.

La sirena del campo suonò e i due prigionieri camminarono verso la baracca della lezione di formazione con i piedi sfiniti e l'anima che danzava.

# 35. FAVOLE E DOTTRINE

L'ufficiale Chim era particolarmente sgradevole da ubriaco. La sua voce stridula era ancora più acuta, le parole incespicavano e perdeva il suo umore fino a irritarsi.

– Vediamo, Van Thuan. Ripeti ai tuoi compagni la sintesi di oggi – disse dondolandosi un po'. – Siete degli idioti, bisogna ripetervi le stesse cose tutti i giorni.

– Il Vietnam è una patria coraggiosa. Il suo popolo lotterà sempre per la libertà e distruggerà gli oppressori che vogliono imporre tradizioni straniere – Thuan sembrava un bambino disciplinato che ripeteva la lezione.

– Pinelli, continua tu, e ti passerà la voglia di andare a fare la guerra lontano dal tuo schifoso Paese.

Un soldato giovanissimo entrò nella baracca e gridò:

– Signore, il generale Tu Ha al telefono!

– Banda di stupidi, c'è bisogno che tutti questi traditori sappiano chi mi sta chiamando! – Chim fulminò con lo sguardo il messaggero. – Vieni qui im-me-dia-ta-men-te e sorveglia questi due – il dito rimase sospeso tra Thuan e Pinelli.

Gongolando un po', Chim si diresse verso la porta. Il soldato non si era ancora ripreso da quella strigliata.

– Appena vi muovete di un millimetro… – minacciò.

– In questo campo sovrabbondano le minacce – disse

Pinelli sottovoce. – Dove pensi che potremmo andarcene?

– Non so se ve ne andreste, ma se tentate di muovervi, l'ufficiale Chim mi uccide.

– Tranquillo, staremo fermi qui come statue – scherzò Thuan. – Come ti chiami?

– E tu?

– Van Thuan.

– Aaah, sei tu – il soldato indietreggiò, istintivamente, di alcuni passi. – Non mi guardare, non mi toccare, non mi…

– Ehi, non è un cane – Pinelli trattenne una risata.

– Sappiamo tutti che è contagioso.

– Cos'hai? – Pinelli finse, come se non avesse mai sentito parlare dell'altro prigioniero.

– Tranquillo: solo del solletico nell'anima – una smorfia comica apparve sulla faccia di Thuan.

– Invece a me manca un po' di grazia. Ho dentro di me troppi incubi.

– State zitti, ché se arriva Chim mi impicca – il soldato giovane sudava copiosamente. – Il generale dalle tre lentiggini ti odia. Ho superato la guerra e non voglio morire adesso.

La porta si aprì all'improvviso e Chim entrò con un atteggiamento insoddisfatto e con una cassa di legno tra le mani. La depose sul tavolo.

– Pinelli, finisci il ripasso di dottrina di oggi! Il traditore Van Thuan ha detto che ogni patriota vietnamita lotterà per la libertà di questo popolo. Hai qualcosa da aggiungere, straniero infiltrato in un esercito imperialista?

– I nemici del Vietnam saranno puniti. Godranno del perdono solo quando saranno disposti a costruire la patria per essere liberi.

– Tu sei disposto? Potevi almeno imparare la nostra lingua. Negli Stati Uniti non vi insegnavano a parlare vietnamita prima di permettervi di marcire qui? Si dice: «Saranno perdonati solo quando saranno disposti a costruire una patria nella quale essere liberi». Per te, non c'è posto per il perdono, idiota.

Un soldato diede un calcio alla porta ed entrò.

– Signore, la cena è pronta.

I prigionieri si alzarono e si misero sull'attenti. L'ufficiale Chim fece un cenno con la mano a Thuan. Mentre tutti andavano verso la baracca della sala da pranzo, Thuan rimase da solo con lui.

– Vedo che sai utilizzare bene le lezioni – Chim ruttò e cercò di sorridere con un'amabilità forzata. – Ecco quello che hai chiesto nella tua lettera.

Alzando il coperchio della cassa, si vedeva tutto il contenuto ispezionato e ordinato. A Thuan gli occhi brillarono come stelle quando vide una lanterna avvolta in un foglio su cui c'era scritto: «Per il panettiere». A fianco c'era una bottiglia di cristallo con un adesivo: «Medicina per il dolore di stomaco». Istintivamente portò la mano sulla pancia.

– Se non ti comporti bene, dovrò sottrarti questo – Chim lo minacciò con disprezzo. – Guarda cosa ho qui – tolse il rosario di palline di legno dalla tasca. – Il tuo portafortuna. Che peccato non potertelo restituire, ma sono sicuro che sarai intelligente e firmerai la confessione quanto prima. Tu Ha mi ha appena chiesto come va il tuo indottrinamento. Verrà presto – Thuan lo ascoltava in silenzio. – Prendi questa medicina o ti ammazzo. Anche se ti ammali, ti uccido. Se muori, uccidono me – Chim era confuso. – Sei un idiota. Guardie, portate quest'uomo a cenare!

## 36. DOLCE LIQUORE PER L'ANIMA

Thuan era in estasi. A malapena assaggiò un boccone durante la cena, nonostante Dinh gli infilasse il cucchiaio in bocca.

A un certo punto, vide il soldato americano alzarsi e andare verso la latrina. Finse un crampo allo stomaco e, sostenendosi la pancia, corse di fretta verso l'uscita della baracca.

La puzza e il freddo delle latrine inducevano i soldati a sorvegliare a distanza.

– Fa' finta di aiutarmi a vomitare – Thuan incalzò, in inglese, Pinelli.

– Dio mio, grazie che mi parli nella mia lingua.

– Ascolta – Thuan finse un altro colpo di nausea e piegandosi constatò che il soldato non gli stava prestando attenzione.

– Mi è arrivato oggi del vino per consacrare. Ancora non ho potuto verificare se c'è anche del pane, ma sono convinto di sì.

– Darei la vita per dormire con voi – Pinelli fece il gesto di asciugare la fronte di Thuan.

– Tranquillo. Siamo un corpo solo e un'anima sola!

– Sì, e quando penso che impazzirò, mi consola infinitamente sapere che mi resterete vicino, che pregherete per me. Il fatto è che questa lotta è sempre peggiore. Io, che per tanti anni ho bombardato le foreste di questo Paese, vorrei avere la forza di morire fedele. Ho bisogno di Dio. E quando penso agli altri che sono con te, che possono confessarsi, che riceverete la medicina di Dio, muoio di invidia.

Dalla posizione in cui era accovacciato, Thuan scrutò con tenerezza gli occhi di Pinelli.

– Il generale ha un piano in mente. Ha sentito dire ai poliziotti che i venerdì parteciperemo tutti alla sessione di indottrinamento. Nell'intervallo andranno a bere. Se disponiamo di ostie consacrate, le metteremo in alcuni sacchetti che abbiamo costruito con carta di sigarette e li distribuiremo ai nostri fratelli. Tu potresti portare Dio a quelli che stanno con te?

– Padre François, domani è Natale. Non ho mai ricevuto un regalo così bello! – con gli occhi velati di lacrime, indicò con la mano la strada, invitando Thuan a ritornare.

– John, Dio ha fatto dono di sé facendosi carne. Rimarrà qui con noi, prigioniero con noi. Lui ci fa questo regalo per portarlo ad altri – Thuan camminava raccolto su sé stesso, intenzionalmente in modo lento.

– Avrei bisogno di confessarmi, padre, ma non so come né quando.

– Dio provvederà, John. Continua a chiedergli perdono nel più profondo di te. Non ti affliggere. Troveremo il momento. Intanto prepara il tuo cuore per diventare un tempio vivo.

Quando rientrarono nella baracca adibita a sala da pranzo, erano già tutti sull'attenti. Ognuno dei due fece ritorno alla propria squadra. Dinh aveva raccolto la scatola di Thuan e uscì dalla baracca con gratitudine e uno sguardo colmo di affetto.

La notte era fredda e i soldati avevano fretta di terminare la giornata per incamminarsi verso l'osteria. In pochi minuti erano già tutti al buio, sotto la zanzariera.

– Figlio mio, oggi è la vigilia di Natale – sussurrò Thuan.

– Che cos'è? – chiese Dinh con un filo di voce quasi impercettibile.

– Oggi festeggiamo il compleanno del nostro Dio. Gesù ha voluto farsi uomo, come noi, e nacque povero in un posto più o meno come questo.

– In un campo di rieducazione? Davvero questo vostro Dio è del tutto folle.

– Preghiamo per festeggiare questa notte benedetta – suggerì Tin.

– Anch'io pregherò, nonostante non sappia pregare. No, non so: ma voglio unirmi a voi – Dinh parlava convinto.

Thuan lo guardò come un padre a cui il figlio ha appena fatto un regalo. Quindi strizzò gli occhi abbozzando un'espressione di furbizia sul volto.

– Per festeggiare, che cosa c'è di meglio di un banchetto sacro? – Thuan cominciò a leccarsi i palmi delle mani, come se stesse pulendo a fondo un cristallo.

– Mio piccolo Thuan, non so dove trovi il senso dell'umorismo. Sei rimasto senza cena, abbiamo il naso che puzza di letame, abbiamo lavorato tutto il giorno, e tu scherzi e ti lecchi le mani: ti prenderai un malanno allo stomaco!

– Caro Tin! Vedrai come riderai e sorriderai, mio amato panettiere. Adesso arriverà la parte migliore. Prepariamoci a ricevere Dio in questo letto che ci accoglie.

Mentre tutti osservavano sconcertati, Thuan si inginocchiò. Come chi sta per scartare una caramella, aprì lentamente la scatola. Prese in mano la bottiglia di vino e la baciò.

– Dinh, tieni questo un momento, per favore; ti nomino chierichetto.

– Cosa…?

– Aiutante principale di cerimonie – improvvisò Uy.

Thuan mosse con ansia il contenuto della scatola. Si sentì frustrato non trovando le ostie da nessuna parte. Mise da parte il dentifricio e stese in mezzo a tutti la camicia nuova, con il taschino rovesciato. Una tristezza terribile cominciò a distruggergli il morale. Cercava di non lasciarsi sopraffare, ma l'amarezza della melanconia si era infiltrata senza rimedio.

# 37. IL BANCHETTO

Tutti guardavano frementi senza sapere cosa fare e cosa dire. Thuan rimase per un po' con gli occhi chiusi. Chiedeva una luce dal Cielo. Mentre pregava, cercava di placare l'angoscia girando le dita intorno alla lanterna.

– Thuan, se un giorno avremo bisogno di questa cosa, la miccia sarà distrutta. Fa' attenzione – avvertì Dinh.

– Hai ragione, figliolo.

– Sembri triste, mio piccolo Thuan.

– Il fatto è che non vedo le ostie che ho chiesto ai miei, e mi dispiace molto, Tin.

– Ostie? Signore mio e Dio mio, vieni a guarire la sua pazzia! – ora era Tin a non avere fede.

– Devono essere nascoste da qualche parte, ma non so più dove guardare. Quella scatola non ha un doppio fondo.

– Ma la torcia sì – Dinh parlò quasi ad alta voce, euforico.

Thuan tolse il tappo della lanterna e gli diede un colpetto: cadde un pacchetto minuscolo avvolto in una plastica.

– Sii benedetto, Signore! – esclamò Thuan, emozionato, mentre abbracciava Dinh. – Come facevi a saperlo?

– A qualcosa doveva servire essere stato un ladro. Se mi avessi detto prima cosa andavi cercando… Sapessi quante volte ho nascosto dei gioielli di contrabbando in una lanterna! Non li hanno mai trovati. Ero un ladro molto bravo.

– E oggi sei riuscito a rapinare il Cielo, che tu sia benedetto!

In pochi secondi erano tutti più stretti attorno a Thuan, che aveva disteso verso il centro il palmo della sua mano.

– Il Signore sia con voi – sussurrò davvero emozionato.

Gli altri non risposero. Dinh teneva in mano il vino come un bambino a cui avessero detto di sostenere l'universo.

– In questa notte santa, Gesù ritorna a farsi uomo come noi, in mezzo a noi. Oggi ci è data l'opportunità di cibarci della medicina dell'immortalità, soluzione per non morire ma per vivere sempre in Lui. Oggi ci uniamo al coro degli angeli e di tutti i santi. Oggi, i martiri di tutta la Storia, in particolare i martiri vietnamiti, ci accompagnano davanti al trono del nostro Dio. Oggi, qui riuniti, nel presepe, invitiamo Maria e Giuseppe e gli chiediamo di poter adorare con loro Gesù.

Thuan, sussurrando letture dell'Antico Testamento, li invitò a recitare con lui un Salmo. Quindi proclamò con solennità la nascita di Gesù a Betlemme. In una breve omelia, pregò ad alta voce, in unità con tutte le messe clandestine della storia.

– Gesù, distruggi la nostra paura e dacci un cuore come il tuo, capace di amare persino i nostri nemici – concluse.

Dinh non sapeva se stava sognando, fino a quando Thuan non gli parlò:

– Figlio, cerca di spargere solo tre gocce di medicina sul palmo della mia mano.

Con estrema cura, Dinh versò l'elisir misterioso. Thuan trasformò il sussurro in una dolce melodia, quasi impercettibile, infondendo sul pane e il vino alcune parole che Dinh non era in grado di capire. Ma non si azzardava a chiedere spiegazioni. Assisteva affascinato a quello spettacolo spirituale. Poco dopo recitò con loro la preghiera al Padre che aveva imparato a memoria, a forza di udirli nella nave, di notte. Dopo aver pregato insieme, Thuan domandò:

– Chi di voi è preparato, nella sua anima, a ricevere il Re dei re?

Tin, Thao, Uy e il generale Dang unirono le mani e le appoggiarono sul petto, tremanti. Thuan mise una piccola particola di pane su ogni lingua. Quindi depose sulla carta delle sigarette cinque piccoli pezzetti di pane. Leccò la sua mano, come se le tre gocce si fossero convertite in un fiume di vita. Poi, con un affetto immenso, guardò Dinh e gli mise la mano sulla fronte.

– Figlio mio, che lo Spirito di Dio si effonda su di te affinché anche tu, un giorno, possa ricevere il suo corpo.

Dinh sentì che il suo cuore si scioglieva al calore di un fuoco rovente e scoppiò a piangere come un bambino. Thuan prese il suo volto tra le mani e gli baciò la fronte. Poi Dang lo aiutò a indossare la camicia nuova, con più solennità di un mantello di ermellino. Thuan preparò i cinque pacchetti. Ogni volta che ne terminava uno, lo baciava e lo metteva con la massima cura nella tasca della camicia, a fianco del cuore. Anche se a ogni movimento dava una gomitata a qualcuno senza volere, tutti rimanevano in ginocchio, con il volto prostrato sul letto.

Il tempo si era fermato e quel posto appestato si era trasformato nell'anticamera del Cielo. Dinh era crollato sul grembo di Thuan, che gli imponeva le mani e raccontava la sua storia a Gesù.

– Mio piccolo Thuan, perdona se ti interrompo – sussurrò Tin. – Non so quanto tempo è trascorso, ma devi riposare. Se non ci prendiamo cura di te, non potremo celebrare questo banchetto altre volte.

– Grazie, figliolo. Ma ho bisogno di adorare il mio Dio, che è qui in mezzo a noi.

– Mio piccolo Thuan, ti supplico. Sono rimasto sveglio tante notti nella mia vita! Lascia a me vegliare, oggi; tu dormi. Non puoi ammalarti. Credimi. Abbiamo bisogno che tu stia bene. Ricordati del parroco di Hue, quando ci insegnava a cantare a più voci le parole della Scrittura: «Io dormo, ma il mio cuore veglia».

Thuan si emozionò a ricordare quel missionario anziano che lo aveva preparato a ricevere Gesù per la prima volta e che era stato determinante nella sua chiamata al sacerdozio.

– Ti obbedisco, figlio mio, ma anche tu devi riposare.

– Gli darò il cambio fra alcune ore – propose Dang. – A condizione che tutti dormiate, immediatamente! Si stenda comodo, padre François, e riposi tra le braccia di Maria.

Thuan chiuse gli occhi e, pensando alla Madre di Dio, glorificò il suo ventre benedetto, primo tabernacolo della storia. Allora si rese conto, nuovamente, che lui stesso era adesso un vaso sacro. Immaginò il suo corpo trasformato in una custodia d'oro, con pietre preziose incastonate. Udiva il respiro di Dinh, sereno. Cominciò a sognare con i milioni di angeli che ballavano intorno a quella minuscola cuccetta che si era trasformata in un angolo di paradiso.

## 38. ISTRUZIONE

Le squadre erano in arrivo e, dopo essersi costituite, entrarono nella baracca della sala da pranzo. Thuan scorse un'altra volta da lontano Thaverada, e con lo sguardo si abbracciarono. Anche se erano presenti quasi trecento persone, si avvertiva nell'aria un silenzio teso, contenuto.

– Andiamo, traditori! Tutti in piedi, che oggi abbiamo una sessione speciale! – gridò un soldato con tono beffardo.

I prigionieri guardavano sorpresi. Dopo pochi secondi capirono la battuta. L'ufficiale Chim entrò come una serpe a rallentatore, completamente ubriaco. Le guardie a malapena riuscivano a contenere le risate.

– Ieri... abbiamo... una sessione di ripasso. Vietnam. Grande. Libero. Vietnam eterno! Van Thuan, ho la gola secca e andrò in osteria a istruire i miei uomini. Lei è responsabile che nessuno di questi fugga via. Se qualcuno esce da quella porta, tutti e due finirete al muro!

I prigionieri osservavano allucinati lo spettacolo.

Un soldato si avvicinò all'ufficiale, e questi scoppiò a ridere come una gazza.

– Il compagno Chau sorveglierà la porta! Dice che siete un mucchio di formiche... e... me ne vado!

Cercava di avanzare a passi marziali, ma il suo passo risultava ancora più comico; i prigionieri, però, non osavano esternare niente.

Quando uscì, Chau gridò dalla porta, sull'attenti e con il fucile puntato verso l'alto:

– Van Thuan, vieni qui!

Thuan percorse con tranquillità i quaranta passi che li separavano. Arrivando, il soldato lo bloccò sulla porta, dando le spalle ai prigionieri.

– Ascolta, – disse sottovoce, – ho sentito che ci sono vari uomini che vogliono suicidarsi. Fa' qualcosa, adesso, mentre gli ufficiali si ubriacano. Io sorveglierò la porta.

– Non ho dimenticato quello che hai fatto per l'uomo che è morto nella nave – disse Thuan.

– Per favore, approfitta di quest'attimo. Parleremo in un altro momento. Credo che ti manderanno presto nel mio laboratorio.

Thuan si girò osservando gli sguardi spaventati. Trovò divertente che quel soldato volesse far credere di essere terribile. Ma, con il volto serio, finse di prendere posto al tavolo dell'istruttore.

– Soldato! Lei può sorvegliare da fuori, perché durante l'insegnamento non ci muoveremo da qui – disse, imitando perfettamente gli agenti e la voce dell'ufficiale Chim.

Il soldato girò sui tacchi e uscì, mentre interiormente moriva dal ridere.

– Ebbene, compaaaaaaagni! – Thuan continuò a imitare l'ufficiale. – Come ben sapete, per poter imparare qualcosa bisogna dialogare con gli altri. Dialogate!

A questo punto, molti scoppiarono a ridere in faccia agli altri.

– Quest'uomo è incredibile – commentò Thaverada con

Pinelli. – È capace di imitare l'ufficiale senza burlarsi di lui. Ma il miracolo è che ci ha fatto ridere!

– L'altro giorno mi ha raccontato che se non fosse diventato sacerdote, avrebbe voluto essere un pagliaccio.

– Ebbene, è sacerdote e pagliaccio.

Thuan aspettò che finissero di ridere. Poi, come un mimo, finse di prendere in mano un rocchetto di corda e se la strinse al collo. Con voce soffocata, esclamò:

– Ehi! Chi vuole fuggire, che mi avvisi, perché dalla sua testa pende… la mia!

Tutti ricominciarono a ridere. Meno il generale Dang che, istintivamente, uscì volando verso la porta e si mise davanti. Pinelli in pochi secondi si unì a lui e gli disse ansimando:

– Adesso, ci manca solo che qualcuno scappi e taglino la testa a Thuan.

– Onestamente, temo che prima di tagliargli la testa ci dovranno passare tutti per la griglia – Dang cercò di sorridere. – Da quel Chim dipende che Thuan continui a vivere. È meglio se cerchiamo di evitare qualsiasi guaio.

Tutti si erano rilassati e parlavano con chi gli stava accanto. Thaverada si diresse con passo risoluto verso la cattedra.

– Thuan! – si fuse con lui in un abbraccio. – Tutti i giorni ti vedo nella sala da pranzo senza poter parlare. Come stai?

– Contento di vederti e ascoltarti! Ma ho bisogno di distribuire una medicina in questo lasso di tempo, prima che ritorni l'ufficiale e…

– Va' e distribuisci. Posso farti compagnia?

Il sorriso di Thuan fu la risposta. Accanto a lui si era già formato un vero vortice.

– Vescovo Thuan, sono un frate e ho bisogno di confessarmi.

– Padre, è vero che lei ha l'eucaristia?

– Vescovo Thuan, qui c'è un uomo che vuole essere battezzato.

Mentre ascoltava la moltitudine di richieste, Thuan pensò a Francisco Javier che predicava in Oriente. E si sentì l'uomo più felice del mondo.

Il tempo, però, incalzava e sembrava impossibile rispondere a tutte quelle necessità.

# 39. NUOVE FORMULE

Il generale Dang si sbracciava dalla porta e guardava Thuan con ansia. Con le mani, lo invitava a sbrigarsi.

– Siamo cinquanta persone in ogni baraccone – disse Thuan ad alta voce.

– Persone? Un'altra volta tu, sognatore! – l'uomo della voce cavernosa sputò dalla fila della sua squadra.

Thaverada lo fulminò con lo sguardo. Thuan continuò come se non avesse udito la frecciatina.

– Il pane di vita è sceso dal Cielo. Un uomo per baraccone, che faccia un passo in avanti.

Alcuni uomini caddero a terra in ginocchio.

Dang era molto nervoso. Guardava dal buco della serratura e vedeva che anche il soldato Chau era inquieto, mentre sorvegliava la porta dell'osteria.

Thuan distribuì i quattro tabernacoli di carta ai quattro uomini. Consegnando il pacchetto, diceva loro all'orecchio:

– Questo è il figlio di Dio, immolato per noi. Beati coloro che sono stati invitati alla sua festa!

Qualcuno piangeva, altri mormoravano: «Signore, non sono degno»... e intorno molti giravano il volto verso di loro, come girasoli che vanno in cerca del sole dell'estate.

Pinelli, dopo aver nascosto il suo piccolo sacco, guardò Thuan con ansia e si alzò in piedi.

– L'altro giorno, Chim ci ha ordinato di fare il ripasso – mormorò Thuan. – Quando ritornerà, se ci trova tutti in ordine, eviteremo problemi. Potremmo metterci lì di fronte, prepararci la frase da dire per ripeterla, mentre…

Pinelli colse il messaggio al volo.

– Formiamo le file! – gridò Thuan. – Sedetevi sopra questa terra gloriosa del Vietnam! – Guardò Pinelli con un sorriso mentre aspettava che la gente si accomodasse per terra. – Ripetete con me: «Noi vietnamiti siamo liberi e nessun oppressore potrà uccidere il nostro spirito di libertà!».

Tutti gridarono all'unisono: «Noi vietnamiti siamo liberi e nessun oppressore potrà uccidere il nostro spirito di libertà!».

Il soldato Chau si affacciò alla porta con il volto perplesso per il rumore. Thuan gli disse:

– Tutto in ordine, compagno! – e rivolgendosi agli altri, aggiunse – Pensate a questa frase: «Noi vietnamiti siamo liberi e nessun oppressore potrà uccidere il nostro spirito di libertà!». Questo è l'insegnamento di oggi. Finché non torna l'ufficiale, rifletteremo su questo insegnamento – Thuan guardò sotto la camicia e si portò una mano sul cuore. – E ricordatevi che bastano la fede e l'acqua perché lo Spirito faccia rinascere un'anima.

Il soldato Chau uscì di nuovo. Thuan sorrise quando vide i volti dei prigionieri che lo fissavano: alcuni stupefatti, altri in estasi.

– Ma, chi istruisce coloro che vorrebbero rinascere? – chiese un uomo anziano gesticolando e facendo sottintendere che la sua domanda era cifrata.

– Voi stessi. Potete essere discepoli e anche maestri. Annunciate a tutti il segreto che custodite! Sarete i loro padrini e in mezzo a questa oscurità nascerà la luce pasquale – la voce di Thuan donava convinzione.

– Buon Natale! – gridò Pinelli. E immediatamente tirò per la camicia Thuan.

Thuan si sedette con lui per terra, di fronte a tutti gli altri. Il soldato piegò le gambe, inginocchiato con i glutei incollati alle caviglie, e confessò le colpe che gli opprimevano l'anima. Quando Thuan gli disse: «Va' in pace», ebbe voglia di ballare.

– Questa pace e una buona doccia è ciò che più desidero al mondo… – sospirò.

Dang cominciò a correre gridando: «Noi vietnamiti siamo liberi e nessun oppressore potrà uccidere il nostro spirito di libertà!», mentre ritornava al suo posto, spaurito. Quando entrò il soldato Chau, e dietro di lui l'ufficiale Chim, duecentocinquanta uomini gridarono, a una sola voce: «Noi vietnamiti siamo liberi e nessun oppressore potrà uccidere il nostro spirito di libertà!».

Chim, soddisfatto, esclamò:

– Van Thuan, come sei stato bravo! Perché non firmi quella confessione, una schifosa volta per tutte? Tutti alla sala da pranzo, ora!

## 40. FOSSA DI MALATTIE

Thuan non sapeva dire quanti giorni fossero passati dal momento in cui un crampo infernale gli aveva polverizzato lo stomaco. In mezzo a un offuscamento mentale, sentiva solo fitte al ventre, insieme a forti mal di testa e incubi.

– Van Thuan, cerchi di bere un po' di questo tè – il soldato dell'infermeria sembrava un angelo in mezzo a quel deserto. Nonostante la sua bocca fosse coperta da un pezzo di stoffa, la sua voce era armoniosa.

– La ringrazio, ma non posso.

– Ha perso molto liquido e molto sangue. Deve cercare di bere. Visto che non abbiamo medicine, perlomeno prenda ciò che la natura ci offre.

Thuan cercò di sollevarsi, ma il corpo non gli rispondeva. Il soldato lo aiutò e gli diede un sorso da bere. Una morsa di dolore scosse il corpo esausto dell'ammalato.

Chim si affacciò alla porta.

– Finalmente sei sveglio? Forza, sei sveglio?

– Signore, non si avvicini, per favore, la dissenteria è contagiosa – il soldato cercava di ovviare la confusione parlando più forte.

– Che orribile spavento che ho preso. Che non ti venga in mente di tirare le cuoia! Resisti, spero che presto venga il medico. Questo Paese è saturo di cospiratori come te, e se non mandano un medico uccido qualcuno! Intanto, vediamo se quello sciamano arriva con l'intruglio che ti sta preparando.

Il soldato guardò l'ufficiale.

– Forse sarebbe meglio che l'ammalato riposi, signore.

– Signore, signore! Se lo fai crepare ti taglio la gola.

– Sì, signore.

Thuan sentiva il suo stomaco più calmo, e fece un cenno per bere un po' di più.

– Van Thuan, ho pensato che ricevere una visita potrebbe migliorare il tuo stato d'animo. Ascolta, guarisci presto, hai capito? Soldato, falli entrare!

Il volto dell'ammalato si illuminò quando sulla soglia si affacciarono Dinh e Dang.

– Ufficiale, ho bisogno di parlare con lei in privato – il soldato fece il gesto di uscire dall'altro lato della porta, lasciando entrare i nuovi arrivati. – Ehi! Mettetevi qualcosa su naso e bocca per non contagiarvi.

All'improvviso Thaverada entrò con una pentola in ebollizione.

– Questo lo rimetterà in sesto, soldato.

Chau gli indicò un tavolo con una tazza di metallo. Chim aprì la porta, spinse fuori il soldato e sbattendo la porta la richiuse.

Dang si avvicinò ai piedi di Thuan e li baciò.

– Figlio mio, non ti approfittare del fatto che non mi posso muovere. Fa' attenzione!

– La Bibbia dice: «Che belli sono i piedi di coloro che annunciano il Vangelo» – Dang ricoprì Thuan con una coperta a brandelli.

– Come stai?

– Non ti stancare, Thuan – malgrado lo straccio, dagli occhi si notava che Dinh parlava con un sorriso da orecchio a orecchio. – Va tutto bene da quando tre settimane fa sei svenuto. Senti, voglio che mi battezzi nel nome di Dio.

Thuan non sapeva se stava sognando, riusciva a malapena a tenere gli occhi semiaperti. Guardò Dang.

– Da quando abbiamo l'eucaristia, tutte le notti facciamo un'ora di adorazione alle nove e mezza. I prigionieri passano il sacchettino di cuccetta in cuccetta. Thuan, il braccio di Dio è potente. Molti chiedono quale energia miracolosa esca da quel pane. Il fatto è che ti abbiamo dato retta. Abbiamo annunciato il Vangelo come abbiamo potuto e non capisco cosa stia succedendo, ma chiedono il battesimo!

Thuan si era perduto alcune parole, ma tutto risuonava a gloria di Dio.

– Anch'io voglio essere come voi. Questi fratelli – Dinh centellinava le parole – mi hanno spiegato la professione di fede del Credo. Io credo, Thuan, e voglio che la mia anima sia pulita ed essere figlio di Dio anziché bastardo, e che il sangue di Gesù corra per il mio corpo. Voglio che tu sia mio padrino.

– Figlio mio – Thuan vedeva tutto confuso, come in un sogno.

– Ti assicuro che mi hanno insegnato tutte le cose importanti. L'altro giorno Tin me l'ha spiegato. Ascolta, per il pane c'è bisogno di farina: è la vita che ci dà il Padre. E c'è bisogno del lievito: è lo Spirito Santo; e poi un po' d'acqua: la parte che dobbiamo fare noi. E, molto importante, un buon forno: è il calore di Gesù nell'eucaristia. L'ho capito, Thuan: per favore, credimi.

All'ammalato si illuminò il viso. Tra la foschia, scorse Thaverada che ascoltava con la testa reclinata, in un gesto di grande rispetto. La sua calvizie brillava come la luna e sembrava un'aureola sacra. Thuan scorse anche Dang e cercò di guardarlo come se gli stesse dando l'onorificenza più importante dell'universo.

# 41. PIÙ DI UN SOGNO

La voce di Chim smise di udirsi dall'altro lato della porta. I passi goffi dei suoi stivalacci si allontanavano. Il soldato entrò e si mise uno straccio sulla bocca. Dang gli si avvicinò di alcuni passi, velocemente.

– Ci sta dicendo i suoi ultimi desideri – disse in tono solenne.

– Capisco, ma cercate di essere più brevi o correremo tutti un grave pericolo. Andrò intanto a prendere qualcosa per il pranzo.

– Abbiamo bisogno d'acqua, ha le labbra completamente screpolate – Thaverada si avvicinò alla pentola fumante.

– Ehi! Non lo tocchi, può contagiarsi – il soldato indicò una bottiglia di plastica con acqua torbida.

– Ho capito – Thaverada lo accompagnò alla porta e rimase lì per ostacolare l'ingresso.

Ancora si sentivano i passi del soldato quando Dinh cadde in ginocchio, mettendo lo straccio che portava sulla bocca tra la sua testa, piegata a fianco del letto, e il suolo.

– Ho scelto il nome di san François-Xavier, come il mio padrino – disse, con voce emozionata. – Mi hanno raccontato che oggi è la festa dell'annuncio dell'Angelo a Maria. Ho pensato che la Madre è una nostra invitata.

Dang sosteneva la mano tremante di Thuan mentre cospargeva alcune gocce di acqua sulla testa di Dinh:

– François-Xavier, io ti battezzo nel nome del Padre, del Figlio e dello Spirito Santo.

Dinh raccolse lo straccio umido dal suolo, lo baciò e lo mise in tasca.

Con un grande sforzo, Thuan portò la mano al cuore. Dang lo aiutò a raccogliere il sacchettino con l'eucaristia e spezzò il minuscolo pane in un altro pezzetto ancora più piccolo. Con un filo di voce:

– Questo è l'agnello di Dio, che toglie il peccato del mondo…

Dinh aveva le mani sul petto. Gli occhi chiusi. E prima di aprire la bocca, esclamò:

– Non sono degno, Gesù, ma basta una tua parola e io sarò salvato.

Thuan mise una briciola nella bocca di Dinh, un'altra in quella di Dang e un'altra nella propria, prima di avvolgere di nuovo la briciolina di pane e metterla nella camicia. Quindi fece un cenno a Thaverada, che si avvicinò. Con il dito tremante, gli tracciò una piccola croce sulla fronte. Per qualche minuto, il silenzio fu interrotto solo da una raffica di vento che attraversava la fessura della finestra.

– Thuan, devi guarire. Abbiamo bisogno che ritorni.

– Solo Dio è necessario… Io, francamente, mi sento abbattuto… Da quanto tempo sono qui?

– Le guerre le vincono i soldati stanchi – Dang sentì una voglia tremenda di piangere. – Hai già superato le settimane peggiori.

– Ascolta. Là fuori stiamo pregando Dio giorno e notte per te. Siamo sempre di più ad adorare Gesù. Ci regala sempre più fede. Devi guarire per poter godere di questo momento – Dinh era entusiasta.

Il soldato bussò alla porta ed entrò con una ciotola di riso tra le mani.

– Deve riposare. Riferirò all'ufficiale che questa visita gli ha fatto bene alla salute, e spero che possa ripetersi.

– Per favore, che beva l'infuso lentamente ma a sorsi continui – Thaverada ammonì il soldato. – Thuan, bevilo, più che puoi. È amaro, ma ha guarito molte generazioni di nostri antenati. Durante la guerra, quando non avevamo medicine, ha operato veri miracoli. Ho chiesto che lo portassero dalle montagne Tam Dao.

– Grazie di farmi diventare leggenda... – la voce usciva con estrema debolezza. Dang e Dinh chinarono la testa verso Thuan. Il volto di Dinh era completamente trasfigurato di gioia. Quando uscirono dalla porta, il moribondo avvertì che una corrente di vita gli attraversava il corpo.

## 42. ACQUA E RINASCITA

Thuan si sentiva debolissimo. Rendeva grazie a Dio per aver superato la malattia mortale ed essere ritornato nella baracca con i suoi. La prima volta che poté nuovamente celebrare l'eucaristia nella sua cuccetta, pensò di essere risuscitato. E il primo venerdì in cui poté ridistribuire la medicina santa tra i prigionieri, avvertì che le sue forze si moltiplicavano.

Ma la verità è che aveva perso molti chili, e la testa e l'intestino recuperavano vita ogni volta che saettavano di dolore.

– Ti ho detto di non crepare – lo aveva avvertito Chim un giorno in cui la malattia cominciava a regredire. – Smetterai di andare al campo e andrai a lavorare nel laboratorio. Ossia, diciamo pure che se firmi la confessione non lavorerai in nessun posto e ritornerai a casa – gli aveva proteso un foglio sciupato: Thuan aveva risposto piegando la testa.

Da quando lo avevano trasferito al laboratorio, Thuan era trepidante. Non aveva mai utilizzato in vita sua attrezzi manuali. E ora che tutti temevano che si potesse infortunare, era felice di questa novità. Il suo maestro, inoltre, era il soldato Chau. Era un sollievo condividere le ore con quel ragazzo.

– Van Thuan, guarda quel pezzo di legno – gli disse un giorno, in estasi. – L'ho raccolto l'altro giorno quando l'ufficiale Chim ci ha mandato a raccogliere le erbe sulle montagne Tam Dao. L'ho trovato in un tempio dei re Hung!

Chau afferrò un arnese e, con un'ascia, spezzò il legno in due.

– Te ne regalo un pezzo! Forse un giorno uscirai da qui e questo portafortuna ti potrà aiutare. Non ti sembra incredibile che un tempio dei nostri antenati si mantenga ancora in piedi, nonostante siano passati tanti secoli?

– Mi sembra incredibile come fin dalle origini della nostra storia cercavamo di raggiungere il cielo. Noi vietnamiti non ci accontentiamo di qualsiasi cosa...

– Van Thuan, ho sentito dire da alcuni soldati che distribuisci una pozione miracolosa nel campo. Un prigioniero sta cercando di smascherarti. Sta' attento, possono punirti per questo.

– Beh, veramente in castigo già lo sono e...

– Per favore, insisto che devi fare attenzione. Dal giorno in cui ci siamo conosciuti nella nave sono affascinato per il tuo coraggio. Mi dispiacerebbe tanto se mi obbligassero a torturarti. Credo che nessuno di noi vorrebbe che succedesse.

Chau se ne andò in fondo al laboratorio per prendere un'asse. Quando ritornò, vide che Thuan stava intagliando il pezzo di legno.

– Che forma darai all'amuleto?

– Sorpresa! – Thuan guardò al di sopra della carta vetrata con furbizia.

Chau andò a prendere un barattolo di colla e, ritornando, si mise le mani in testa.

– Sei pazzo?! Quella è una croce?!

– Bravo! Vuol dire che non mi sta uscendo troppo storta...

– Ma ti sei dimenticato delle regole del campo? La religione deve sparire fino all'ultimo simbolo.

Thuan, in silenzio, sorrideva.

– È solo che, per di più, ti verrà sottratta e ci puniranno entrambi.

– Chau, so che non si può, ma davvero ho bisogno di una croce. Sono sacerdote e ho bisogno di portarla con me sempre – Thuan infondeva una tale serenità, che Chau cominciò a dubitare.

– Comunque, non la potrai tenere! È illegale!

– Lo so. Ma ci permettono di tenere una saponetta nel campo, non è vero? – mentre strizzava l'occhio, Thuan mise la mano in tasca estraendo il suo pezzo di sapone. Con una seghetta lo tagliò come un panino.

Chau scoppiò in una risata contenuta. Il volto ritornò ad acquistare solennità.

– Thuan, non credo che il tuo Dio ti punisca se non porti l'amuleto.

Ora fu Thuan a scoppiare a ridere.

– Chau, ricordi il soldato che morì sulla nave? Aveva combattuto per tanto tempo in una terra straniera e, tuttavia, aveva in tasca una foto di sua madre, che tanto amava. Non credi che nella trincea la guardasse spesso, prima di cominciare la battaglia?

– Van Thuan… – Chau mise la mano nel giubbotto, tirò fuori un portafoglio consumato. Lo aprì con orgoglio e gli mostrò una foto – Anch'io molte notti piango quando guardo queste foto di mia madre e della mia fidanzata. Chissà se al mio ritorno mi starà ancora aspettando… – istintivamente, come chi ha commesso un errore, Chau rimise il portafoglio in tasca.

Thuan lo guardava con affetto.

– Molte notti, nel silenzio buio e freddo, anch'io ho bisogno di abbracciare questa croce. Mi dà la forza di non arrendermi.

– Ascolta: se vuoi costruire una croce, a me personalmente non interessa, ma finiscila presto!

Chau aprì le due parti della saponetta con ansia.

– Non dovevi andare a prendere qualcosa in magazzino? Va'. Così mai nessuno potrà dire che mi hai visto farlo.

Chau scrollò le spalle e andò di nuovo in fondo al magazzino. Thuan cominciò a canticchiare un inno al padre di Gesù e si sentì il falegname più fortunato del mondo. Appena finito, richiuse il suo improvvisato pezzetto di sapone. Livellò i bordi e sigillò la saponetta.

# 43. LIEVITO DI ETERNITÀ

Thuan arrivò tardi nella baracca della sala da pranzo. Fuori era già completamente buio, i due soldati lo scortarono fino alla porta. Uno di loro esclamò, contrariato:

– Con quelle mani ti intossicherai. Va' a toglierti il carbone con l'acqua del pozzo prima che informiamo l'ufficiale Chim che hai già finito di trasportare tutte le stufe.

Thuan si sentiva molto affaticato. Mentre si lavava le mani con l'acqua gelata, i suoi tendini si allungarono come archi in tensione. Immaginò come sarebbe stato divertente per gli altri vederlo arrivare a cena con la faccia completamente nera.

Un uragano di urla lo distolse dal suo dolore. I due soldati guardavano nervosi verso la sala da pranzo e verso Thuan. Lo scortarono fino alla porta della baracca e, quando altri soldati gli diedero il cambio, se ne andarono in preda al panico a informare Chim che avevano compiuto la loro missione.

– Thuan! Grazie al Cielo! Vieni! – Dang muggiva e gesticolava dal suo tavolo indicando il pavimento. – Un medico, subito, qui!

Tre soldati si misero sulla porta. Un prigioniero correva verso Tin. Thuan giunse insieme a lui e vide Tin a terra.

– Quest'uomo ha un infarto. Non so se riusciremo a rianimarlo. Aiutatemi: cercherò di fargli la respirazione artificiale – il prigioniero sembrava abituato a salvare le vite, ma il suo volto lasciava presagire il peggio.

– Mio piccolo Thuan, me ne sto andando... Dammi la mano... – Thuan fece un cenno a Dang.

– Per piacere, chiede che lo lascino un po' tranquillo. Forse è meglio che ritornino tutti ai loro posti.

Mentre Dang parlava con i soldati, approfittando del trambusto, Thuan si chinò. In pochi secondi, poté togliere e rimettere il sacchettino dalla tasca. Le mani annerite contrastavano con il bianco immacolato del pezzettino di pane che teneva tra le dita. Rimase in ginocchio per alcuni minuti sussurrando all'orecchio di Tin. Quando il medico completò la manovra di rianimazione, lo guardò con un'impotenza piena di dolore e spavento.

– Mio piccolo Thuan, vado da Lui e mi prenderò cura di voi... – a Tin mancava l'aria, ma la pace zampillava da quello sguardo stanco e anziano – Ti supplico di non arrenderti. Non smettere di diffondere speranza...

– E io ti prego di non affaticarti parlando.

– Mio piccolo Thuan, voglio chiedere perdono a Dio per tutto il male che ho fatto e che mi ha separato da Lui. Perdono se non ho avuto fiducia in Lui come un figlio...

– Panettiere amato, Lui ti perdona e ti aspetta per darti un abbraccio senza fine!

Thuan si avvicinò a Tin e gli mise l'indice in bocca, collocando sulla sua lingua il minuscolo frammento dell'eucaristia.

– Lui è il Pane vivo – Tin stava soffocando – disceso dal Cielo...

– Chi mangia di questo pane vivrà per sempre – sussurrò Thuan all'orecchio del moribondo mentre gli teneva le mani.

Tin sorrise debolmente. Per alcuni secondi, tornò alla mente di Thuan la scena della sua consacrazione sacerdotale. Il panettiere di Hue gli si era avvicinato per baciargli le mani e gli aveva regalato un delizioso pane artigianale su cui aveva scritto «Lui è il pane». Thuan fu catapultato fuori dai suoi ricordi quando Tin si ritorse emettendo un rantolo. Il suo corpo rabbrividì e gli occhi si riempirono di tristezza.

Il rumore metallico delle posate cessò. Qualcuno unì le mani, altri emisero un lamento. La sala da pranzo si convertì per alcuni attimi in una tomba.

Lo scricchiolio della porta ruppe il raccoglimento dei prigionieri. I guardiani fecero strada a Chim, che avanzava con passo deciso verso il morto.

– Thuan, cercavo te – Chim guardò con gli occhi spalancati il morto sul pavimento. – Non lo avrai ucciso tu, vero? – la risata era così forzata che il suo volto arrossì un po'. – Su dai, era uno scherzo. Andiamo a parlare un po'. Ti invito a bere un bicchiere di grappa, compagno! Voglio vederti nel mio ufficio dopo cena!

I soldati guardavano sconvolti l'ufficiale ebbro, che gongolava sopra il cadavere.

– La prego di concedermi di andare con i soldati a seppellire quest'uomo – Thuan parlava con un tono profondo e il suo viso contratto era rimasto serio.

– Per me puoi dormire anche nella sua fossa. Aspetta, dormire no, perché devo parlare con te – Chim continuava a ridere da solo a crepapelle mentre si dirigeva verso la porta.

I soldati arrivarono con una coperta e la lasciarono ai piedi di Tin.

– Non voglio avere problemi con lo spirito di quest'uomo – disse uno, tremando, a Thuan.

– Lasciateci accompagnarvi: lo porteremo e lo seppelliremo.

Dang, Thao, Uy, Dinh e un esercito di volontari si erano radunati intorno a Thuan. I soldati si guardarono.

– Va bene. Voi sei, portate il corpo, così non dovremo toccare il morto. Poi vi scorteremo fino alla vostra baracca.

Thaverada si avvicinò e sussurrò qualcosa all'orecchio del soldato. Il volto giovanissimo di quell'uomo apparve solcato dal panico. Annuì con la testa.

Intanto, Thuan si abbassò e avvolse il cadavere di Tin come una madre un neonato. Inginocchiandosi per dargli un bacio d'addio, i suoi occhi straripарono in un fiume di lacrime. Dopo aver deposto la coperta sul volto, tracciò sulla sua fronte, da sotto, il segno indelebile che certificava che quel morto era un figlio di Dio.

## 44. INFUSI ED ELISIR DI LUNGA VITA

L'ufficiale Chim era stravaccato sulla sua branda con una bottiglia tra le mani e altre disseminate sul pavimento.

– Soldato, aspetti fuooooriii! – ordinò, con un gesto irritato.

Thuan rimase in piedi sull'attenti. Sul tavolo dell'ufficiale vide un foglio stropicciato che gli risuonava familiare.

– Non ti potrai lamentare. Ossia, non ti potrai lamentare di come ti tratto – Chim gli allungò la bottiglia in gesto di generosità. – Liquore del nuovo anno, liquore di eternità, mandato dal cielo...

– Grazie. Mi fa male allo stomaco – Thuan rimase a contemplare una lucertola pietrificata che galleggiava dentro la bottiglia di liquore.

– Ma se hai le medicine! Ma vedrai, vedrai. Ascolta, Van Thuan, Tu Ha sta per arrivare. Vieni, ascolta, Van Thuan. So che non sei un imbecille. Domani arriva e se non firmi la confessione può torturaaaarti! Uccideeeerti! Violeeeentarti! – Chim si alzò e andò barcollando verso la latrina. Parlava con la bocca impastata. – Thuan, che cosa facciamo qui? Vieni, firma subito. Ti posso promettere un visto d'uscita dal Vietnam e un viaggio di piacere in Malesia. Un mio amico ha appena finito di installare lì una casa di piacere. Tutte vergini! Andiamo insieme e... – Chim fingeva di accarezzare le forme generose di una donna.

– Io voglio rimanere in Vietnam – ribatté il prigioniero.

– Sei testardo, ma io mi sono davvero affezionato – Chim non riusciva a fingere mostrandosi gentile – e voglio salvarti da Tu Ha. Se non firmi, domani ti porterà in un altro posto. E io non rispondo di... Sono stato buono con te, altri avrebbero potuto essere crudeli e bruciarti vivo. Ho le prove che stai soggiogando molti prigionieri di questo campo.

All'ingresso si udirono voci, e un soldato entrò.

– Signore, il soldato addetto alle comunicazioni mi manda a dire che Tu Ha ha chiamato. La nevicata di questo pomeriggio ha reso pericoloso proseguire e sono dovuti rientrare. Sollecitano che il prigioniero sia trasferito per l'interrogatorio in una caserma di Hanoi. La comunicazione si è interrotta, ma se riescono a sistemarla vuole dare una risposta?

– Dica a Tu Ha che sono sempre a sua disposizione! Vediamo, – emise un rutto, – a domani, Tu Ha!

Lo sguardo di Thuan incrociò quello del soldato e, mentre usciva, si rimise a pensare alla vita sfortunata di ragazzi come quello, che non superava i vent'anni.

– Van Thuan, – Chim cercò di nuovo di mostrarsi affabile, – ci sarebbe da infastidirsi! Loro non possono rischiare di venire, ma noi sì. In quello schifo di furgone. Ascolta, Van Thuan, facciamola finita con questo maledetto inferno! Dai, dai, puoi firmare là...

Thuan si avvicinò al tavolo, verificò che la confessione non aveva subito la più piccola modifica e guardò l'ufficiale socchiudendo gli occhi.

– Non posso firmare qualcosa di falso. Se me lo permette, vorrei andare a dormire. Domani bisogna lavorare.

– Non ti capisco, Van Thuan, sparisci dalla mia vista! – Chim diede un sorso d'un fiato alla bottiglia e gridò con costernazione. – Soldatiiiii! Quest'uomo alla sua baracca!

Quando Thuan arrivò, si emozionò nel vedere che in alcune cuccette i prigionieri erano ancora svegli, inginocchiati volto a terra, per la loro ora di adorazione. Arrivando alla propria branda, Dinh lo abbracciò.

– Che paura, padre! Pensavamo che stesse succedendo qualcosa di brutto. E abbiamo avuto una sorpresa!

Nella penombra, Thuan distinse il volto di Thaverada.

– Tin è morto e i soldati mi hanno concesso di occupare il suo posto qui – il suo sorriso furbo sollevò un po' lo scoraggiamento di Thuan.

– Benvenuto, fratello! – Thuan rovistò nella scatola e, non trovando la bottiglia di vino, si spaventò. – Qualcuno ha visto la medicina dello stomaco?

Dinh tirò fuori il flacone dalla sua tasca.

– Figlio mio, sei il miglior chierichetto del mondo – Thuan baciò la fronte di Dinh, che cominciò a gemere, come chi ha ricevuto uno schiaffo.

– Sono un bastardo...

Thuan gli mise l'indice sulle labbra, mentre con un lieve sibilo lo esortava a non insultarsi.

– Padre, è che io avevo freddo, avevo paura che non tornasse, avevo... Ho bevuto un sorso! – Dinh piangeva come se avesse ucciso qualcuno. – Padre, non può avere fiducia in me; sarò sempre un traditore... Inoltre, questo pomeriggio, sono stato sul punto di tradirla quando mi hanno offerto di liberarmi se avessi confessato che si stava distribuendo un infuso miracoloso tra i prigionieri...

Thuan prese il suo volto tra le mani e gli baciò la fronte.

– Potete tapparvi le orecchie mentre Dio perdona questo suo figlio?

– Intanto, recitiamo il rosario insieme. I nostri sussurri ci impediranno di udire – propose Thao che, di colpo, rimase un po' interdetto nel rendersi conto che c'era anche Thaverada.

– Anch'io – Thaverada abbassò la testa rispettosamente.

Si strinsero di più in un angolo della brandina. Thuan abbracciò Dinh e lo ascoltò per alcuni minuti. Poi gli fece il segno della croce, cospargendo su di lui alcune parole che lasciarono la sua anima tranquilla. Gli consegnò nuovamente la bottiglia.

– Da oggi, custodirai tu l'eucaristia – Thuan sorrise, mise la mano in tasca e collocò un sacchettino nella giacchetta di Dinh. – Prenditi cura del tuo Dio e che il tuo Dio si prenda cura di te. Ora, che il chierichetto dia una gomitata ai suoi fratelli: cominciamo l'eucaristia.

Dinh aprì la bocca, stupito, e i suoi due denti rotti fecero sorridere Thuan. In pochi secondi, erano tutti inginocchiati intorno al palmo della sua mano. Thaverada guardava con gli occhi di un bambino quel mistero che sorgeva nella notte.

# 45. ADDIO PER SEMPRE

Quando finirono di pregare, Thuan aveva il volto solcato da un'espressione taciturna.

– Sembra che ti abbia inghiottito la luna – scherzò Thaverada. – Mi piacerebbe provare quella medicina che prendete. La verità è che ha una forza magica. Ma ti ho già avvertito di stare attento, che quella vecchia volpe voleva farti la spia da quando siamo scesi dalla nave. Ho saputo che ha già ottenuto i suoi pacchetti di sigarette e, chi lo sa, forse anche una riduzione della pena.

– Amico, oggi avevo proprio bisogno di tutta la forza dello Spirito di Dio... – Thuan sembrava angosciato – Devo raccontarvi qualcosa. Domani mi trasferiscono per interrogarmi. Non so se ritornerò. Ma ho l'impressione che mi trasferiranno in un altro campo... o cella – nel dire l'ultima parola il volto gli si riempì di malinconia.

Dinh soffocò un grido prima che uscisse; Thao strinse i pugni; Dang abbracciò Uy; Thaverada mise la sua mano sulla spalla di Thuan.

Nessuno si azzardava a parlare. Finché Dinh ruppe il ghiaccio.

– Voglio morire. Proprio oggi, che sono caduto in basso molto in basso...

– Dinh, sai? Mia madre ci ripeteva sempre: «Non c'è un santo senza un passato né un peccatore senza un futuro». Ciò che è stato perdonato, è perdonato – Thuan tacque e il silenzio rinforzò le sue parole. Quindi alzò gli occhi al cielo e la sua voce risuonò carica di autorità. – Figli miei, vi chiedo di non lasciar usare mai più a Dinh la parola «bastardo». Dinh, un giorno ascolterai in chiesa le parole dei profeti: «Fin dal grembo materno mi ha chiamato», e capirai che Dio parlava per te. Dio lo dice a Dang, Thao, Uy, Thaverada... Lo dice a me. Ancor prima della creazione del mondo, il Padre ha pensato a ciascuno di noi.

Dinh non nascose le lacrime che gli cadevano. Come un castello di carte, tutti crollarono e lasciarono fluire i singhiozzi trattenuti fino ad allora.

– Thuan, se te ne vai, forse non ce la faremo. Non avremo neanche l'eucaristia ... – Thao gemeva come un animale ferito. – Taglierò la lingua a quella spia.

– Non parlare così, figlio mio. Dio sa il perché. Dio solo sa perché ha approfittato della debolezza di quell'uomo affinché si compiano i suoi piani.

– Mi piacerebbe credere in questo modo, Thuan, ma non posso. Inoltre, oggi tradisce te, domani rovinerà ognuno di noi. I traditori non meritano il perdono.

Thuan tacque. Dal suo sguardo sgorgava una cascata di tenerezza verso Thao, che rimase come magnetizzato.

Trascorsero minuti di silenzio.

Nessuno osava interrompere il raccoglimento di Thuan, il cui volto lentamente ritrovava la pace, tramando qualcosa con gli occhi semichiusi.

– Dinh è, da oggi in avanti, il tabernacolo. Custodisce Cristo; e intorno a Dio, ogni notte, nell'adorazione troverete la forza. Non sono io che vi sostengo. Lo Spirito di Dio verrà incontro alla vostra debolezza. Thao, figlio mio, ricordi quanto tempo abbiamo passato insieme rovistando nella sporcizia? Lui ha promesso che solleverà il povero dallo sterco per farlo sedere tra i re del suo popolo.

Sentendo la parola «sterco», tra le lacrime di Thao spuntò un sorriso.

– Mi mancherai, nel letamaio.

– Figlio, anche tu. Muoio dall'angoscia. Signore, che passi questo calice. Ma desidero abbandonarmi alla tua volontà – Thuan sussurrava queste parole a rilento. – Il letame è concime per il campo. Gesù, voglio che tu possa agire in me, pur tra la sporcizia che mi opprime. Tu, oggi, sei tornato a rinnovare la sua alleanza con ognuno di noi.

– Ma come annunceremo Gesù? – Dang si manteneva forte. – Thuan, tu parli con autorità, noi siamo dei…

– Figliolo, ti chiedo di trasmettere questo a tutti. Non potrò dargli l'ultimo saluto, ma dateglielo voi a nome mio. Camminerete per sentieri impensati, spesso tortuosi, oscuri, ma abbiate fiducia: Gesù è con voi! Gettate in Lui ogni vostro desiderio e preoccupazione. Ve lo ripeto, abbiate la certezza: se seguirete Gesù, la gente vi seguirà!

– Thuan, ho bisogno di parlare con te – Thaverada non poteva rimanere zitto un secondo di più. Come il fiume dei suoi pensieri fosse straripato, proruppe in sussurri veementi. – Non avevo mai visto uno spettacolo come questo. Mai avrei immaginato nella mia vita che ci fosse qualcuno che parlasse con Dio. Ho trascorso molti anni allenandomi nella meditazione e ho raggiunto gli stadi più profondi del mio essere; ma lì, insieme al piacere del silenzio, ho trovato una solitudine opprimente.

Thuan si tolse gli occhiali, fissando lo sguardo su Thaverada.

– Da quando eravamo incatenati nella nave, mi assalgono delle domande: perché Dinh è rinato? perché il sangue divino scorre per le vene di alcuni miserabili? perché da venti secoli ci sono uomini disposti a dare la vita per illuminare altri? per un ebreo morto durante l'impero romano? Impossibile!

Thaverada fece un profondo sospiro.

– Tu li perdoni con parole di Dio, e loro risorgono. Ho fatto vari pellegrinaggi nella mia vita e mi sono immerso in lunghissimi rituali di purificazione; mi sono pulito fino a screpolarmi la pelle, ma la colpa è rimasta, torturandomi l'anima. Per quanto mi alleni per fare tutto bene, in me rimane sempre un'ombra che soffoca il mio desiderio di compiere opere buone.

Nessuno osava interrompere Thaverada. Thuan era rimasto con un sorriso stampato in faccia, come un bambino che assorbe le storie di sua madre prima di andare a dormire.

– Pensavo che fossi un superuomo. Poi ho dubitato che fossi un dio. Da quando siamo qui, osservo e tutto il mio essere è agitato. Guarda, in conclusione succede che… Nel mio capannone non c'eri tu. E io l'ho visto con i miei occhi: con un po' di acqua e con la forza di quello Spirito di cui parlate, molti ritornano a essere uomini nuovi senza reincarnarsi. Sono miserabili, non eroi. Non è il potere né la forza, ma uno Spirito che li spinge. Ho ascoltato i loro insegnamenti. Non tutti sono persone istruite. Alcuni non sanno nemmeno leggere. Forse proprio per questo… – Thaverada cercava dentro di sé le parole appropriate – I miei occhi hanno visto una luce che non posso spegnere: il nome di Gesù è potente e la sua sapienza superiore a quella di qualsiasi uomo. Quel Vangelo è la pienezza di ciò che cercava il mio cuore. Il vostro Dio è pazzo: farsi uomo e sprecare tutto il suo sangue in cambio del nostro peccato. Non ho bisogno di vedere altri miracoli per credere che da quella croce che tu tracci nell'aria scaturiscono poteri soprannaturali. Non lo capisco, non lo so spiegare, ma… ma è così. Io credo che sia così – mentre Thaverada faceva una pausa, il silenzio avvolgeva il sussurro delle sue parole, impregnando l'aria di un incanto travolgente. – Thuan, un giorno ho maledetto il destino di essere prigioniero. Non avevo commesso nessuna ingiustizia. Mi hanno scambiato per un rivoluzionario e non ho potuto nemmeno difendermi. Stasera benedico il tuo Dio, che ha permesso che in questo supplizio trovi la libertà più grande, quella che ho agognato tutta la mia vita. Gesù, l'uomo più buono della storia, ha conquistato la mia vita. Voglio vivere con Lui. Quando nella mia giovinezza ho cercato di diventare un monaco, non ho potuto sopportare più di due mesi la tristezza del monastero. Ero arrivato lì con tanti progetti. Mi avevano ammesso nel monastero buddhista più antico del mondo. Ma con il passare dei giorni, la solitudine del mio io mi riempiva di angoscia. Adesso, ogni notte, nel vedervi adorare il pane, vi invidio. Ora sì, desidererei essere un monaco e passare l'eternità in compagnia di quel Dio da cui sgorga una tale vita. Ora so che la famiglia dei figli di Dio è una comunità di spiriti che si estende nel cielo e sulla terra. Thuan, credo in questo Dio e in questa Chiesa. Voglio far parte di questa comunità di miserabili… riscattati. Ho bisogno di una Madre come Maria! Thuan, voglio che mi battezzi nel nome di Dio, che è mio padre e mio Salvatore, quell'amore infinito che cercava la mia anima.

Thaverada fece un respiro profondissimo mentre guardava Thuan con ansia. Gli altri erano rimasti completamente pietrificati.

– Poeta! – esclamò Dinh portando la mano sulla bocca, come per cercare di pulirsela. Non seppe resistere e cominciò ad applaudire in sordina.

– Amico mio, fratello… – Thuan ruppe leggermente il silenzio, abbracciando Thaverada – Dio ha premiato la tua ricerca. Domani mattina, in quei minuti che ci danno per lavarci con il secchio d'acqua, – gli si incrinò la voce, – anche tu riceverai il battesimo della salvezza. Hai pensato qualche nome?

– Sì, mi deve proteggere un santo, vorrei che fosse qualcuno che ha amato la sapienza.

– Domani riceverai i nomi di Salomone e Tommaso. La ricerca della sapienza dura tutta la vita, ma intanto i tuoi sforzi hanno già raggiunto un prezioso risultato. Ti darò il pane della vita e Lui inonderà d'amore il tuo cuore. Sono colmo di gioia, fratello.

– Thuan, lasciami chiamarti padre – Thaverada non volle mascherare le lacrime che gli annebbiavano gli occhi.

– Figlio mio, ora riposiamo e benediciamo Dio, che non si stanca di venire a cercarci e che domani ci manderà delle sberle! – l'ultima parola la bisbigliò mezzo ridendo.

Thuan si fece il segno della croce e lo tracciò anche nell'aria. Thaverada sorrise come un beduino che trova un'oasi in mezzo al deserto.

## 46. PRESIDIO LEGGENDARIO

L'ufficiale Chim viaggiava assorto in un profondo silenzio. Thuan lo aveva visto poche volte sobrio, e ora cercava di decifrare il suo volto, riflesso nello specchietto retrovisore. L'angoscia irrigidiva i muscoli di quel viso, e i suoi occhi scuri erano sempre in agguato, senza quasi mai posarsi su qualcosa. La cicatrice del suo orecchio si vedeva meglio da dietro. Sembrava una fessura recisa per bene da un vetro, una ferita suturata male e fastidiosa.

Tu Ha aveva ritelefonato, e questa volta la sua voce non lasciava presagire nulla di buono. Dopo qualche secondo di incertezza, Chim aveva fatto salire il prigioniero su un fuoristrada traballante e ora si stavano dirigendo verso un'altra città. Lungo il percorso, la strada era piena del fango delle alluvioni che erano subentrate alla neve.

Thuan, la mano sul petto, contemplava il verde silenzioso del paesaggio invernale. Il ventilatore del veicolo produceva un rumore assordante, quindi solo a tratti veniva acceso il riscaldamento. Le sue articolazioni risentivano degli spasmi di freddo.

In mezzo all'incertezza, gli dava consolazione il fatto che anche il soldato Chau viaggiasse con loro. Ma il suo cuore si era spezzato, a dover abbandonare i suoi. Mentre ripassava mentalmente i loro volti, gli si offuscò lo sguardo e gli occhiali si riempirono di vapore.

– Qui c'è ancora un po' di vita. Finalmente, gente! – sospirò Chim, di malumore – Questo Paese è pieno di fango, vediamo se riusciamo una buona volta a metterlo in sesto e ricostruiamo tutto quello che avete distrutto voi imperialisti.

Thuan sentiva che lo sguardo dell'ufficiale calava su di lui come un coltello. L'ingiustizia di quell'accusa fu compensata dal ricordo felice del giorno in cui avevano inaugurato la nuova strada di un villaggio di cui era parroco: i monsoni avevano raso al suolo le campagne isolando completamente cinque famiglie di contadini. Quando la comunità si era ritrovata sulla strada per sgombrare l'accesso e ricostruirla, si era sentito il pastore più orgoglioso del mondo.

Il traffico cominciò a concentrarsi. Camion, motociclette e veicoli malridotti procedevano a zigzag su una strada piena di buche profonde. I clacson tradivano l'ansia incontrollata degli autisti. Il cielo, appannato di inquinamento, moltiplicava la sensazione dell'inverno. Dopo vari mesi rintanato sui monti, quel formicaio effervescente causò a Thuan una grande impressione. La segnaletica all'ingresso di Hanoi lo colse di sorpresa. Quella città sulla carta geografica era ora reale, e si presentava davanti ai suoi occhi piena di variegate case di cemento, scheletri di edifici di prima della guerra e un'infinità di baraccopoli improvvisate. Il contrasto dell'architettura giapponese e cinese con il paesaggio tipico del sud colpiva la sua attenzione.

Quando attraversarono il perimetro di sicurezza della zona militare, un cartello indicò la destinazione: «Prigione di Thanh Liet». Thuan ricordò le storie terrificanti che i soldati nordamericani raccontavano su quella prigione. Nei giornali statunitensi, il nome del centro di detenzione era diventato una leggenda per quelli che erano riusciti a sopravvivere.

Varcando la porta, riconobbe il fischio della voce di Tu Ha, che arrivava fino in fondo al corridoio. Quando entrò, vide che le onorificenze erano proliferate sulla sua uniforme. I capelli erano sempre perfettamente pettinati all'indietro, in contrasto con l'imperturbabile barba di cotone.

– Van Thuan, hai un aspetto deplorevole! Ci mancherebbe solo che tu muoia adesso, traditore.

Il generale lo guardò in modo inquisitorio. Ma Thuan taceva.

– Il Vietnam non ha bisogno di te, ma ti posso assicurare che non riuscirai a sporcare la mia carriera. Credi che sia un imbecille? Credi che ti abbia mandato al campo di rieducazione di Vinh Quang per conquistarti seguaci per il tuo piano cospirativo? Van Thuan, se potessi lasciarti morire come una serpe! Ma quei traditori del Vaticano stanno continuamente a ficcare il naso per denunciarci ai tribunali per i diritti umani.

Quando udì la parola «Vaticano», Thuan sentì il cuore sussultargli in petto.

– Tutti vogliono condividere la cella con te – le parole di Tu Ha erano rabbiose. – Ma non permetterò che contagi tutti i miei prigionieri. Ti rinchiuderò qui con un imbecille che è stato punito per tradimento. È pazzo e aggressivo, – Tu Ha emise una smorfia di disprezzo, gli occhi fuori dalle orbite, – così che non avrai niente a che fare con lui. Non potrai nemmeno ingannarlo con frodi spirituali. Quelli del campo di rieducazione erano incolti e disperati, ma questo è pazzo!

L'ufficiale fece un giro da un lato all'altro della stanza, gesticolando con la coda dei baffi come con un cavatappi.

– A meno che tu non voglia firmare la confessione. Il Vietnam è una patria generosa: perdonerà il tuo tradimento e potrai uscire libero dal Paese.

– Va bene, signore. Se mi dà un foglio, scriverò la mia confessione.

– Sei proprio ostinato! Che pazienza devo avere con te. La confessione la scrivo io! – Tu Ha diede un pugno sul tavolo, inchiodandosi lo spigolo nelle nocche. La sua faccia si contrasse per il dolore.

– Signore, vado a prenderle del ghiaccio – intervenne Chim, dandosela a gambe.

– Mi porti solo problemi, disgraziato! Soldato, porta Van Thuan nella zona di isolamento e rinchiudilo con il pazzo!

Chau dischiuse la porta e aprì la strada a Thuan.

Dopo pochi minuti apparve di nuovo l'ufficiale Chim con un secchio d'acqua in mano.

– Signore, è gelata. Metta qui dentro il pugno.

Tu Ha introdusse la mano nell'acqua torbida ansimando. Quindi strinse le dita tra le gambe, rimanendo così per un po'.

– Chim, avevo promesso di promuoverti se avessi ottenuto la confessione di Van Thuan.

– Signore, è testardo, non c'è chi riesca a farlo firmare.

– Gli deve rimanere poco tempo per arrendersi. L'altro giorno ho letto il fascicolo di un altro vescovo russo. Alla fine, sono riusciti a drogarlo per ottenere la sua firma. Ebbene, i tuoi rapporti dal campo hanno soddisfatto i generali. Hai davanti a te una buona carriera se continui così. Ma devi ottenere quella confessione! Riceviamo sempre più pressioni perché venga liberato. E dobbiamo giustificare il motivo della detenzione. Ottieni quella confessione.

– Sì, signore.

– Che continui a vivere, o ci uccideranno tutti.

– Signore, mi perdoni se la metto in guardia, ma quel pazzo aggressivo può ferirlo…

Tu Ha scoppiò in una risata infernale.

– Ci hai creduto? Ascolta, compagno Chim, dimmi che non ti sei bevuto quella bugia – Tu Ha non smetteva di ridere. – Lo abbiamo rinchiuso con una spia. È della sua città. Sono stati insieme a scuola. Lo abbiamo arrestato per traffici nel Fronte di Liberazione Nazionale. È un corrotto incallito. Gli abbiamo promesso che uscirà dalla prigione se riuscirà a ottenere informazioni che mettano sotto accusa Van Thuan – ora Tu Ha parlava quasi sussurrando, come se le pareti potessero udire.

– Continua a inviarci rapporti su tutte le sue attività. E, se fossi in te, mi comprerei uno scafandro per non essere contagiato da quel propagatore di infezioni!

Al suo ritorno Chau trovò Tu Ha e Chim che ridevano insieme dandosi pacche sulla spalla.

– Signore, il prigioniero è già nella sua cella.

– Come si chiama, soldato?

– Lee Xuan Chau, signore.

– Ciao, perla! Ora capisco perché il destino ha scelto te. Il Vietnam ti ricompenserà se ottieni informazioni che accusino quel prigioniero. Cerca di aprire quel mollusco e togli la perla che nasconde. Ti piacerebbe diventare colonnello? Proprio qui, ad Hanoi, c'è un posto vacante.

– Mi piacerebbe servire il mio Paese – rispose Chau. – E mi piacerebbe trovare la perla di cui sta parlando.

Nel più profondo, Chau si rese conto che avrebbe dato qualsiasi cosa per carpire il segreto che nascondeva Thuan. Era felice di essere stato trasferito per sorvegliarlo.

## 47. NEMICO DI RANGO

Il colonnello Thuyen se ne stava rannicchiato nella sua cuccetta e non si mosse minimamente quando Thuan entrò e chiuse la porta. La stanza aveva due letti, un tavolo traballante e un abbaino che si affacciava su un cortile interno. Nonostante il freddo dell'esterno, tutto gli risultava asfissiante, a partire dall'aria, che puzzava di umidità.

Il morale di Thuan era andato giù, mentre pensava se sedersi sul letto o su una sedia di vimini tarlata. Temeva il risveglio della bestia. Esaminò cautamente il suo compagno. La testa gli si era riempita di idee orribili su quel cencioso che aveva come missione di farlo impazzire. Thuan cercava di pregare per lui, ma la repulsione lo imprigionava con tentacoli mortali.

Si distese sul letto per riposare. Toccò la bottiglietta di vino nella tasca. E cominciò a pensare come poter celebrare l'eucaristia. Aveva bisogno di un'iniezione di forza, ma un torpore inevitabile lo invase. Sentì che le sue palpebre diventavano pietre e scivolò come una frana in un sonno profondo.

Quando si risvegliò, si sentì stranamente a disagio. Girò la testa e vide degli occhi di leopardo che lo scrutavano. L'oscurità di quelle due linee nere, aperte e feroci, lo fece sussultare. Tuttavia, istintivamente, gli venne da sorridere.

– Buonasera – chinò la testa. – Nguyen Van Thuan.

Il suo compagno ci impiegò un po', prima di rispondere. Nell'aria fluttuava una tensione così densa che si poteva quasi impastare.

– Colonnello... Thuyen – si capiva, dalla cadenza delle sue parole, che quell'uomo voleva far valere il suo grado.

– Sembra che abiteremo insieme i prossimi...

– Giorni, spero. Tra poco le mie sorti cambieranno.

Thuan si aspettava una specie di reazione smisurata, ma quell'uomo parlava con assoluta freddezza e un pizzico di disprezzo. Tuttavia, il suo accento regionale inconfondibile faceva sussultare il cuore del nuovo arrivato, risvegliandogli echi meravigliosi dell'infanzia.

– Sono stato bene qui, da solo. Sarà meglio che non mi causi problemi. Questa prigione è il posto più noioso del mondo, ma almeno nessuno ti disturba. Spero che tu non sia venuto a scocciare. Perché sei stato arrestato?

– A dire il vero, non lo so ancora. E tu? – Thuan continuava a valutare quello sconosciuto che non manifestava nessun delirio.

– Ehi, prima regola: qui le domande le faccio io. Non tu, ragazzone.

Thuan sobbalzò nuovamente sentendo quella parola, tipica espressione della sua terra. Si sentì trasportato nel suo Hue natale e gli sembrò di riprendere a respirare serenamente. Pensò che sarebbe stato meglio lasciare al compagno il compito di riprendere la conversazione.

Il sole di mezzogiorno entrò generosamente dalla finestra. Thuan si alzò e si avvicinò a guardare alcune scritte sulla parete: nomi, dichiarazioni d'amore, grida di disperazione, tacche per contare il passare dei giorni...

– Maledette guerre. Quei soldati erano bambini. Conoscevano appena la nostra lingua. Li torturavano perché confessassero e nemmeno capivano il loro inglese! Che schifo di mondo – quando protestava, le grosse sopracciglia del colonnello si univano in una sola linea, formando la sagoma di un gabbiano. – Magari il mondo scoppiasse di colpo.

Thuan imitò un'esplosione con la bocca, facendo finta che la testa cadesse dal collo rimbalzando e rivoltando gli occhi. Il colonnello non poté evitare di ridere dentro di sé.

– Vedrai come ti passerà la voglia di fare il pagliaccio, quando tireranno una bomba atomica e sopravviveremo ma ardendo come una fiaccola... Mai sapremo se arriveremo vivi alla fine della giornata. L'unica certezza è che, ogni giorno, ci svegliamo con questa minaccia.

Thuan era pensieroso.

– Mi ha sempre commosso la storia di Takashi Nagai. Conosce il medico che fu colpito dalla bomba di Hiroshima?

– È stato in Giappone? – sotto quello sguardo oscuro pulsava un bagliore di curiosità.

– No. Ho letto la sua autobiografia. Quell'uomo perse la moglie nel bombardamento. Lui fu gravemente raggiunto dalla radioattività, e trascorse il resto dei suoi giorni alla ricerca di medicine e sperimentando cure su di sé per salvare altri.

– Maledetta guerra. Maledetta bomba. Tutti i giorni, svegliandoci, dovremmo pensare come prima cosa: il mondo è pieno di congegni radioattivi. In qualsiasi momento potremmo saltare in aria.

Thuan ripeté l'esplosione. Il colonnello cercò nuovamente di soffocare una risata. Sulla porta, era intanto arrivato un soldato con delle ciotole di riso, un barattolo d'acqua e due pezzi di pollo secco.

# 48. INSONNIA

Nel corso del primo pomeriggio, Thuan approfittò del fatto che ancora regnasse una certa confusione tra coloro che lo dovevano sorvegliare e chiese un pezzo di carta. Seduto sulla sua branda, lo divise in parti con l'idea di costruirsi una piccolissima Bibbia. Prima di notte, era riuscito a scrivere vari frammenti di passaggi che sapeva a memoria.

Quando andò a letto, sospirò sollevato. Aveva paura che l'isolamento giocasse un brutto scherzo alla sua memoria. Aiutandosi in questo modo, avrebbe avuto sempre parole divine con cui saziare la sua fame spirituale.

Di notte non riusciva a prendere sonno. Una scia di luce penetrava dalla finestra, illuminando le scritte sulle pareti, che acquistavano vita. Cercava di pregare, ma l'immaginazione lo torturava con le tracce crudeli di tanti soldati massacrati dalla guerra. Era inevitabile ricordare tutti quelli che si era lasciato dietro, nel campo di rieducazione. Cercava di pregare anche per i suoi fedeli, che ora stavano sopravvivendo al giogo della tirannia.

– Me ne infischio del rumore infernale di quel motore.

– Vediamo se scoppia la bomba atomica proprio lì!

– Sei moscio come l'isola di Hon Cau.

– E tu dormi peggio dei dragoni della Cittadella.

Il colonnello rimase in silenzio. Thuan aveva rischiato dicendogli qualcosa che solo quelli della loro città sapevano decifrare, e aspettava una risposta.

– Ehi! Seconda regola. Proibito infastidire i compagni di cella con ricordi dolorosi. Nguyen Van Thuan, se non fosse perché entrambi siamo di Hue, ti avrei già spaccato il naso.

– Lunga vita agli abitanti di Hue! – Thuan si commosse. – L'altro giorno ho dovuto seppellire Tin, il panettiere.

– Non so cosa farei per mangiare una delle sue torte di soia e cannella – il colonnello Thuyen parlava con un tono di voce melodioso, che si trasformò in fretta. – Se credi che andrà meglio con me perché siamo nati nello stesso posto, ti sbagli. Questa è la guerra.

– Sì, mio colonnello! – Thuan cercò di raddrizzare, leggermente, la conversazione.

– Ascolta. Conosci *Lo straccio*? – il colonnello esitò.

– Chi non conosce *Lo straccio*?

– Bene, lui mi ha insegnato qualcosa che mi ha aiutato più di tutto in questa vita. Se non vuoi morire di sete, non metterti a regalare la tua acqua. Fatti gli affari tuoi, Van Thuan, e in quanto a me ignorami, non voglio che tu mi metta nei guai. Ti odiano. E io non voglio avere niente a che fare con te. Desidero solo uscire da qui quanto prima.

– Un giorno in prigione dura più di mille autunni in libertà – sospirò Thuan.

– Non pensare di suicidarti. E se vuoi suicidarti, che sia evidente. Per non essere accusato io.

Thuan sorrise.

– Quindi, è meglio che non mi metti le mani addosso, che non succeda che rimanga l'impronta, ragazzone – disse, fingendo una rissa.

– Meno "ragazzone" e più cervello, novellino. Domani all'alba ci metteranno a pulire il pavimento dell'entrata – il colonnello cercava di mantenere la calma. – Se fossi in te dormirei. Non credo che quel sacco di ossa vecchie possa fare molta ginnastica.

– Anch'io dormirei, se potessi.

– Non mi raccontare la tua vita. Dormi se puoi e sta' zitto se non puoi.

Il colonnello Thuyen si rigirò nella branda. Cercava di registrare nella memoria ogni parola di Thuan per capire come incastrarlo. Ma per ora gli era rimasta impressa solo la risata e il ricordo delle sue smorfie. Al suo fianco, Thuan contava le Ave Maria con le dita della mano, desiderando che la Madre del Cielo cullasse quell'insonnia che avvolgeva la sua notte intrisa di oscurità angosciante.

## 49. CATENA LIBERATRICE

Il soldato Chau accompagnò Thuan in cella. Da quando erano arrivati, tre settimane prima, aveva avuto l'ordine di obbligare il prigioniero a camminare ogni tre giorni. Il freddo di Hanoi torturava le articolazioni di Thuan, ma quell'opportunità di uscire dalle quattro pareti significava anche un gran sollievo.

Quando arrivarono, il colonnello Thuyen indossava un cappotto e un paio di stivali, pronto per uscire. Non gli rivolse parola. Chau entrò nella stanza con Thuan e si affacciò alla finestra. Attese il rumore del motore del fuoristrada che era nel cortile e li vide abbandonare la zona militare.

– Chim ha un giorno libero ed esce con quel pirata perché gli faccia da autista. D'ora in avanti puoi goderti alcune ore di solitudine. So che questo ti piace.

Gli occhi di Thuan brillarono.

– Prima mi hai detto che non posso arrendermi. E hai ragione. Ma non sono un superuomo, avrei bisogno del tuo aiuto. Potresti portarmi dei fili metallici e delle pinze?

– Thuan... – Chau lo guardò in preda al panico – Non posso permettere che ti suicidi. Nella scuola di polizia ci hanno avvertito: quando un detenuto chiede filo metallico è perché vuole farla finita.

Il detenuto scoppiò a ridere.

– Un sacerdote non può suicidarsi. Soprattutto perché devo vivere per combattervi, no?

Ora rise Chau.

– Se disponiamo di alcune ore, – disse Thuan a bassa voce, – ho bisogno di costruirmi una catenina per la croce. Ho riflettuto. Se taglio pezzi delle dimensioni di un fiammifero e li infilo, posso farla!

– Sei pazzo! Sai che questo è illegale!

– Qualcuno sa che porto con me una croce?

Chau, sconcertato, scosse la testa.

– Non preoccuparti, nessuno scoprirà nemmeno questo.

– A dir la verità, ti vedo giù di morale in questi giorni. Se questo ti può aiutare... Lascia che ci pensi e ti rispondo fra alcuni giorni.

La faccia di Thuan si velò di profonda tristezza. Chau si girò e se ne andò, pensoso. Dopo pochi minuti, sporse nuovamente la testa dalla porta.

– Va bene, la costruiremo insieme e ci metteremo meno tempo. Abbiamo solo tre o quattro ore a disposizione. Meglio tre, nel caso che ritornino prima. In ogni caso, ti porterò in un ufficio che si può chiudere a chiave. Dalla finestra vedo meglio l'entrata del parcheggio. Se arriva qualcuno, fingeremo un interrogatorio di "rieducazione" – Chau rise a crepapelle, ma subito ritornò ad affacciarsi sul volto la preoccupazione. – Sbrigati, andiamo!

La stanza scelta dalla guardia era più illuminata, ma si notava che il freddo attraversava più facilmente i vetri. I crampi tornarono a percorrere le articolazioni del prigioniero. Si sedette cercando di concentrarsi sull'illusione di poter costruire la catenina.

Thuan vide un casco appeso alla parete, dove era stato messo ordinatamente un pacchetto di Lucky Strike, come se qualcuno lo avesse appoggiato per ritornare subito.

Rimase a guardarlo attentamente.

Chau arrivò con qualche filo di rame e due pinze che mise sul tavolo.

– Hai visto l'opera d'arte? – scherzò.

– È un casco americano, vero?

– Si vede che non sei mai stato sul fronte. Certo che è un casco americano! Non vedi il pacchetto?

– Chi l'ha messo lì?

– Suppongo che il soldato volesse andare a fumarsi una sigaretta – Chau scrollò le spalle e il volto si coprì di compassione. – Lo conservano qui come un trofeo di guerra. Ma ogni volta che lo vedo, penso alla testa che c'era sotto.

– Pover'uomo.

– Tirò le cuoia. E il suo casco, così com'era, è qui, come un trofeo. Ma quel ragazzo avrà avuto una fidanzata, delle sorelle e una madre...

– Mi permetti alcuni secondi, Chau?

– Cosa vuoi fare?

– Pregare per lui. Per la sua famiglia. Per la sua anima.

– Va bene.

Chau attese alcuni minuti. Cominciò a tagliare la catenina. Thuan aspettava il suo turno per gli arnesi.

– Non ho intenzione di darti la pinza: è evidente che sei mezzo cieco. Porti da molto tempo quegli occhiali inutili?

– Quanto basta per non vederti le mani.

– Cosa vorresti fare? Morire di dolore ogni volta che schiacci? Senti, metti da parte i pezzetti tagliati. E mentre metti insieme gli anelli, raccontami storie dell'Occidente.

– Grazie. Le mani mi fanno veramente male quando faccio forza con le dita. Comunque sai che non voglio crearti maggiori problemi e non so mentire. Vediamo... – Thuan chiuse gli occhi – Sono diventato quasi cieco del tutto. Non vedo cosa sta succedendo né cosa stai facendo. Intanto... Senti, ti racconto una storia dell'Italia. Sono stato lì a studiare anni fa. Ho conosciuto la vita di un uomo che si chiamava Don Bosco. Era solito mescolarsi con giovani delinquenti. Un giorno espresse al capo del carcere un desiderio: «Voglio portarli a passare una giornata all'aria aperta». «Sei pazzo?, gli risposero, Quando mai si è udita una richiesta simile? Un giorno in campagna con questi scapestrati! Impossibile, nel pomeriggio non rientrerebbe nessuno con lei». Don Bosco insistette e fece una proposta: «Se questa sera mancherà qualcuno all'appello, occuperò io il suo posto». Il direttore del carcere finì per cedere e la domenica successiva Don Bosco uscì in campagna con tutti i giovani detenuti, divisi in gruppi, con uno di loro come responsabile. Con il cuore in festa, quel piccolo gruppo sfilò per le strade di Torino sotto lo sguardo dei suoi abitanti, letteralmente increduli. Nel bosco sistemarono le tende, prepararono da mangiare e intonarono canti. Al tramonto, il gruppo non rientrava.

– Ascolta, raccontami qualcosa che finisca bene.

– Aspetta, non ho finito. Nel carcere l'apprensione cresceva. I guardiani aspettavano ansiosi sulla porta quando da lontano cominciarono a udirsi dei canti. I prigionieri attraversarono la porta e si allinearono. Si fece l'appello e non mancava nessuno.

– Possibile?

– Ebbene, alcuni giorni dopo si cominciò a investigare per scoprire il segreto di quel fatto inaudito. La risposta dei carcerati fu semplice e precisa: «Don Bosco ci vuole bene. Nessuno di noi avrebbe voluto dargli un dispiacere».

Chau sospirò sollevato nell'udire quella storia dalla bocca di Thuan.

– Se io potessi fare qualcosa per farti uscire da qui! Anch'io ti stimo – confessò guardandolo negli occhi.

Dopo circa due ore avevano quasi terminato il lavoro. Thuan prese la sua saponetta e separò con attenzione le due parti. Tenne tra le mani la croce e la baciò piano. Cercò di infilare un po' di metallo nel legno ma gli si piegava.

– Dammi qua – disse Chau. – Bisognerà fare un buco. E non baciare un'altra volta quella cosa! Il sapone potrebbe provocarti un'indigestione.

– O convertirmi nel pagliaccio delle bolle di sapone colorate – Thuan finse di far uscire dalla sua bocca delle bollicine.

– Sei senza rimedio. Il peggio è che ogni giorno sei sempre più pazzo. Se pensano che riusciranno a ottenere una confessione sensata si sbagliano!

Il soldato tolse un coltello dalla tasca e fece un piccolo foro sulla parte alta della croce. Thuan immaginò in quel momento i chiodi che perforavano il corpo del suo Dio. E mentre pregava per Chau, cercò di riscattare da quel sangue, che un giorno zampillò sulla croce, un po' di gioia per il suo avvilimento.

## 50. IN ONORE DELLA VERITÀ

Thuan vide dalla finestra un uomo con la testa sul patibolo. Il suo volto gli era così familiare che era come se fosse lui stesso.

Tu Ha, Chim e Chau lo guardavano con crudeltà. Indossavano l'armatura e brandivano le loro spade.

– Sei tu, *Thascius Cyprianus*?

– *Ego sum* [sono io].

– I santi imperatori vogliono che adori la dea patria.

– *Non facio* [non lo faccio].

– Pensaci bene. Saremo generosi e ti offriremo un'altra opportunità.

– *In re tam iusta, nulla est consultatio* [Per una cosa così giusta non c'è bisogno di riflettere].

– Che *Thascius Cyprianus* sia condannato con la spada – la voce rauca del generale risuonava come un tuono.

– *Deo gratias* [rendiamo grazie a Dio] – intonò il colpevole.

Thuan emise un grido.

– Chau, tu noooooooo!

Il colonnello Thuyen si svegliò e vide il suo compagno seduto sul letto, grondante di sudore come una fontana e che borbottava qualcosa in una lingua incomprensibile.

– Che paura mi hai messo, ragazzone! – sospirò.

– Scusami, stavo sognando che tagliavano la testa a uno che non ero io ma che aveva il mio volto... – Thuan ansimava. Per alcuni secondi, la confusione cedette il posto a un silenzio denso.

– Ascolta, Van Thuan – il colonnello parlava con un sussurro incerto. – Siamo qui insieme ormai da sei mesi e ti giuro che non ti capisco. Ti costa così tanto firmare un pezzo di carta e andartene a casa?

– Non posso mentire. Non posso tradire e tradirmi.

– Tradire chi? il Vaticano? gli Stati Uniti invasori?

– Colonnello, tu sai che un buon soldato non abbandona la battaglia, e tanto meno se deve difendere un popolo oppresso ingiustamente.

– Il Vietnam è stato liberato dall'oppressore.

– Qual è la liberazione che obbliga un popolo a non vivere liberamente le proprie convinzioni spirituali?

– La religione è un oppio che inganna i deboli. Van Thuan, dovresti unirti alla rivoluzione.

– Credo in una sola rivoluzione: quella che rende libero il cuore dell'uomo. Le idee possono essere buone, ma se ci rendono schiavi di un sistema non possono farci liberi. Solo la verità ci renderà liberi.

– E qual è la verità? – Il silenzio ritornò a regnare, fino a quando il colonnello ritornò all'attacco. – Thuan, tu obbedisci a un capo che si trova a più di mille chilometri di distanza e serve l'Occidente. Se ti unissi a noi, serviresti un vietnamita.

– Io servo un Dio che ha creato le nazioni e che ha dato la sua vita per la nostra felicità. Sai come me che i leader cadono. Abbiamo visto come le rivoluzioni divorano i suoi figli, come i discorsi si esauriscono. Il mio Dio continua a essere vivo e la sua parola non passa.

– Ma il tuo Dio, dov'è? Tu non hai compagni qui, stai male e vai di prigione in prigione... Non vengono a difenderti e a liberarti da qui nemmeno i tuoi capi.

– Non sono solo. Ci sono legioni che pregano Dio per me. Non vedi la loro forza ma c'è, e mi sostiene.

– Quello che constato è che tutte queste belle storie non libereranno il nostro Paese dalla povertà. Non risolveranno neanche il disastro di quegli imbecilli che un giorno hanno diviso a metà il nostro Paese. Si riuniscono in un ufficio a migliaia di chilometri da qui e con un colpo secco tracciano una linea d'inchiostro sul parallelo 17. Senza dubbio avevano visto il Vietnam solo su un foglio di carta. E vi giocavano sopra collocando puntine per indicare dove sarebbero arrivate le loro truppe. Speriamo che le loro ossa stiano già marcendo. Hanno lanciato su di noi più bombe che in Germania, Italia e Giappone durante tutta la seconda guerra mondiale. Hanno distrutto il nostro futuro con una grande crudeltà. A quegli avvoltoi importano solo i cinquantamila e più morti americani. Qualcuno, forse, si è preoccupato che più di due milioni di civili vietnamiti sono morti? A qualcuno importa che le nostre campagne, i nostri fiumi, i pozzi, la terra di questo Paese siano contaminati dalla radioattività che uccide i nostri figli?

– No. Tutto questo è perverso e ingiusto – Thuan sospirò, affranto. – Magari imparassimo dagli errori della storia...

– Dopo aver sopportato per un secolo che i francesi ci imponessero la loro amministrazione e ci colonizzassero... dopo che i *japos* ci invasero perché stavano litigando in Europa con ripercussioni in tutto il mondo... dopo aver sopportato la loro guerra ripugnante e il loro bombardamento chimico, una banda di ignoranti si riunisce a Ginevra per decidere le nostre sorti. Davvero non capisco perché non ti unisci alla Rivoluzione. Ci hanno umiliato. Dicono che il vostro Dio è amore e sono venuti qui a venderci i loro miti religiosi – il colonnello parlava con molta passione. – E se Ho Chi Minh non avesse creato il Fronte di Liberazione, saremmo ancora qui sotto il giogo di quell'Europa marcia. Quando abbiamo vinto i francesi nel 1954 avremmo dovuto essere un solo Paese. Ma a te tutto questo importa ben poco. Vuoi solo parlare di divinità e di miti. Difendi le fandonie occidentali.

– Colonnello, anch'io ho lottato perché tutti abbiano del pane. Dietro a una guerra, al di là dei numeri, delle idee, delle culture, ci sono persone! Anch'io ho pianto fino a consumare tutte le mie lacrime, toccando il dolore atroce e la disgrazia di tanta gente. Ho visto morire assassinata parte della mia famiglia. E ti assicuro che non sarei stato capace di sopportarlo se non fosse stato per quel Dio a cui, hai ragione, spesso non siamo stati fedeli. Il nostro Dio è amore, e questo non dipende da come l'Occidente viva la sua cultura. Hanno commesso errori, ma non per mandato di Dio, bensì nonostante quanto disposto da Lui. Quel Dio ci ha creato tutti, ed è amore anche per la nostra ricchezza orientale. Tu e io amiamo i nostri genitori. Ci prostriamo davanti a loro in segno di rispetto. E siamo abbastanza consapevoli per capire che ciò non ci toglie la libertà, bensì ci fa sentire più grandi.

– Il detto che Dio è amore echeggia come uno scherzo di cattivo gusto. Ma che sia tuo padre mi è impossibile crederlo.

– Magari tu possa ricevere un giorno la fede per crederlo! Ma ascolta: ritorniamo su quanto dicevamo. La guerra non è un'invenzione occidentale. È frutto del male che portiamo dentro. L'essere umano può amare, ma anche distruggere. Ora, io sono qui senza sapere se passerò il resto della mia vita in una cella. Quantunque cerchi di guardare verso il futuro e superare la guerra... Puoi immaginare quanto sto soffrendo a pensare a tutte quelle opere chc alimentavano tante famiglie e che sono state distrutte da questo regime? ... da questo regime... liberatore?

– Certo, anche questo è un errore. Lo riconosco. Senti, Van Thuan. Ci rimangono poche ore di sonno. Domani verranno a prenderci e dovremo lavare il pavimento, nonostante i tuoi incubi e senza aver potuto sistemare il mondo, ragazzone.

– Buon riposo, colonnello.

– Che anche tu possa riposare.

Thuan vide un raggio di luna riflesso su una scritta della parete. Pensò nuovamente ai prigionieri che avevano trascorso lì momenti d'inferno. Cercò di ricordare qualcosa di più piacevole. Toccò la saponetta che aveva in tasca. E chiuse gli occhi.

## 51. BALLARE CON LA SAPIENZA

Il colonnello si rigirava sulla branda cercando di non far rumore.

– Sembra una crocchetta – Thuan scoppiò a ridere come un bambino.

– Visto che non riusciamo a dormire, domani saremo uomini morti.

– La verità è che siamo già quasi uomini morti.

– Van Thuan, ascoltami, per favore. So che stai dalla parte dei poveri, ma se quello che fai è distrutto dal Governo, allora non serve a niente! Unisciti a loro, sarà più pratico per distribuire il pane a quelli che soffrono!

– Colonnello, c'è una povertà molto peggiore della mancanza di pane: la diffidenza che è stata seminata nei nostri popoli, in ognuno di coloro che ora non si azzardano a essere se stessi per timore di essere denunciati. Ho cercato di attenuare la povertà dell'ignoranza. Ho lottato per favorire la libertà di tutti, anche di quelli che non sono d'accordo con me, di quelli che appartengono a un'altra religione o sono di un altro Paese.

– Sì, va bene...

– Noi vietnamiti cattolici non abbiamo mai chiesto a nessun rifugiato da che parte stesse; non sequestriamo, o taglieggiamo e uccidiamo chi non pratica la nostra fede. Abbiamo fatto una proposta che pensiamo sia la migliore per la nostra patria, e l'abbiamo realizzata in piena luce del giorno. E sono morti centinaia di migliaia di vietnamiti solo perché credevano in Gesù. Ma questi, che fanno parte del popolo come gli altri, sono omicidi che non contano. Perché la loro fede li rende persone indesiderate.

– Le guerre sono ingiuste. Spesso il popolo paga l'ingiustizia. I vincitori hanno sempre imposto le loro condizioni ai vinti.

– Ma, colonnello, in un certo senso possiamo pensare che, proprio loro, stanno promuovendo la lotta. Questa persecuzione non è nuova. Non è nemmeno vietnamita. Le torture, le purghe, i sequestri, le detenzioni non sono una trovata di Hanoi. Da anni la frusta comunista non smette di colpire quanti non condividono la sua politica. Anni fa ho studiato le idee di Marx e dei suoi seguaci. In una lettera Lenin scriveva a Gorkij: «Qualsiasi concetto di Dio è un'indicibile bassezza, uno spregevole auto-vomito». L'espansione dell'ateismo è l'unica arma che può dare un buon risultato affinché si possa affermare una visione materialista dell'uomo. Solo da questo punto di vista si può attaccare la proprietà privata, distruggere la libertà delle coscienze, imporre un bene "teorico" proveniente da un'"ipotetica" volontà popolare – Thuan aveva sottolineato le parole «teorico» e «ipotetica» con tale enfasi che non c'era modo di obiettare. – In molte occasioni e in molti luoghi, come cristiani, ci siamo sbagliati e abbiamo agito male. E ti chiedo perdono per loro, ma ti assicuro che non ho mai scritto una lettera ai miei fedeli proponendo un simile modo di agire. E se non l'ho fatto, è perché credo nello Spirito. Colonnello, ragazzone, grazie del tuo tentativo di aiuto, ma credo in un Dio che ci rende liberi: è l'unica cosa che ho e quanto di meglio posso offrire al mio Paese. Solo quest'Amore può arrestare la crudeltà di cui siamo capaci. Per costruire un mondo nuovo, Dio ha bisogno dell'uomo e l'uomo ha bisogno di Dio.

– Thuan, siamo nati entrambi nella stessa città. Io posso aiutarti a uscire da qui. Basterebbe che firmassi una confessione, dopodiché puoi pensare quello che vuoi. A volte penso che sei come il ponte di Trang Tien. Gli sono piovute addosso bombe, ed eccolo là: ha resistito a tutte le battaglie. Ma, Thuan, non sei una pietra. Puoi morire in qualsiasi momento. Firma e andiamocene!

– Ti ringrazio che ti preoccupi di me. Sì, potremmo arrivare a un "accordo". È una grande tentazione cedere a questa proposta, ma quando uscirò da qui e il mio corpo sarà libero, che farò con la mia coscienza imprigionata? Preferisco abbracciare la volontà del mio Dio: solo Lui è fedele. I nostri superiori ci possono tradire. Non mio padre, Dio.

– Un'altra volta. Dio, tuo padre? Sei pazzo: guarda come ti tratta, Thuan...

– Il pazzo è Lui. Che non si stanca di amarmi. Che perdona i miei tradimenti: non mi condanna, né mi rinchiude in una cella quando non gli corrispondo. Lui sì che è un colonnello – Thuan sorrise.

– Ma, ragazzone, sii pratico. Tuo zio l'hanno assassinato e così non ha potuto fare niente. Qui, non puoi fare niente di niente! – il colonnello gesticolava per rafforzare la convinzione delle sue parole.

– Guarda, un giorno ho dovuto scegliere un motto che mi accompagnasse per il resto della vita. E ho scelto due parole: la gioia e la speranza. Mi sono impegnato a condividere con il mio Dio le gioie e le speranze di tutti gli uomini, a cominciare dai miei fratelli vietnamiti. Non voglio fuggire all'estero firmando una menzogna.

– Ma finirai qui a marcire. Non potrai fare niente!

– Forse non potrò fare, ma posso essere. Ieri notte sono stato assalito da questo pensiero. Sono ancora molto ricco. Il mio cuore è ricolmo dell'amore di Dio. A cosa mi servirebbe guadagnare alcuni giorni di libertà se tradisco me stesso e perdo questa ricchezza spirituale?

Il colonnello si sedette sul letto. Un rigagnolo di luce lunare entrava dalla finestrella. Thuan vide come si teneva la testa tra le mani, cercando di penetrare nel più profondo di sé.

## 52. UN INQUIETANTE RAPPORTO

Il colonnello Thuyen chiese di parlare con l'ufficiale Chim. Chau presenziava alla conversazione con prudenza, fingendo di essere distratto.

– Ufficiale, ho bisogno che faccia arrivare il mio rapporto sul prigioniero Van Thuan.

– Si sieda e scriva. Ho ricevuto un ordine espresso del generale Tu Ha: una volta che abbia firmato la dichiarazione del suo spionaggio, può andarsene a casa. Mi ha detto di andare al sodo: le ultime relazioni erano troppo piene di parole per così poca indagine.

Il colonnello si sedette al tavolo e cominciò a scrivere come se l'inchiostro placasse una sete insopportabile.

*Ai compagni destinati a guidare la nostra patria sovrana del Vietnam*

*Come promesso, invio rapporti confidenziali su Nguyen Van Thuan, detenuto per delitto di tradimento e per essere sospettato di far parte di una cospirazione internazionale contro il Governo comunista del Vietnam.*
*Informazione previa: ho cercato di corromperlo continuamente. In cambio racconta solo storie. Può arrivare a far disperare chiunque insista. Al massimo, sembra cedere*

*per un momento, ma subito riprende vita in modo inspiegabile.*

*Riguardo alla sua confessione, se volete riscriverla perché la firmi... il modo migliore per coglierlo in flagrante contraddizione è porgergli le seguenti domande:*
*- Il Vaticano è interessato al Vietnam? (La sua risposta è, invariabilmente, sì).*
*- Fai parte di una missione sovranazionale? (Risponderà ancora di sì).*
*- Il Vaticano dirige questa missione? Ha sufficiente potere? (Risponderà di sì alle due domande. Tuttavia, quando è obbligato a essere concreto, gli attribuisce un potere ridicolo: «Lo spirito imbattibile che procede dall'amore di un padre verso un figlio»).*

*Riguardo al suo stato di salute: penso che sia a rischio se continua a vivere completamente isolato. Raccomando che sia trasferito in qualche villaggio di campagna. Un po' di aria fresca potrebbe forse salvarlo dalla pazzia, già che manifesta deliri evidenti:*
*- Tutti i giorni, di nascosto, compie un rito con la sua medicina per lo stomaco. Stende le braccia come per compiere un esercizio e sembra che qualcuno lo inchiodi alle spalliere di una palestra. Quindi beve alcune gocce dal palmo della mano come se fosse un liquore divino. Raccomando che non gli sia tolta la medicina se non volete che peggiori.*
*- Parla con sua madre. Gli ripete alcuni versi nella lingua del Vaticano, ma non sono riuscito a decifrarne il significato (suggerisco l'aiuto di alcuni specialisti del comitato di ricerche religiose perché diano dei suggerimenti).*
*- Disegna croci in aria ma mai in presenza di un guardiano.*

*Riguardo alla sua sorveglianza: è molto abile, per cui conviene che al suo fianco ci siano sempre le stesse guardie, affinché non sia contaminato tutto l'esercito.*
*Una prova della cospirazione: un soldato nordamericano gli ha scritto una lettera che non sono riuscito a capire come sia giunta nella nostra cella. Si erano conosciuti nel campo di rieducazione di Vinh Quang. Appena liberato, gli ha scritto la sua missiva in inglese. Gli ha detto che prevede di ritornare in Vietnam con una missione specifica del Vaticano. Di fatto, menzionava la parola «missionario». Ma prima andrà a prepararsi e a studiare a Roma. Conviene che sia intercettato e gli sia negato il visto d'entrata.*
*Riguardo a me, ho compiuto la mia missione e spero che la mia amnistia completa arrivi presto e mi giunga per iscritto nella mia città, dove ritorno e da dove spero di poter continuare a servire la mia patria.*
*Lunga vita a coloro che lottano per la Rivoluzione!*
*Colonnello Ngo Van Thuyen*

L'ufficiale Chim lesse la confessione e si fregò le mani, soddisfatto. Il colonnello osservò come fosse cambiata la faccia di quell'uomo da quando era arrivato. Forse era per le tante settimane in cui era rimasto sobrio.

– Va' e raccogli le tue cose. Ti porteranno alla stazione dopo pranzo. Non cadere in fallo proprio adesso e non ti congedare da lui, che è un impostore e… non credo che tu voglia rimanere qui nemmeno un giorno in più – disse con un tono di voce completamente falso.

Il colonnello Thuyen uscì di corsa, quasi danzando, verso la sua cella.

L'ufficiale Chim guardò il soldato Chau e scrollò le spalle mentre stringeva tra le mani il rapporto. Glielo passò perché lo leggesse. Quando vide che stava terminando, sentenziò:

– Il nostro prigioniero è proprio un impostore. Non so proprio come riesca a farci mentire tutti. In questo sistema di falsità... è meglio mentire a proprio gusto – anche Chau scrollò le spalle.

– Chi sorveglia il sorvegliante? – Chim si azzardò a tastare il terreno con il suo subordinato.

– Chi stiamo sorvegliando? Si può definire "sorvegliare" lo stare a osservare un maestro spirituale che si preoccupa tutto il tempo di contaminarci di sapienza? Un pazzo che ci perdona e dice di amarci? Questo sì che meriterebbe d'essere indagato.

– Mi compiaccio che anche tu cerchi di scoprire il segreto. Guarda, nemmeno io avevo pensato che un prigioniero potesse essere l'uomo più libero del mondo.

Chau e Chim si guardarono negli occhi e capirono che potevano fidarsi l'uno dell'altro. Se non altro, mentre Thuan fosse stato con loro.

# 53. UN AMICO SALUTERÀ A NOME TUO

Il colonnello Thuyen trovò Thuan concentrato nel rito della sua medicina per lo stomaco e attese rispettosamente che terminasse. Era incantato dal volto sereno e raggiante che lasciava trasparire anche dopo.

Seduto sul letto, sentì che la voce gli si spegneva in gola.

– Thuan, me ne vado, ragazzone – disse frettolosamente, come se fosse un rigurgito.

– Meglio per te! – il colonnello si sentì inondato da un amore immenso, che traboccava da quello sguardo sereno. – Ricordo il giorno in cui mi hanno imprigionato. Pensavo che mi avrebbero ucciso quella stessa settimana o che mi avrebbero deportato in una zona di frontiera dove sarei stato libero ma in esilio. Per molti giorni ho sognato che mi avrebbero concesso la libertà, poi ho perso la speranza e...

– Thuan, zitto! – il colonnello mise il dito sulla bocca. – Sono qui per dare informazioni su di te. Non capisci che mi hanno trasferito tre giorni prima che tu arrivassi, per spiarti?

Thuan sorrise.

– A me hanno detto che eri un pazzo pericoloso. Che vuoi che importi: non ho niente da nascondere. Puoi dare tutte le informazioni che vuoi su di me.

Thuyen notò che gli si inumidivano gli occhi.

– Ti ho odiato. Pensavo che fossi un aristocratico incapace di fare il minimo sforzo per il tuo Paese. Ti ho esaminato con ribrezzo ma… – gli si spezzò la voce e non riuscì ad andare avanti.

– Ti sei annoiato? – Thuan cercò di tirarlo su con una battuta.

– No, è che ora ti considero un amico. Non ho mai conosciuto nessuno capace di perdonare un traditore. Sento di essere stato questo per te.

– Non puoi immaginare il sollievo che è stato per me godere di una compagnia. Le prime settimane sono state insopportabili. Anch'io ho dovuto implorare il mio Dio di non odiarti. Poi ho scoperto un compaesano come non ce ne sono altri! – Thuan spalancò le braccia per abbracciarlo.

– Ascolta, Thuan. Non puoi continuare così, ragazzone. Con me hai avuto fortuna. Ma non fidarti mai del tuo compagno di cella. Non ti fidare di te stesso, né della tua memoria. So che hai commesso un errore: non aver copiato la tua prima dichiarazione. Il compagno Tu Ha non la smetterà finché non riuscirà a trovare delle contraddizioni. La prossima volta che ti interrogheranno, scrivi le risposte e memorizzale. Poi, rispondi sempre lo stesso, senza cambiare nemmeno una virgola. Non ti fidare del soldato Chau. Non ti fidare dell'ufficiale Chim. Vedo come sono cambiati in questi mesi – il colonnello fece una pausa, dubbioso, poi andò avanti quasi sussurrando. – Non sono riuscito a capire come hai fatto a ottenere che quella volpe di Chim smettesse di bere – il colonnello parlava a tutta velocità. – So che cercano di proteggerti, ma quando vedranno la possibilità di salire di grado, faranno la spia. E per favore, fa' attenzione con la croce che tieni nascosta.

– Lo sai?

– Ragazzone, sono una spia da vent'anni – le sopracciglia del colonnello si alzarono in segno di protesta.

– Che razza di spia sei diventato! – Thuan si avvicinò al colonnello e lo abbracciò.

– Thuan, non capisco come puoi baciare una croce. Come ti può piacere uno strumento di tortura.

Thuan sorrise in un miscuglio esplosivo di serenità e tenerezza.

– Non mi piace la croce ma la presenza, in essa, del mio Dio. Lui ha voluto soffrire fino a questo punto per me. Vedi, solo la sua agonia riesce a colmare di senso la mia tortura.

Il colonnello rimase alcuni secondi meditabondo.

– Ritorno a Quang Tri. La mia casa è vicina al tempio della vostra dea di La Vang. Andrò lì e pregherò per te.

Thuan notò che gli occhi gli si erano inumiditi.

– Ma se non sei cristiano!

– Sì, ma andrò lì per te, amico mio, e dirò alla tua dea che hai bisogno di aiuto...

– Thuyen, non è la mia dea, ma la madre del mio Dio – disse Thuan sorridendo.

– Che importa? L'unica cosa che conta è che, se è vero quello che è, deve darsi da fare in fretta e mandarti qualcuno che ti liberi.

– Mi affascina quel posto. Mi fa ricordare quei cattolici del XVIII secolo perseguitati dalla dinastia Tay Son. Li vedo scappare in quella foresta.

– Che ancora non era stata distrutta dai gas americani – il colonnello non poté trattenersi.

– Hai proprio ragione. Però quegli uomini vedevano come erano uccisi per aver pronunciato il nome di Gesù.

Una notte, la madre di Dio apparve loro. E rasserenò il loro terrore e la loro sofferenza.

Thuan viaggiò con la mente in quel posto così intimo, in cui aveva sperimentato tante volte il paradiso sulla terra. Il colonnello vide rattristarsi il volto.

– Io andrò lì, e pregherò facendo in modo di essere te. Perché tu possa conservare la speranza.

– Ti ringrazio di cuore, amico. Anche se non potrai pregare in quel santuario. Le bombe americane l'hanno distrutto anni fa. Bombe imperialisteeeeee! – Thuan imitò l'accento burocratico degli interrogatori.

– In questo caso, ragazzone, pregherò per te nelle rovine del santuario!

Il colonnello Thuyen abbracciò di nuovo Thuan e se ne andò inciampando sulle sue proprie lacrime.

L'anima di Thuan annegava in un fiume in piena di tristezza. In ginocchio, si tolse la croce dal petto e la strinse forte tra le mani. Benedì quel compaesano che si allontanava. E sgorgarono insieme alle sue lacrime alcune parole sottovoce:

*Mio Dio, eccomi.*
*Cammino brancolando, come nella notte oscura. Non voglio disertare.*
*Voglio vivere il momento presente, riempirlo d'amore.*
*Perché mi hai abbandonato?*
*Davanti all'altare, insieme al tuo sangue sparso, ho udito la tua risposta:*
*«È me che stai seguendo, non la mia opera!».*
*Che sia fatta in me, Signore, la tua volontà!*

Thuan respirò profondamente cercando di schivare la ventata di angoscia che gli veniva incontro.

## 54. PRIGIONE ALL'ARIA APERTA

Mentre attraversavano la porta d'uscita della prigione di sicurezza, Thuan si sentì lacerare dall'incertezza. Salì sul fuoristrada e vide che, almeno, Chau e Chim lo accompagnavano. Per di più, lo sorprese il fatto che il soldato si mettesse al volante, mentre l'ufficiale si era seduto nella parte posteriore, al suo fianco. Colpì la sua attenzione anche il fatto che questa volta nessun altro avrebbe viaggiato con loro nell'auto.

Thuan si sforzò di ubriacarsi con il verde intenso che riluceva nelle campagne, annunciando la primavera. Il generale Chim interruppe la sua contemplazione. Parlava a voce bassa, nonostante fosse evidente che l'autista poteva carpire le sue parole.

– Van Thuan, come posso spiegartelo? Dobbiamo essere più prudenti, più cauti. Guarda, ascolta, ci stiamo dirigendo in un villaggio qui vicino. Starai nella canonica, ma completamente sorvegliato. Il generale Tu Ha è furioso. Lo stato maggiore vuole averci vicino, in modo che in qualsiasi momento possano presentarsi di sorpresa.

– Sorpresa! – Thuan fece l'occhiolino come un monello.

– Dammi retta e non riderci sopra – anche Chim cercava di non ridere. – Devi essere più prudente. Non so fino a quando resisteranno senza farti... scomparire, capisci?

Thuan, ti è concesso di pregare a voce alta o celebrare le tue messe, ma solo di notte e in privato. Ti accompagneremo a passeggiare con l'ordine esplicito di non comunicare con nessuno. Ti sorveglieremo tutto il tempo.

L'ufficiale guardò Thuan negli occhi. La durezza di quello sguardo opaco era stata sostituita da un'evidente ansia. Lo contemplava come qualcuno in attesa di un prodigio.

– Thuan, ti supplico. Sii prudente. Se hai bisogno di parlare, fallo con Chau o con me.

– Mi piace parlare con te – Thuan sorrise di nuovo.

– Ascolta, non so come ci sei riuscito, ma è vero.

– È vero, è vero...

– Ti ricordi quella notte in cui corsi disperato a parlare con te? Ideammo un piano. Dovevo astenermi ogni giorno da alcune sorsate, ogni giorno qualcuna in più. E tu mi avevi promesso di chiedere un miracolo alla madre del tuo Dio. Thuan, ormai non passo i giorni ubriaco. Quella donna deve esistere, e fa miracoli!

– Quella donna fu capace di trasformare l'acqua in vino...

– Ma dai – Chim lo interruppe, contrariato.

– Perché non può trasformare, adesso, il vino della tua schiavitù in acqua di libertà?

– Sei un poeta – lo interruppe Chau.

I tre scoppiarono a ridere, Thuan avrebbe voluto che quel viaggio non terminasse mai. L'auto uscì dalla strada principale imboccando un sentiero verso un villaggio. Si fermò davanti a una chiesa che sembrava quasi abbandonata.

Alcuni bambini giocavano lì vicino, ma nel vederli scapparono spaventati, come se si fossero imbattuti in un esercito nemico. Dietro la loro corsa, giungeva l'eco di alcune voci infantili atterrite: «Attenzione! È arrivato il mostroooooo!».

Alcuni nuvoloni grigi cominciarono a scaricare goccioloni freddi. Istintivamente, i tre uomini si rifugiarono dentro la casa. Dal tetto cadeva una cascata d'acqua.

Chau e Chim si guardarono inorriditi.

– Mi avevano detto che la casa del sacerdote era abbandonata da dieci anni, ma che era in buone condizioni.

– Faremo in modo che sia così – propose Thuan, mentre cercava con gli occhi qualcosa che fungesse da secchio.

– Per ora, andiamo a perlustrare il resto. Chau abiterà qui con te, ma vicino all'entrata, perché deve sorvegliarti nel caso che volessi uscire. Io abiterò in quella casa laggiù per sorvegliare entrambi – Chim non poté evitare di ridere. Thuan e Chau lo accompagnarono con una grossa risata.

– Vi ringrazio dello sforzo di prendervi così cura di me. Chiederò al mio Dio che vi ricompensi.

– Che il tuo Dio ti ascolti – rincalzò Chau. – Anche se preferirei non doverti sorvegliare.

– Guarda che rimaniamo senza lavoro, compagno! – da quando era sobrio, in Chim era rifiorito un umore eccellente. – Vi propongo di andare a mangiare qualcosa e poi di ritornare a sistemare qui in modo un po' più decente.

Thuan scorse un pezzo di manica di un paramento blu. Si avvicinò, lo baciò e andò a riporlo in un armadio. Quando lo aprì, sussultò nel trovare un'immagine della Madonna, rotta ma riconoscibile. Richiuse l'armadio e seguì i suoi guardiani verso la porta. Mentre saliva sulla macchina poté osservare che decine di occhi scortavano i suoi movimenti da dietro le finestre.

## 55. UN DIO DIFETTOSO

Dalla finestra della canonica filtrò un raggio di sole arancio. Chau era a fianco della sua branda improvvisata quando Thuan aprì gli occhi.

– Hai potuto riposare? – gli chiese, sorridente.

– Come un re, amico.

– Qui c'è molta umidità. Suppongo che avrai le articolazioni distrutte.

– Ti posso fare una lezione su come è fatto lo scheletro, osso per osso – Thuan cercava di abituarsi ai crampi continui.

– Fuori si sta molto bene. Dovresti uscire a fare una passeggiata. Ma, per piacere, non ti allontanare dalla mia vista.

– Credi che queste ossa mi permettano di fuggire? Mi raggiungeresti zoppicando.

Thuan si mise in piedi lentamente, cercando di sgranchirsi. Appena uscito, un velo di tepore sfiorò il suo corpo e sentì che il dolore diminuiva. Respirò profondamente. Guardò gli alberi, in piena fioritura. E non poté evitare di mettersi a cantare di gioia. Lentamente, cominciò a muovere le gambe appoggiandosi al muro della chiesa. A un certo punto si sentì sfinito e si sedette sull'erba. Rimase incantato a osservare il tetto del tempio.

Un istante dopo, il rumore sordo e scomposto di un goffo calpestio attirò la sua attenzione. Un anziano passò lentamente, ignorandolo del tutto.

– Scusi, signore. Non ricordo dove, ma sono sicuro di avere già visto un tetto come questo. Quella sporgenza così curva...

L'anziano arrestò i suoi passi e si grattò la testa dubbioso. Finalmente gli rispose, evitando di guardarlo in faccia.

– Questa chiesa è un'imitazione di quella della Signora di La Vang. Un anziano sacerdote costruì questo tempio. Aveva fatto un pellegrinaggio laggiù. Gli piacque. E volle riprodurre qualcosa di simile – all'ultima parola, con il volto ancora nascosto, l'anziano cominciò a muoversi di nuovo.

Thuan vide che Chim si stava avvicinando a passi svelti.

– Meno male che non dovevi parlare con loro e loro non dovevano parlare con te – protestò con un tono di voce di finta collera.

– Buongiorno! Come hai dormito? Ascolta, stavo solo pensando dove avevo visto prima un tetto così.

– Thuan, ieri avevo un freddo cane, tanto che stavo per andare a cercare una bottiglia di liquore. È stata una lotta durissima. Ma sono riuscito a non andare!

– Sei grande, Chim. Sono orgoglioso di te. Proprio ieri, prima di dormire, ho ringraziato Dio per averti liberato dalla schiavitù della bottiglia.

– Thuan, questo tuo Dio mi incuriosisce. A volte mi chiedo se sia davvero un'invenzione della classe che ci sta opprimendo. Perché non ha un'altra cosa da fare che quella di pensare ai miei problemi? Ascolta, il tuo Dio dovrebbe essere, non so, più maestoso.

– Ebbene, sì: è un Dio con molti difetti.

– Come?

– Nel nostro libro sacro si racconta quello che ha fatto questo Dio quando si è fatto uomo come noi. Pensa un po' che cattiva memoria aveva che, quando un ladrone gli chiese perdono per aver rubato, si dimenticò di tutto il suo debito! Non sa nemmeno la matematica: aveva perso una pecora e abbandonò le altre novantanove per andare a cercarla.

Chau era appena arrivato e con lo sguardo, prima di sedersi, chiese il permesso al suo superiore.

– Mi sta raccontando i difetti del suo Dio. Te l'avevo detto: Thuan è proprio picchiatello. Si sta sacrificando per un Dio… difettoso! – Chim scrollò le spalle.

– Il mio Dio non ha nemmeno molta logica. Pensa che predicò a migliaia di persone questa promessa: «Beati i poveri di spirito, beati quelli che piangono, beati i perseguitati per la giustizia, beati sarete voi quando vi oltraggeranno e vi perseguiteranno e diranno mentendo ogni sorta di male contro di voi per causa mia. Rallegratevi, perché grande sarà la vostra ricompensa».

– Ebbene tu sei, allora, uno di questi beati: perché ti perseguitano a causa del suo nome – Chau non era molto contento della sua deduzione.

– Mi confonde la frase sui poveri di spirito – Chim ripeteva la frase coscienziosamente. – Thuan, c'è una libertà… non so come spiegartelo… Guarda, c'è qualcosa nel tuo spirito che non si può rinchiudere in una prigione.

– Chim, questo è ciò che chiedo al mio Dio. Giorno e notte. Lui ha dei difetti perché è Amore. L'amore autentico non ragiona, non misura, non alza barriere, non fa calcoli, non ricorda le offese e non impone condizioni. Gesù si muove sempre per amore: un amore grande, infinito, divino, un amore che arriva alla pazzia e fa saltare le nostre misure umane.

– Questa sì che è una bomba! – Chau si strinse nelle spalle. – Scusa se parlo di bomba.

– Guardate, quando vedo sullo sfondo queste campagne calcinate dal napalm; quando vedo la chiesa perforata come un colabrodo... – Thuan aveva assunto un volto grave – mi entra qui un'angoscia insopportabile – si portò una mano sullo stomaco e l'altra sul cuore. – E solo quando medito intorno a quest'amore inesauribile il mio cuore si riempie di felicità e di pace. I suoi "difetti" sono incorreggibili!

– Un altro incorreggibile... – Chim guardava Thuan sconcertato – Vediamo, ora ti capisco meglio, testardo.

Thuan rimase in silenzio per un bel pezzo, sorvolando con gli occhi le curve del tetto. Si ricordò del colonnello Thuyen e pensò al senso dell'umorismo di Dio: un uomo ateo che pregava tra le rovine del suo tempio preferito, il Santuario di La Vang. Mentre lui, sequestrato, pregava per la spia in una copia in miniatura di quella casa di Maria.

## 56. RIMPATRIATE DI VILLAGGIO

Sebbene fosse arrivato da appena quarantotto ore nel villaggio, Thuan si sentiva molto a suo agio in quella nuova vita. La primavera lo invitava a fare passeggiate. Sognava di poter ripulire un po' il giardino e gli girava in testa l'idea di scrivere un nuovo libro. Ciò nonostante, c'era qualcosa di molto inquietante negli abitanti di quel posto. Tutti lo guardavano con sospetto e mantenevano chiusa la bocca quando li sfiorava. Thuan era solito sedersi all'ombra di una palma, su un prato ampio da dove si contemplava perfettamente la forma curva del tetto della chiesa. Quella mattina, dal di sotto del fogliame appena germogliato, si udiva perfettamente la conversazione di due uomini. A un certo punto, non poté più resistere.

– Scusi, buon uomo, le ho sentito dire che è appena rientrato dal Vietnam del Sud – con più timore che disprezzo, assentì con la testa mentre biascicava qualcosa a bassa voce – e che è andato a visitare un uomo chiamato Can.

– Ma, a te, chi ti ha ordinato di origliare?

– L'ho sentito senza volerlo.

– È mio zio, e allora?

Thuan sorrise e chiese con ansia:

– Ha un fratello che si chiama Than?

L'uomo fece un passo indietro.

– Ehi! Come sai che Than è anche mio zio?

– Quando l'ho sentito parlare di quella barba d'argento e del suo sorriso incancellabile, ho pensato: questo può essere solo il Than che si è sposato con mia zia! – i due compaesani si guardarono stupefatti. Thuan si emozionò. – Quando sono stato nominato vescovo di Nha Trang, zio Can si è offerto di raggiungermi nel Vietnam del Sud per aiutarmi come domestico. Si prese cura di me e della mia casa per dieci anni, fino a quando il Paese tornò a unificarsi nel 1975. Da poco prima di essere arrestato, tre anni fa, non so più niente di loro. Come stanno i miei zii?

I due paesani scapparono di corsa e Thuan rimase solo, assorto. Poco dopo, gli uomini ritornarono in compagnia di un piccolo gruppo di anziani. Tutti si sedettero sull'erba.

Quando videro Thuan con le mani incrociate, assorto in preghiera, uno di loro nascose un pugnale che aveva portato in caso di necessità.

– Ma... mio zio, tuo zio... Than... – l'uomo continuò la conversazione da dove l'aveva lasciata – andò al sud per servire il ministro Nguyen Huu Bai. Come ha potuto finire a servire in casa tua?

– Il ministro Bai era uno dei migliori amici di mio nonno, Ngo Dinh Kha. Nella grande battaglia contro i banditi cinesi, vi ricordate delle Bandiere Nere?, mio nonno era comandante dell'imperatore e andò al nord, con i francesi, per liberare quella terra dall'invasione cinese. Le sue truppe vinsero. Ma non aveva ancora avuto il tempo di celebrare la vittoria quando sua madre, mia bisnonna, cadde a letto molto ammalata. Quando lo venne a sapere, mio nonno Kha volle andare ad assisterla. Doveva allontanarsi dall'esercito il giorno dopo aver conquistato una città, cosa che faceva presagire l'insorgere di un grande problema. Quel giorno, provvidenzialmente, incontrò un vecchio amico di scuola: Bai. Gli chiese di ricoprire il posto di comandante durante la sua assenza. Bai si innamorò e si sposò con una donna del Vietnam del Nord e lì rimase, o meglio qui. Successivamente andarono a vivere nel Vietnam del Sud, a Hue, la mia città. Qui, Bai conobbe tuo zio, mio zio Than. Perché fu domestico della sua famiglia. Lavorando per lui a Hue, conobbe una delle mie zie e si sposò con lei. Fu allora che zio Than mi propose di lasciare il lavoro con il ministro Bai e venire ad aiutarmi. Da poco tempo ero stato nominato vescovo e a dire il vero non avevo troppo tempo per occuparmi della mia casa. Ogni volta che ricordo le minestre che mi preparavano, muoio di fame!

– Allora tuo nonno era Ngo Dinh Kha. Quello sì che è stato un eroe! – aggiunse una donna di età avanzata. – Tutti conosciamo le prodezze di quella battaglia. Molti della guerra delle Bandiere Nere sono sepolti qui, a Giang Xa.

Thuan notò che gli occhi gli si inumidivano.

– Sia benedetto Dio per questa storia che ci avete fatto conoscere! Mia madre mi aveva raccontato la battaglia contro le Bandiere Nere, ma molti avevano cercato di persuadermi con un'altra versione. Accusavano mio nonno di aver tradito le truppe del Sud. Raccontavano che, nel Vietnam centrale, si era alleato con la guerriglia cinese e non era arrivato a combattere nel Nord. Lo accusavano di aver ucciso dei patrioti... – Thuan ricacciava indietro le lacrime – Oggi so che mio nonno Kha andò a Giang Xa, che difese la sua patria e che la menzogna non ha mai l'ultima parola.

– Menzogne, questo è quello che cercano di farci ingoiare! – protestò l'uomo che aveva cominciato la conversazione con Thuan. – Il fatto è che siamo parenti. E i nuovi mandarini di Hanoi sono venuti a mentirci sul tuo conto e... – abbassando lo sguardo, continuò – siamo stati molto stupidi a dare retta a loro. È proprio buffo: eri un traditore sanguinario, pericoloso, con cui non bisognava parlare. E sei del mio clan! – diede un paio di pacche a Thuan, che sorrise tra lacrime di gioia.

– Dobbiamo essere cauti – avvertì un altro anziano. – Non devono sapere che siamo parenti né che conosciamo la verità. Vescovo Thuan, – pronunciando queste parole chinò la testa, – perdonateci.

– Che altro potevate fare? Non sapevo che gli agenti del governo fossero così immaginativi... Anche a me dissero lo stesso del mio precedente compagno di cella: che era un pazzo molto pericoloso. E anch'io mi ero avvicinato a lui con precauzione e paura.

– Ha del pane per consacrare l'eucaristia? – chiese la donna.

– Sì – Thuan rispose con sollievo. – Tutti i giorni all'alba riesco a celebrare il Santo Sacrificio – Thuan pronunciò le ultime due parole con particolare solennità.

– Attenzione, è molto sorvegliato dalle guardie – avvertì l'anziano parente. – E dai "santi".

– I santi?

– I comunisti contano su una rete di spie da molti anni. In questo villaggio hanno convinto due della nostra comunità. Li chiamiamo "i santi" perché così tutti sanno a chi ci riferiamo, e loro non si infastidiscono se lo sentono. Dobbiamo vivere la fede sempre dissimulando, perché tutto ciò che facciamo arriva ad Hanoi. Il peggio è che questo paio di cornacchie abita qui, accanto alla chiesa.

Thuan rimase pensieroso.

– Forse, allora, sarà meglio che, per oggi, ci fermiamo qui. Grazie di farmi sentire a casa. E io che pensavo che questo del Nord sarebbe stato un esilio…

Il gruppo di anziani si alzò in piedi. Thuan chiese loro di circondarlo mentre lui rimaneva seduto. Guardò in alto e vide tutte le loro teste e, proprio in mezzo, un buchino di cielo completamente azzurro. Con la mano, trincerato da tutti quei corpi, benedisse, lentamente, ognuno di loro. E li vide andar via con le lacrime agli occhi.

## 57. CUCINARE UN ANNO NUOVO

Chim finì di accendere le lanterne di carta. Controllò che la tavola fosse ben decorata. Raddrizzò un po' il Cay Neu: quella canna di bambù di sei metri si torceva un po' per via dei fogli di carta rossi che la decoravano sulla parte superiore. Era tutto pronto. Eccitato per la sorpresa che aveva preparato, andò a svegliare Thuan.

– Buona Festa! – gridò mentre apriva la porta.

– Buona... – Thuan si mosse un po' nella brandina di legno.

La sua testa finì contro l'angolo del letto.

– Bel modo di cominciare il nuovo anno, con una botta! – Chim gli mise la mano sulla testa.

– Auguri per la prima mattinata del primo giorno... – sorrise Thuan.

– Vieni, corri! – Chim sparì, d'un fiato.

Thuan seguì i suoi passi pigramente e trovò sul fornello una pentola d'acqua che si stava riscaldando. A fianco, una tavola decorata con lanterne rosse. La canna di bambù si era un po' incurvata.

– Passami gli spaghetti – disse Chim.

– Mi lasceresti cucinare, per favore?

– Va bene! Anche se avrei voluto che fosse una sorpresa.

– Ed è stata tutta una sorpresa. Veramente non mi aspettavo per niente questo risveglio né questa colazione.

– Sono riuscito a trovare persino un uovo! Mi avevi detto che ti piace metterlo nel brodo.

– Grazie, Chim.

– Grazie a te. Non ricordo di aver mai festeggiato niente. Fino ad ora, non ho avuto voglia. Tu celebri sempre i giorni cristiani importanti. Io oggi voglio divertirmi con te perché comincia il nuovo anno vietnamita.

Thuan vide il gorgoglio dell'acqua che bolliva. Mise gli spaghetti. E capì che era il momento buono per unirvi l'uovo. Mentre lo vedeva rapprendersi, posò lo sguardo su Chim.

– Thuan, sto cominciando una nuova vita. Vediamo se capisci di chi è la colpa.

– Gli imperialisti? – Thuan imitò la faccia burocratica dei compagni inquisitori.

– No, la colpa è di tua madre.

– Ora sì che mi hai colto alla sprovvista – Thuan tolse la pentola dal fornello.

– Quando l'altro giorno mi hai raccontato come vi narrava da piccoli le storie della Bibbia e il martirio dei tuoi familiari, me ne sono reso conto. Lei ti ha... cucinato – Thuan sorrise come un bambino e cominciò a servire la minestra nelle ciotole. – Ascolta, prima di cominciare a mangiare... Avrei voluto regalarti un bonsai perché so che ti piacciono, ma non è stato possibile. Ieri ho avuto un'idea: voglio restituirti qualcosa.

Chim mise la mano in tasca e prese un pacchetto avvolto da una foglia di banano e uno spago. Thuan lo aprì. Dentro c'era il suo rosario. Il suo viso si trasformò.

– Lo hai pulito! – Thuan lo baciò. – Che orrore. Quel giorno fu tra i peggiori della mia vita.

– Sembravi un verme: sporco fino al collo, lì, nudo, e tutti noi a schernirti. Mi dispiace averti messo le mani al collo – Chim abbassò lo sguardo. – Ti ho seguito dappertutto perché volevo che mi promuovessero. Potrai perdonarmi?

– Me ne sono già dimenticato... – Thuan si picchiò la fronte con le nocche delle mani varie volte – Uno dei vantaggi dei prigionieri è che la loro memoria comincia a venir meno.

– Ebbene, prendi il tuo talismano. Così possiamo cominciare a mangiare!

– Chim, non è un talismano. È un'arma – Thuan prese in mano il rosario e lo baciò di nuovo.

– A cosa serve?

– Mi aiuta a pregare la Madre di Dio. Le dico parole galanti, mentre lei mi accoglie sotto il suo manto protettore, mi guarda e sperimento un grande amore.

– Mi piacerebbe potermi rilassare in questo modo. Sei un uomo fortunato, Thuan. Io non ho conosciuto mia madre.

– E tuo padre?

– Sarebbe stato meglio non averlo conosciuto – lo sguardo di Chim sprofondò negli spaghetti. – Mi odiava. Mi picchiava. Era sempre ubriaco e io ero il suo sacco da pugile.

Thuan fu assalito da un brivido che gli contrasse il volto.

– Una notte, quando avevo dodici anni, mi spaccò l'orecchio con una bottiglia rotta, così scappai di casa. Da allora, ho deciso di vivere per vendicarmi di lui. Ogni volta che sul fronte dovevo sparare, vedevo davanti a me la sua faccia. Ma in questi ultimi mesi non so che accidenti mi stia succedendo. Spesso sento compassione per lui. Sono stato una croce, un fardello troppo pesante – due lacrimoni scivolarono sul volto immenso di Chim.

Thuan si alzò. Con il polpastrello tracciò una croce sulla cicatrice del suo orecchio. Cercò di abbracciarlo, ma le sue braccia non bastavano per cingere quell'uomo corpulento.

– Sei grande, Chim.

– No, sono un gigante nano. Thuan, ci sono uomini che agiscono come bestie e altri come eroi. Voi date la vita, noialtri viviamo per uccidere.

– Avete vissuto.

– Dai, credo che tu mi abbia capito. Guarda, ieri, mentre attaccavo tutti quei fogli di carta rossi sul bambù per allontanare gli spiriti cattivi, me ne sono reso conto. Non ho mai avuto una famiglia, ma quando parlo con te mi sento a casa. Come può essere così, se ti odiavo? Ma il tuo amore è penetrato in me come la pioggia nella terra. E ora mi trovo... impantanato. Grazie a te, ho potuto smettere di bere. Grazie a te, oggi desidero festeggiare il nuovo anno.

– Prendi, te lo regalo – Thuan gli restituì il rosario di legno – perché tu possa ricordare questo giorno.

– Ma, e tu?

– Grazie a te ho scoperto quest'altro – Thuan si guardò le dieci dita. – Se passeggio cinque volte per le mie mani, ho la stessa cosa che hai tu! Come si riempie di gioia la mia Madre del Cielo ogni volta che suono questo piano...

– Thuan, parli di lei come di una madre. E parli di Dio come di un padre. Ma io non potrò mai pensare a un padre buono.

– Chim, tuo padre, anche se lo avrebbe voluto, non ha mai potuto evitare di esserlo. La vita che ti ha dato è irreversibile. Ebbene, con Dio succede il contrario. Puoi impedirgli di esercitare il suo ruolo, ma non riuscirai a fargli smettere di essere tuo padre.

– Mi piacerebbe riuscire a parlare con Lui, ma non sono cristiano. Non so come si prega.

– Per parlare con Dio non è necessario che tu sia cristiano. Basta che lo desideri. In questi giorni sono così stanco che, sai come parliamo?

– No.

– Gesù, eccomi: sono François. E lui risponde: François, eccomi: sono Gesù.

– Solo così?

– Digli che vuoi amarlo. Che vuoi lasciarti amare. Lui lo desidera molto più di te! Hai sofferto molto, figliolo, sei tra i preferiti del Padre. Un giorno, quando avrai dei figli, lo capirai ancora meglio.

– Non ho mai voluto portare dei figli al mondo. Odiavo i bambini.

– Sì, eppure l'altro giorno come hai spidocchiato e rasato bene quei sei fratellini!

– Ma, credi davvero? Quel ranocchio di nove anni, con delle forbici più grandi di lui, stava tagliando i capelli a tutti quei piccoli. Avrebbe potuto affettargli le orecchie! Immagina: mentre finivo di sistemarli, pensavo a tua madre. E mi sono reso conto che non mi dispiacerebbe amare una donna come lei e avere dei figli come te.

– Che cosa ancora ti piacerebbe fare, in futuro?

Dal volto di Chim traspari un'angoscia profonda.

– L'altro giorno parlavo con Chau. Questo sogno non sarà eterno. Un giorno apparirà Tu Ha e ci manderà tutti in un campo di rieducazione. Se potessimo, ci piacerebbe lasciare l'esercito e mettere su una falegnameria. Lui è molto abile e io sono forte. Abbiamo anche pensato di emigrare in un Paese più libero. Ricominciare lì tutto daccapo, senza soldati e senza spie da tutte le parti. Ma, per ora, siamo delle guardie che sorvegliano un prigioniero incorreggibile – Chim si intristì ancora di più. – Thuan, e il tuo futuro? So che stanno mandando relazioni false a Roma. Ti accusano di tradire il Vaticano. Dicono che hai fatto dei nomi. C'è un dipartimento del Governo esperto nel falsificare la scrittura. Possono scrivere quello che vogliono e, alla fine, la tua firma. Sul più bello, se un giorno esci da qui, non potrai nemmeno essere vescovo. Mi fa proprio schifo. Un buon pastore è come un padre. E mi disturba che di colpo ti odino anche i tuoi.

Thuan guardò il rosario.

– Non credere a tutte le notizie che ti arrivano. Fa parte della strategia del Governo seminare terrore e confusione. Viviamo oggi e adesso, qui…

– … riempiendo il momento presente di amore – Chim ripeté queste parole, imitando il tono di voce di Thuan.

– Sarai bandito! Anche questo me l'ha insegnato mia madre, sai? Quando ci raccontava quelle storie notturne… C'era una santa che le piaceva tanto. Si chiamava Teresina. Morì molto giovane. In un convento. Quella sì che suscitò una rivoluzione!

– Una donna rivoluzionaria?

– Sì – Thuan scoppiò in una risata. – La sua bandiera era quella di essere come bambini nelle mani di Dio.

– Come bambini… – Chim rimase sbalordito.

– Intanto, vediamo se usi il mio regalo e chiedi alla madre di Dio che mi protegga.

– Ma non so farlo.

– Mia nonna non sapeva leggere né scrivere, ma era saggia; ogni notte pregava per i sacerdoti, proprio per quello che tu hai detto prima: perché fossero buoni pastori, buoni padri – Thuan si commosse ricordando il volto affabile di quella anziana. – Guarda il cielo e, a ogni grano, chiedilo a mia Madre.

Chim si alzò e, da un nascondiglio vicino al fornello, tirò fuori alcuni pasticcini cilindrici. Thuan lo guardò stupefatto.

– Quando hai preparato i Banh Chung?

– Sappi che sono riuscito a trovare persino carne di maiale! Ma che cosa credi, che avresti cucinato tutto tu?

I due risero con piacere. Sulla porta apparve Chau mezzo addormentato.

– Che baldoria è mai questa?

– Auguri di buon anno! – gridarono in coro, mentre Thuan gli indicava una sedia vuota, con una ciotola e dei bastoncini incrociati che lo aspettavano.

# 58. VISITE CIFRATE

Per mesi, i giorni erano trascorsi monotoni e tranquilli in quel villaggio vicino ad Hanoi. Ma all'alba di quel giorno, Chim e Chau entrarono a bruciapelo nella stanza di Thuan. Sapevano che da varie settimane stava scrivendo qualcosa su dei pezzi di carta, e si scagliarono sopra il suo corpo addormentato.

– Thuan, svegliati. Oggi c'è una sorpresa, ma con lei arriva Tu Ha! Alzati e nascondi tutto ciò che può essere pericoloso! – Chau cercò con lo sguardo i quaderni improvvisati, senza risultato.

– Che cosa cerchi? – Thuan sbadigliò.

– Dove sono i fogli di carta? – Chau era nervoso.

– Fogli? – ora fu Chim a spaventarsi.

– Lo sai?

– Ma senti, sono il tuo sorvegliante – rispose Chim fingendo di averlo offeso. – Vediamo, dove diavolo hai nascosto i libri oggi? – Chim rovistava l'armadio. – Gli altri giorni erano nascosti dietro l'immagine di Maria.

– Tranquilli... – Thuan sobbalzò leggermente sul letto, e guardò il materasso facendo capire che godeva di vita propria. Dentro di sé, si compiacque di quanto Chim fosse diligente e di come parlasse con tanto rispetto.

Fuori si udì il motore di un'auto, una porta sbattere e la voce inconfondibile di Tu Ha. Thuan si mise la camicia, seguendo Chim e Chau sulla porta della canonica.

– Buongiorno, compagni! – disse Tu Ha con una dolcezza inimmaginabile fino a quel momento. Diede la mano ai suoi subordinati e poi al prigioniero. – Come sta, Van Thuan?

Lo seguiva un uomo bassino, con i capelli grigi e i lineamenti decisamente slavi. Thuan pensò che fosse un nuovo compagno di prigionia. Entrò anche un giovane soldato.

– Nguyen Van Thuan, il Governo del Vietnam vuole manifestarti una gentilezza speciale. Abbiamo promesso al Vaticano che questo visitatore certificherà che sei vivo e che ti stiamo trattando molto bene – Tu Ha fissò quell'uomo con volto soddisfatto, mentre il soldato interprete traduceva. – Non avrai di che lamentarti: è dei servizi di ausilio cattolico del Laos, comunemente detta *Caritas Internationales.*

– *Internationalis* – corresse dolcemente il visitatore.

– Grazie per la sua visita – esclamò Thuan. – Come si chiama?

– Silvio – rispose il visitatore, che aveva capito la domanda e inforcò gli occhiali come se non volesse perdere nessun particolare.

– Può informare che mi stanno trattando molto bene, fino al punto che l'ultima volta che sono stato ammalto, il medico ha tardato tre settimane ad arrivare – Thuan sorrise imperterrito.

– E, con molto sforzo, siamo arrivati a tempo a ristabilirlo – lo interruppe Tu Ha senza nemmeno aspettare che il traduttore potesse compiere la sua incombenza.

– Le sue necessità elementari sono coperte? Può vivere con dignità? – il visitatore si rivolse all'interprete.

– Il Governo sempre, sempre... – Thuan fece un gesto con le mani per enfatizzare l'avverbio – dimostra molta preoccupazione per me. Infatti, sono permanentemente sorvegliato da un centinaio di occhi.

Il visitatore fissò intensamente Thuan facendogli capire che aveva recepito il messaggio.

– Spero che goda di un soggiorno confortevole nella nostra patria – Thuan sorrise al visitatore – e che abbia voglia di ritornare a "ispezionarmi".

Il generale Tu Ha cominciava a spazientirsi, ma cercò di nasconderlo il più possibile.

– Il prigioniero deve ancora fare colazione – disse Tu Ha. – Ho l'impressione che oggi l'abbiamo svegliato prima del solito. Se vuole, vada a conoscere questo bel villaggio con l'interprete, mentre io converserò con i miei ufficiali per verificare che tutto sia in ordine – con questa sua amabilità artificiale, Tu Ha risultava comico.

Il visitatore guardò di nuovo Thuan con stima. Prima di stringergli la mano, si rivolse a Tu Ha incalzando:

– Porto una lettera per il prigioniero – la porse a Thuan, facendogli capire di leggerla lì stesso.

Mentre il soldato traduceva le parole a un Tu Ha di sasso, Thuan stava già divorando le parole.

*Carissimo amico,*
*ti avevo promesso che sarei andato a pregare per te la Signora di La Vang. Lo faccio ogni domenica, se non piove. Appena sento suonare la campana, inforco la bicicletta. Avevi ragione: la chiesa è stata completamente distrutta dal bombardamento americano, per questo vado nel monumento dove è apparsa.*

*Sarai contento di sapere che quell'angolo è rimasto intatto. Lei è lì, così piccola ma, nel contempo, come una roccia indistruttibile. Spero che tu sia d'accordo che io preghi per te così: «Signora, non sono cristiano, non conosco le preghiere; ti chiedo che tu dia al signor Thuan ciò di cui ha bisogno». L'altro giorno sono passato sul ponte Trang Tie e mi sono ricordato di te. Continua a essere tenace, forte come gli abitanti di Hue.*

Thuan, profondamente commosso, cercò di memorizzare quelle parole. Voleva conservare il foglio, ma temette che qualcuno potesse usarlo in rappresaglia contro il colonnello Thuyen, nonostante la missiva non contenesse nessuna firma e fosse dattiloscritta. Porgendogli nuovamente la mano, restituì il foglio al visitatore. Questi prese la busta, chinò il capo in segno di commiato e uscì con l'interprete.

Tu Ha guardò Thuan con il disprezzo di sempre e lo ammonì a rientrare nella sua stanza, ordinando con un gesto alle guardie di rimanere lì. Quando Thuan chiuse la porta della sua cella, l'ufficiale sfogò tutta la furia repressa da molto tempo.

– Siete due imbecilli. Voglio vedere chi è disposto a giocarsela per la vostra promozione. Mi giungono relazioni dalla rete di spie. Perché il prigioniero parla con la gente del villaggio? Non ci eravamo detti che gli avreste ricordato che è un sanguinario?

– Signore, ci ha chiesto di sorvegliare Van Thuan, non tutto il villaggio. È impossibile: non possiamo proibirgli di parlare e ascoltare – Chim scrollò le spalle.

– Sei un idiota. Non ti starai contaminando anche tu, vero? Non sapete forse spaventarli? Non conoscete storie che incutono paura e che possiate attribuire al prigioniero?

In questo modo non sarai mai colonnello. E tu, giovane? Mandi in rovina la tua carriera?

– Per procedere nelle indagini abbiamo bisogno di tempo. Che prove di tradimento possiamo raccogliere se teniamo il prigioniero rinchiuso in casa? Inoltre, lei ha detto che lo voleva vivo. Ed è in perfetta forma... vitale – Chau parlava con una convinzione innegabile.

– Ah, volpe astuta. Questo mi piace di più. Che cavolata è questa di decorare la casa con lanterne? Non starete celebrando le feste con lui, vero?

– Signore, Lei ci aveva avvertito che stava arrivando con un rappresentante dei diritti umani. Dovevamo fingere un trattamento eccellente. Conosce la tradizione di pulire la casa per l'anno nuovo, per tener lontana la sfortuna. Abbiamo tenuto occupato il prigioniero a sfregare, tutti questi giorni.

– Va bene, ho capito. Comunque, quest'uomo non ritornerà se non tra vari anni. Le feste sono finite. Chim, salga sulla macchina e ordini all'autista di andare a cercare il visitatore.

Chim salì con una calma che sorprese Tu Ha. Con uno sguardo da far spavento, fissò il soldato giovane.

– Sorveglia bene il tuo ufficiale. Mi sembra che stia perdendo colpi. Posso prometterti di sostituirlo e poi di diventare tenente, persino occupare un posto nel Governo! Continuerai a informare con lealtà?

– Con lealtà! – Chau assaporò ogni sillaba mentre, internamente, si chiedeva quale fosse il significato esatto della lealtà di cui parlava il suo superiore.

– Un grande futuro ti attende. Il Vietnam ha bisogno di uomini come te.

Tu Ha cercò gli occhi del suo subordinato per infondergli paura. Ma, nel frattempo, lo sguardo di Chau si era fermato sulla leggendaria guancia del generale. Si sfregò gli occhi varie volte, prima di dire timidamente:

– Signore, non so che cosa possa essere successo, ma ha una lentiggine in meno sulla faccia.

Il generale sobbalzò e andò a guardarsi sul vetro della finestra. Come un indemoniato, aprì la giubba militare e, dal fondo di una tasca interna, tolse una penna. La inchiodò sul posto esatto, con precisione assoluta.

– Giurami che non dirai mai niente, a nessuno. Posso farti sparire all'istante.

Chau era paralizzato.

– Bene, meglio ancora – tormentandosi la barba, Chim rientrò nella stanza, giusto in tempo per ascoltare la fine della frase. – Ti prometto che ti proteggerò se rimarrai zitto.

– Signore, devo andare a prendere qualcosa per la colazione del prigioniero – si scusò Chau.

– Se anche rimane un giorno senza mangiare, non credo che crepi – Tu Ha scoppiò in una delle sue false risate. – È un traditore. Farei qualsiasi cosa per poterlo lasciar morire di fame.

Chau fece un saluto militare, girando i tacchi. Ormai il generale non riusciva più a vedere l'espressione nauseante che il suo volto aveva acquistato.

# 59. QUANDO IL PERDONO RISVEGLIA

Una mattina, Thuan era seduto sotto la sua palma quando credette di avere una visione. Gli si avvicinava un giovane con cui aveva vissuto dieci anni prima nel seminario di Hue, con le sue due fossette inconfondibili sulle guance paffutelle ma con vari palmi in più di statura.

– Zio François! – gli disse mentre lo abbracciava.

– Dimmi che non sto sognando, Nah.

– Tutti stiamo sognando da quando ci hanno raccontato che eri vivo e che eri qui. Ho partecipato almeno a tre funerali clandestini per la tua anima – Thuan si portò la mano sulla bocca, allibito.

– Hai cantato bene il requiem? – Thuan sorrise.

– Il giorno in cui sono venuto a sapere che era vivo, sono salito su un camion e ho camminato senza sosta fino a incontrarla – Nah gli si lanciò al collo. – Mi perdoni, mi hanno detto di non abbracciarla, di fingere, ma non ho potuto contenermi.

Thuan sorrise con entusiasmo.

– Visto che non si sa mai quanto tempo avremo, raccontami di te, Nah! Sei diventato immenso!

Nah abbassò lo sguardo e cercò di nascondere gli occhi inumiditi.

– Lei non sa la verità, zio François.

– Non ti avrei riconosciuto, per quanto sei cresciuto. Ma le tue fossette ti tradiscono – Thuan sorrise con gusto. – Sei lo stesso di sempre.

– No! – Nah emise un grido di dolore. – Non mi conosce, zio. Lei... tu...

– Puoi darmi del tu, figliolo.

– Tu non sai. Sono un traditore. Ho... – Thuan lo guardò con affetto al di sopra degli occhiali, che erano scivolati giù per via del naso dimagrito. Aspettò che continuasse – Mi hanno minacciato che avrebbero arrestato mia madre se non avessi abbandonato la Chiesa. Ho rinnegato Dio. Sono entrato nell'esercito – Nah scoppiò a piangere e continuò a parlare con la voce spezzata. – Una notte, un compagno ha corso per me il rischio di informarmi che c'era comunque l'ordine di arrestarla. Sono riuscito a scappare quella stessa notte per avvisarla. Non so come, ho potuto accordarmi con gli intermediari di un *boat people*, che gli hanno dato l'opportunità di fuggire all'alba. L'ho vista salire su una di quelle scialuppe da pesca gremite di rifugiati. Abbracciava due bambini che viaggiavano soli. Mi ha salutato sorridendo. Il mare li inghiottiva, ma io ero sicuro che fuggiva verso la libertà. Poche ore dopo, hanno fatto naufragio. Sono rimasto orfano e traditore – Thuan ebbe voglia di abbracciarlo di nuovo. Dando le spalle alla casa dei "santi", lo guardò con infinita tenerezza.

– Non ti torturare. Se chiedi perdono a Dio, lui ti perdona.

– Zio François, quella notte, quando ci siamo congedati, mi ha regalato il tuo libro, quello che hai scritto in carcere. Non riuscivo a dormire e me lo sono letto. Mi sono sentito l'uomo più schifoso del mondo. Tu ci avevi sempre detto di dare a Cristo ogni secondo della vita, e io l'avevo tradito. Nonostante tutto, non ho mai smesso di pregare Maria, ogni notte, in segreto.

– Nah, guarda questo tetto. Ricordi quel campeggio che abbiamo fatto con i seminaristi minori vicino al Santuario di La Vang? Forse eri molto piccolo.

– Come dimenticarlo! Ricordo che eravamo davanti all'immagine di Maria, che era molto bella, e io ti ho detto... – Nah abbassò nuovamente lo sguardo, imbarazzato – che volevo diventare sacerdote come te. E ora sono un rifiuto, e niente più.

– Nah, in quest'istante Dio ha un solo desiderio. Non vedi come apre le braccia? Non può più resistere! Sta desiderando di perdonare quello che hai fatto!

– Zio, desidero chiedergli perdono. In questi mesi non faccio che ricordare uno spettacolo teatrale che avevamo preparato un anno per Pasqua. Io ero Pietro. E in una prova ti ho chiesto perché Gesù aveva perdonato quel traditore. Mi hai detto di non imprecare e che non c'era niente di così orribile che potesse impedire la misericordia di Dio – Nah parlava come una cascata impetuosa. – Ti ricordi il giorno in cui ho rubato alcune tavolette di cioccolata francese che aveva portato il vescovo? Sono corso in lacrime nella tua stanza, per confessarmi. Mi hai insegnato che nel cuore di Dio c'è più dolcezza che in tutto il cioccolato della terra. Me le hai fatte restituire e il giorno dopo mi hai regalato un confetto. Zio, voglio ritornare a credere in questo modo!

– E sei ben incamminato. Il pentimento ci rende più capaci di accogliere l'abbraccio di Dio. Devi solo lasciare che il suo Amore ti raggiunga. Ascolta, facciamo come allora. Posso confessare i tuoi peccati e ricominciamo.

Thuan ascoltò la confessione del ragazzo e fu felice di osservare come il suo volto si distendeva. Alla fine, disse alcune parole con solennità. Poi fece sul suo grembo il segno della croce e gli disse:

– Non posso fare il segno della croce sulla tua fronte perché ci stanno spiando. Ma immagino che qui ci sia la tua fronte, Nah.

– Anch'io facevo così con Ning. Zio, darei qualsiasi cosa perché avessi conosciuto Ning: è la ragazza più bella che ho visto in tutta la mia vita. Mettevo il suo volto sopra le mie ginocchia e le facevo spesso, di nascosto, il segno della croce, chiedendo al Cielo che fosse la mia sposa. Ma non ho saputo amarla. Avevo sempre la sensazione che mancasse qualcosa. Lei mi dava tutto, ma non mi riempiva. La stavo facendo soffrire molto; l'ho lasciata e mi sono preso del tempo per pensare. Zio, spesso mi torturo chiedendomi chi potrà colmare il mio cuore come faceva Gesù.

– Come Gesù, solo Gesù.

– Zio, se non avessi peccato in questo modo, credo che riproverei a essere sacerdote.

– Nah, i sacerdoti non sono quelli che non peccano mai. Solo che, pur nel peccato, hanno udito la chiamata di Dio. Lasciano che la sua misericordia li faccia nuovi per servire altri uomini. Se solo chi è perfetto fosse sacerdote, non ci sarebbero sacerdoti! E anche questo vescovo che hai davanti a te, non potrebbe svolgere la sua missione...

– Ebbene, molte volte ho pensato che Dio continua a chiamarmi; che non sarò mai felice nell'amare qualcuno che non sia lui. Ma adesso non abbiamo né un seminario né sacerdoti, il nostro vescovo va da un luogo all'altro con le mani legate dal Governo. Non abbiamo neppure una chiesa, anche se io so che Meriam nasconde l'eucaristia in casa. E molti vengono a pregare clandestinamente.

Thuan si adagiò per terra, con lo sguardo rivolto al cielo. Guardava le palme ondeggiare e tutto gli sembrava un sogno.

# 60. NUOVA LUCE NEGLI OCCHI

Thuan vide la testa di Chau affacciarsi alla finestra. Questo gesto gli fece capire che poteva destare sospetti, se qualcuno lo stava spiando da un altro punto. Guardò per un secondo il cielo implorando luce. Si alzò in piedi come se stesse indicando una direzione al ragazzo. Mentre gesticolava, parlò con dolcezza.

– Dove lavori?

– Mi sono amputato un dito di proposito. Non sapevo come fare per abbandonare l'esercito. Un giorno, nell'ospedale militare, ho ricevuto una visita. Ti ricordi di Meriam, quella che accudiva l'eremo di El Llano? Mi ha aperto le porte della sua casa. Ma, ferito, nessuno mi vuole ingaggiare. Cerco di assisterla. Di tanto in tanto, raccolgo pezzi di carta vecchia e li vendo al mercato di seconda mano. Meriam è stata la salvezza della mia vita. Ma, zio François, non potevo sopportare di vederla pregare dopo ciò che avevo fatto.

– Ora comincì di nuovo. Dio l'ha già dimenticato. Ascolta, porta molte volte la mano al petto e ripeti: «Il Signore è con me, il Signore è in me». Progressivamente arriverai ad assaporare la gioia di questa presenza. Sei tempio di Dio. Vivi con amore ogni momento presente, ognuno dei tuoi giorni. Sii una lode incessante.

– Voglio lodarlo così. Voglio essere sacerdote – Nah aveva acquistato dominio di sé e sembrava pronto per conquistare il mondo.

Thuan continuava a gesticolare, indicando una montagna lontana e tracciando un itinerario immaginario.

– Faremo così. Ti ricordi della preghiera allo Spirito Santo? La diremo insieme ogni notte, dove ognuno si troverà. Gli chiederemo luce per te e una felicità immensa per Ning. Riferisci a Meriam che abbiamo bisogno del suo aiuto. Ogni giorno dirai con lei il rosario. Dedica anche tu del tempo a parlare con Gesù nell'eucaristia. Chiedigli, come un bambino piccolo chiede un regalo, la grazia di vivere nel suo Amore: quando mangi, quando dormi, quando ti alzi, quando raccogli le carte vecchie, quando guardi le persone, che tu possa essere una presenza del Dio vivo. E affidiamo alla nostra Madre l'incarico di trovare qualcuno che possa aiutarti a ripassare la filosofia e la teologia. Ci prepareremo per quando il Signore vorrà consacrarti a Lui. E se il suo desiderio è che ti sposi con Ning, sarai un buon padre e un meraviglioso catechista!

Gli occhi di Nah avevano recuperato il loro splendore cristallino. Ogni muscolo del suo volto trasmetteva felicità. Le fossette ballavano al ritmo di un sorriso che riappariva ogni secondo.

Ora Van Thuan si abbassò per terra, come se avesse fallito nel dare la spiegazione e cercasse di tracciare l'itinerario sul suolo.

– Nah, figlio mio, non temere di fidarti di Meriam. Lei non ti denuncerà. Non ti spaventare nemmeno davanti alla grandezza della sua anima. Sai che cosa è successo a Venceslao, un re europeo del X secolo? Di notte andava ad adorare Gesù e la sua guardia del corpo spesso si lamentava: «Fa tanto freddo che i miei piedi congelati non mi permettono di camminare». Il re santo gli propose: «Metti i tuoi piedi nelle mie impronte». Così fece, e notò che un soave calore lo avvolgeva. Approfitta della vicinanza di Meriam. Approfitta del fatto che ti apra la strada. Lascia che ti faccia da madre e dalle lo stesso affetto e lo stesso rispetto.

– Zio François, prega per me. Desidero più che mai amare Gesù e servirlo. Farò tutto il possibile per ritornare a raccontarti come vanno le cose. Ti voglio tanto bene. Ti voglio bene come se fossi mio padre.

– Va' in pace e prega anche per me, figlio mio.

Nah si alzò e chinò la testa in segno di riverenza. Prese il suo fagottino e se ne andò, quasi danzando, per la strada del villaggio. Thuan vide cadere una cascata di benedizioni dai tetti curvi della chiesa, e si sentì inondato da una gioia immensa.

# 61. L'AMORE RISORGE ALL'ALBA

Una donna anziana giunse per prima nella canonica. Le mancava il fiato, ma era decisa a compiere la sua missione.

– Soldato Chau, devo parlare con il vescovo Van Thuan. Tra poco arriveranno tutti. E tutti vuol dire proprio tutti. Arrivano "i santi"!

– Glielo dirò. Lei rimanga fuori e che si siedano sull'erba. Con tutto il vespaio che hanno sollevato per poter celebrare la Pasqua, non potevano aver mandato via quegli uccellacci! – Chau non nascose la sua collera.

Con una certa pesantezza, si diresse verso la stanza di Thuan.

– Credo che il tuo Dio ti voglia fare un altro regalo – incalzò, contrariato. – Stanno arrivando tutti, lì fuori. Gli ho detto che avresti potuto parlargli per la Pasqua, ma che non creassero problemi. Abbiamo concordato che si sarebbero seduti dall'altro lato della finestra, nel caso che qualche ufficiale dovesse apparire da queste parti, perché non si sappia che stai predicando – Chau fu sopraffatto, all'improvviso, da una risata compulsiva. – Comunque, che le spie vengano ad ascoltare. Per piacere, cerca di essere prudente.

Thuan sorrise.

– Chi è di turno per la sorveglianza?

– Dunque... Ci saremo Chim e io. Entrambi volevamo assicurarci che non ci siano visite inaspettate ed entrambi – fece un gesto privo di importanza – volevamo ascoltarti.

Thuan si inchinò con affetto verso Chau e si diresse verso la finestra. Fuori c'erano decine di persone sedute sull'erba, come a trascorrere un pomeriggio in campagna con la loro merenda. Si affacciò e salutò con un sorriso. Cominciò a parlare animatamente, come riprendendo una conversazione interrotta pochi minuti prima.

– Nella nostra patria abbiamo un'abitudine bellissima. Al centro delle nostre case custodiamo un altare di famiglia in cui rendiamo grazie alle persone che ci hanno regalato la vita. Scorgo tra di voi bambini e anziani, madri che allattano e padri che ritornano dall'aratura. Evviva Lui per la vostra vita e per quelli che ve l'hanno donata!

Sull'erba regnava un silenzio di tomba. Tutti gli occhi erano fissi sulla finestra. In quegli sguardi palpitavano timore e ansia, aspirazione e afflizione.

– I nostri padri ci hanno trasmesso l'eredità di essere figli di una madre che alimenta la nostra anima. Dove troveremo la speranza, se non in questa nostra madre benedetta? Nessuno potrà obbligarti a rinnegare tua madre, ma ti potranno invece spingere a prendere una strada in direzione opposta. Hai paura, è normale. Eppure, la fede ti dice che, al tuo fianco, cammina colui che è Onnipotente. Che può tutto!

Tra la gente, una donna in lacrime, esclamò:

– Il saggio ha detto che, quando feriranno il pastore, le pecore si disperderanno.

Thuan avrebbe voluto uscire ad abbracciarla. Non potendolo fare, la guardò con affetto e rispose con voce sicura e dolce nello stesso tempo:

– Se un padre promette che sarà con te tutti i giorni, fino alla fine del mondo, non può ingannarsi né ingannarci. Conosci qualcuno che ha vinto la morte? Certamente è un po' strano celebrare oggi la risurrezione quando, di fatto, la sorte che ci aspetta è finire su un patibolo. Ma Lui ha vinto. E vincerà in noi. Non abbiate paura! Vincerà in ognuno di noi!

Gli ascoltatori proruppero in un applauso. Alcuni piangevano. Altri si abbracciarono. Thuan continuò a parlare:

– Nell'impero giapponese, molti secoli fa, ci fu una persecuzione crudele contro una certa religione. Prima cercarono di spegnere la fiamma con il martirio. Poi chiusero l'accesso a tutti i porti per impedire lo sbarco di nuovi predicatori. Per duecento anni, questi popoli rimasero completamente isolati. Quando furono riaperte le frontiere, un missionario incontrò una comunità a Nagasaki. Volle parlargli ma, prima di tutto, gli chiesero: crede in Maria? mantiene un rapporto con il pontefice di Roma? continuano a non sposarsi, i ministri sacri? Rispose di sì. Solo allora gli permisero di parlare, perché si erano assicurati di condividere la stessa fede.

Un uomo altissimo, molto sicuro di sé, si alzò in piedi. Tutti lo guardarono con timore. Al suo fianco una donna prendeva nota.

– Come poterono resistere, se erano perseguitati giorno e notte? Dobbiamo riuscire ad andare avanti, non ci servono le belle storie.

– Sapevano che il Padre era onnipotente, che il Figlio aveva sparso fino alla sua ultima goccia di sangue per salvarli, che lo Spirito operava miracoli in mezzo a loro. Poterono mantenere viva la piccola fiamma di quel falò divino perché erano un cuor solo e un'anima sola, e questo fece sparire i loro dubbi.

Thuan notò che le ultime parole avevano causato un gran sussulto tra gli ascoltatori. Il sole cominciava a nascondersi dietro la sporgenza curva del tempio

– Andate a dividere il pane nelle vostre case. E sappiate che ogni giorno il Cielo ridiscende nuovamente nel vostro villaggio per trasformarsi in pane di vita.

Thuan chinò la testa e, mentre richiudeva la finestra, vide molti di loro che si rialzavano con un sorriso sul volto.

## 62. CHI SORVEGLIA IL SORVEGLIANTE

Il fuoristrada del Ministero dell'interno parcheggiò, slittando, davanti alla porta della canonica. Tu Ha scese in fretta, come se un ordigno fosse in procinto di esplodere. Sulla porta incontrò Chau, che leggeva un foglio.

– Mi piacerebbe proprio sapere perché il mio esercito è pieno di imbecilli. Ti propongo una promozione e tu… sei un idiota!

Chau scattò in piedi.

– Dov'è Van Thuan?

– Oggi gli tocca indottrinamento con l'ufficiale Chim.

– Indottrinamento? Bella coppia di stupidi. Credete che Hanoi sia sulla luna, credete che Tu Ha sia tonto, credete di essere più astuti di tutti. Ma io sono venuto a sapere che Van Thuan suole ricevere visite e che racconta storielle dei suoi viaggi all'estero e dell'amore dei genitori e dei figli. Tu perché sei qui? Per sorvegliare o per inghiottire mosche?

– Signore, in questo villaggio la gente si annoia. Mi sono stancato di avvertirli che si tratta di un sanguinario. Se insistono a parlare con lui, nella peggiore delle ipotesi finiranno morti.

– Come sei sveglio! – Tu Ha si mise le mani in testa. – Quello che vuoi è che tutti vengano contagiati dal cristiano e poi, ammazzarli tutti! E chi li farà sparire senza lasciare traccia? Soldato Chau, devo rientrare per una riunione con il capo del Governo. Avverta l'ufficiale Chim che sono al corrente che il prigioniero ha parlato con alcuni abitanti del villaggio. Vi ricordo che il vostro compito è mantenerlo in vita e isolato.

– Intesi, signore – Chau si mise sull'attenti e lo invitò ad avvicinarsi al fuoristrada. – Vedremo cosa possiamo fare.

L'ufficiale sciorinò due parolacce sottovoce e chiese all'autista di mettere in moto la macchina. All'uscita del villaggio, vide Chim e Van Thuan che camminavano su di un terreno incolto e si addentrò con il veicolo attraverso il campo.

Quando scese dal fuoristrada, in mezzo a un polverone, i due avevano una faccia sorpresa.

– Van Thuan, non ti abbiamo portato qui per intrattenere il popolo. A questo già pensa il Governo della nostra patria. Allora, devi stare senza parlare! hai sentito? Ufficiale Chim, pensavo di potermi fidare di te, pensavo che desiderassi un posto nel Ministero dell'interno ma... si può chiamare, questo, sorvegliare?

– Signore, in questo preciso momento stiamo facendo indottrinamento. Stavo discutendo con il prigioniero di come il nostro Governo vuole combattere la povertà del popolo e perché desidera liberarlo dall'oppressione dei miti religiosi.

– Ottieni che firmi la maledetta confessione e basta. Quanto tempo ancora dobbiamo perdere ad alimentare questo parassita? Ti assicuro che ti ucciderei io stesso se gli imperialisti non fossero così preoccupati per la tua testa! Van Thuan, tu zitto. Ufficiale Chim, spero di non dover ritornare per ricordarti la tua missione.

Tu Ha salì sul fuoristrada e ordinò all'autista di partire.

– Anch'io spero che non debba ritornare – gridò Chim alla nuvola di polvere e al rumore che si allontanava. – Vedi, Thuan? Quello che mi raccontavi dell'amore non serve. Ti ho tradito perché volevo una promozione. Ti ho già chiesto perdono. Ma ora, come vuoi che possa amarlo? Sono molto confuso: se eseguo gli ordini di Tu Ha, sono uno schifoso; se non gli obbedisco, potrebbero mandare un altro peggiore di me. Uno di questi giorni impazzirò. E tu che continui a dirci che ci ami. Davvero ci ami?

– Sì, vi amo sinceramente.

– Ma se sei stato fatto prigioniero senza che nessuno ti abbia giudicato! Siamo ingiusti. Io ho pensato di venderti per un gallone in più.

– Chim, da quanti anni stiamo insieme? Sul serio, sai che ti amo davvero. Guarda, è proprio qui che si misura se sono o no cristiano. Gesù ha amato i suoi nemici, ha perdonato coloro che lo perseguitavano, e ci ha promesso che ci avrebbe dato la forza per fare lo stesso.

– Thuan, ma quando sarai libero, non manderai qualcuno a vendicarsi contro di noi e le nostre famiglie?

– No, questo sì che sarebbe un controsenso – Thuan era inusitatamente serio, come chi confessa una verità molto intima.

– Non capisco perché ci ami nonostante ti teniamo sequestrato. Guarda, ti giuro che non potrei amare quel mostro di Tu Ha!

– Una volta ti ho detto che quest'amore ci è dato in prestito – Thuan ora rideva, mentre cercava di mandar via la polvere tossendo. – Non lo chiamare mostro. Nessuno merita di essere insultato, per quanto indegne siano le sue azioni. Gesù mi ha insegnato a perdonare. Guarda quell'aquila, Chim: potrebbe volare con un peso sulle ali? Il rancore, sebbene sia giusto, ci lega al male, ci impedisce di amare, non ci permette di volare verso la felicità.

Rientrando in casa, trovarono Chau turbato, seduto sulla porta insieme a una coppia. L'uomo era inconfondibile per la sua statura e perché con il suo atteggiamento sembrava dominare il mondo.

– Volevo ringraziarti perché l'altro giorno hai risposto alla mia domanda. Abitiamo qui vicino alla chiesa – la donna assentiva con la testa e osservava ogni cosa, fotografando tutto con gli occhi. – Vi abbiamo portato uno stufato di pollo come segno di buon vicinato.

– Che tu sia benedetta – rispose Thuan chinando la testa.

La coppia si diresse verso casa e Chim e Chau rimasero a guardare la casseruola.

– Proprio un giorno di sorprese – Chim cercava di non ridere. – Pensa, prima arriva il macellaio e poi arriva il pollo nel pentolone.

– In questo Paese finiremo tutti fatti a pezzetti – Chau era ancora triste per gli avvenimenti. – Non so perché non gli hai buttato la minestra in faccia. Sono malvagi. Forse ci hanno persino messo del veleno.

– Perché non gli diamo una seconda opportunità? Chissà in che cosa si convertiranno se abbiamo fiducia in loro...

Chau esplose.

– È una pazzia avere a che fare con gente malvagia! Sei completamente pazzo, Thuan! O sei imbecille! Perdoni sempre, ami sempre... Se sei così, chi ti libererà? Mangiatelo voi quello stufato, che io vado a mangiare delle focacce di mais – con passi rapidi, Chau uscì in strada e si sedette sotto un albero.

Chim scrollò le spalle.

– Nemmeno io ho voglia di assaggiarlo, Thuan. Be', forse ha ragione. Direi di più: per l'autorità che mi è stata conferita, – Chim parlò con una falsa solennità, – ti proibisco di assaggiarlo. Se dovessi morire, ci ucciderebbero. Il mio compito è che tu viva, e adempirò il mio dovere.

Chim fece un fischio a Chau e lanciò lo stufato per aria, rovesciandolo su di un rigagnolo d'acqua che passava vicino alla porta. Chau si alzò e cominciò ad applaudire in modo compulsivo. Thuan rimase con le mani aperte, in segno di dispiacere, mentre scuoteva il capo disapprovando.

Da dietro la finestra della canonica, due spie guardavano la scena stupefatte.

## 63. MINESTRA CON SAPORE DI REGALO

Chau e Thuan stavano approfittando di quel tiepido pomeriggio per concimare un'aiuola di fiori che avevano piantato all'ingresso della canonica. Quando versarono un cesto di escrementi di bue, l'aria fu invasa da odore di letame, e il cuore di Thuan si trasferì improvvisamente al campo di rieducazione. Una tristezza insopportabile lo attanagliò, in contrasto con l'esuberanza dei verdi e dei gialli che ravvivavano il paesaggio.

– Thuan, non so cosa ne sarà di noi, ma mi sto abituando a vivere in questo villaggio – Chau si rese conto che il viso di Thuan si era trasfigurato per l'angoscia, e decise di farlo uscire dal suo raccoglimento. – Ricordo il giorno in cui siamo arrivati, quattro anni fa. Tutti ci guardavano con odio. Morivo dalla paura. Chim dubitava molto più di me. Adesso tutti quanti hanno recuperato la gioia. Abbiamo ottenuto che Tu Ha non abbia voglia di venire. Mi sembra addirittura che anche questi "santi" comincino a vacillare. Chi ti avrebbe detto mai che saresti diventato il pastore di un paesino! Con il potere che avete voi vescovi!

– Chau, ricordo il giorno in cui sono stato ordinato sacerdote. Tutta la mia illusione era quella di essere un curato di paese. In Francia c'era un santo che viveva in un luogo abbandonato e che, tuttavia, ha rivoluzionato il mondo. Desideravo solo essere come lui!

– Mi domando sempre cosa sarà per te la Rivoluzione.

– Ebbene, riuscire a far sì che ogni cuore si rivoluzioni, si rinnovi, per poi cambiare il mondo. Come questi fiori, guarda: stanno per sbocciare... La verità, Chau, è che sono fortunato. La mia missione è un regalo del Cielo. E la posso compiere sia in un palazzo episcopale che in una prigione.

– Vediamo se ce ne andiamo presto e così ritorni al tuo palazzo e mi inviti a un banchetto – Chau rideva di gusto.

– Sai cosa mi ha detto mia madre il giorno che mi hanno nominato vescovo?

– Sarà stata molto orgogliosa. Le madri, si sa...

– Si fece seria e, guardandomi negli occhi, mi sussurrò: «La Chiesa ti ha onorato dandoti una missione più importante, ma come persona, che ciò non ti cambi: continua a essere un sacerdote, e questa è la cosa più importante che devi ricordare». Così, per il momento, vediamo se domani celebriamo questo vescovo adolescente – anche Thuan sorrise.

– Eh? Un che?

– Saranno quindici anni che il papa mi ha dato questo compito. Lo sai... "il capo, questo qua, del Vaticano" ha organizzato il complotto... – Thuan imitò alla perfezione il penetrante stridio degli interrogatori.

– Ah... – Chau fingeva di non dargli troppa importanza – Senti, ma credi che quel venditore di carte diventerà vescovo?

– Dio mio, questa spia è proprio tremenda! Sai anche questo?

– Ha la tua stessa luce negli occhi. Ogni volta che lo vedo arrivare penso da quanti giorni cammina per venire a prendere il suo alimento spirituale. Mi sembra di assistere a un avvenimento divino. C'è qualcosa di magico in voi – Chau fissò Thuan con occhi assetati. – Caspita, abbiamo visite!

Lungo la strada camminavano "i santi" per una riunione con Thuan che era ormai abituale da un anno e mezzo. Dietro di loro, un'anziana avanzava barcollando con una pentola fra le mani. Chau si alzò, lasciò la zappa e uscì correndo verso di lei. Thuan tentò di fare lo stesso, ma il giovane arrivò per primo.

– Padre, le ho portato questa zuppa. La vedo sempre più magro – l'anziana sollevò il coperchio della pentola. Simultaneamente, dalla sua faccia appassita caddero a cascata due fili di moccio che si versarono dentro.

– Venga e si sieda un momento con noi – Thuan pulì il naso all'anziana col bordo della sua camicia e cercò di farle da bastone per camminare. Con la testa, fece un inchino, invitando "i santi" a unirsi a loro.

Chau gli andava dietro con la pentola, cercando di non vomitare.

Seduti su tronchi d'albero, tutti videro il sole nascondersi dietro l'orizzonte. L'anziana, dopo essersi pulita di nuovo il naso con la manica, prese dal grembiule un cucchiaio di legno.

– Deve mangiare subito la zuppa, padre Thuan, altrimenti il pollo perderà la sostanza e lei continuerà a essere magro.

"I santi" e Chau si guardarono con la faccia seria. Ma Thuan non sembrava vederli.

– Ti ringrazio, Padre, per l'alimento che mi regali e per la tenerezza di questa anziana, che mi dà da mangiare quello che si toglie dalla bocca; da' il tuo pane a coloro che hanno fame e fame di te a quelli che hanno pane.

Thuan bevve la zuppa con gli occhi socchiusi. La donna si trasformò in un sorriso immenso, piena di rughe luccicanti. Quando Thuan inghiottì l'ultima cucchiaiata, si alzò, posò un bacio sulla sua fronte e andò a lavare la pentola. Tornò e gliela ridiede.

– Mi piace il coriandolo nella zuppa. Anche mia madre lo utilizzava. Che Dio ti benedica per questo regalo. Vuoi che ti accompagni a casa?

Chau si era già messo in posizione di bastone. Né lui né “i santi” avevano osato fare una smorfia né dire una parola.

## 64. RITORNO A CASA

Mentre Chau e l'anziana percorrevano il breve sentiero verso la casa della donna, Thuan parlò alla coppia.

– L'altro giorno mi avete fatto una proposta. L'ho meditata nel profondo del mio cuore.

Nel volto della spia brillò una speranza. Si tirò indietro la lunga chioma corvina e le pupille gli si dilatarono per ricevere, con avidità, la risposta di Thuan.

– Senti. Un albero al quale si tolgono le radici è condannato a morte. Capisco le vostre spiegazioni. Potrà anche essere necessario cooperare con il Governo per salvare il popolo dalla persecuzione. Ma pensate a Pietro. Era in carcere mentre la comunità pregava incessantemente per lui. Non era solo, dietro a quei muri. A me succede la stessa cosa. E non voglio diventare una cellula isolata.

– Sii ragionevole. Prima di tutto siamo vietnamiti. Tu sei un patriota, pensa al tuo Paese – la spia accompagnava le parole con gesti enfatici.

– Ma io credo in una Chiesa che abbraccia il mondo intero. Sì, sono vietnamita; tuttavia, proprio per questo voglio che sia Dio a regnare nella mia patria e non che la mia patria diventi dio. Voi e noi passeremo. Dio rimarrà in eterno.

– Te l'ho detto l'altro giorno. Quest'uomo non è anticomunista; è pro-libertà e basta – la donna guardava con timore suo marito mentre si pettinava i capelli con le mani. – Siamo in un vicolo cieco. Non lo convinceremo. Sono mesi che prendiamo in giro il Governo con false relazioni. Però tu e io non potremo cambiare. Siamo scomunicati. Lui è capace di mangiarsi una zuppa di moccio. Tu e io siamo dei traditori e nessuno ci riaccetterà, anche se cambiamo.

– Dio perdona sempre – le parole di Thuan risuonavano come il campanone della cattedrale.

– Noi no. Abbiamo tradito la Chiesa, che ci ha espulso per questo tradimento. Il peggio è che questo è giusto. Abbiamo denunciato la nostra comunità. Pensavamo che fosse la cosa migliore, ma ci siamo sbagliati: noi stessi ci siamo chiusi le porte della Chiesa per sempre.

– Ma sei pentita? – Thuan guardò la donna con dolcezza.
– Sei pentita? – lo stesso sguardo penetrò lo spirito della spia.

L'uomo crollò.

– Padre, molti della rete di spionaggio sono nauseati dal Governo. Passano gli anni e non abbiamo ottenuto la ricompensa che ci aspettavamo. Per quanto ci sforziamo, c'è sempre gente che prega nella sua casa, che vive la fede alle nostre spalle. Ci ammazziamo spiando. A che pro? Ne arrestano uno e questo fortifica gli altri. Arresteranno tutto il Paese? Questa cosa non ha nessun futuro. Lottiamo per Dio o contro Dio? Perché Dio non lo vinceremo. Guarda questo villaggio: da quando sei arrivato le facce sono cambiate, la paura è sparita, è come se un cadavere fosse resuscitato. Molti ritornano alla Chiesa, anche a rischio di essere imprigionati; altri chiedono un battesimo che può diventare un martirio. Ricevi visite clandestine da tutto il Paese, le tue guardie ci lasciano partecipare alla tua messa, e come sei riuscito a corromperli? Solo con amore. Che ne sarà di noi? Tutti ci odiano. Non possiamo alimentarci dell'Eucaristia. Viviamo tormentati dalla diffidenza dei nostri vicini. La pressione del Governo aumenta ogni giorno.

– Non ce la faccio più. Voglio morire – la donna cominciò a piangere, coprendosi il viso con i capelli.

– Un momento, calma per favore! – Thuan parlava con molta austerità. – Non tutto è perduto. Dio vi può perdonare. Vi racconto un segreto: avete un sacerdote in arresto nel vostro villaggio – Thuan sorrise e riuscì a farli ridere.

– Ma... Ti ripeto che siamo scomunicati – sul volto della spia la risata si dileguò in una smorfia di angoscia.

– Per fortuna qui ci sono spie molto efficaci – Thuan rise di nuovo. – Se siete pentiti davvero, cercheremo il modo di metterci in contatto con il cardinale di Hanoi affinché vi revochi la scomunica.

– È completamente sorvegliato, a meno che non gli invii un piccione viaggiatore e che gli parli in latino. Inoltre, se fai questo con noi, temo che molti vorranno fare la stessa cosa e si organizzerà un pellegrinaggio di spie qui – la donna continuava a singhiozzare.

– Ebbene, allora, Dio sia benedetto! Si dovrà vedere chi informa dell'informazione della spia che spia – Thuan non la smetteva di ridere.

– Comunque, nessuno ci riammetterà nella comunità – l'uomo dubitava ancora se fare il primo passo verso l'abisso.

– Dovremo avere pazienza. Ci vogliono pochi secondi per distruggere un'opera d'arte e anni per crearla. Avete raso al suolo la fiducia della vostra gente. Ma il vostro amore paziente riuscirà a ripristinarla. Vi siete sbagliati e, cionononostante, avete molto da donare ai vostri fratelli. Tornerete al primo amore: vi prenderete cura dei malati, aiuterete i poveri, orienterete le spie pentite, farete catechismo ai bambini... Potrete trasformare la vita del villaggio in una scuola di approfondimento spirituale.

– Ma, come faremo? – la donna si asciugò le lacrime, mettendosi in ginocchio.

– Desideravate ardentemente fare una Rivoluzione, rinnovare il mondo, ma questa nobile missione si può portare a termine solamente con il potere dello Spirito di Dio. Ogni giorno, lì dove sarete, impegnatevi a perseguire lo sviluppo e la prosperità della nostra gente, ma lasciandole abbracciare in piena libertà i suoi principi più profondi. La vostra Rivoluzione si realizzerà cominciando dall'amore verso tutti. Guardate: non avete figli, ma siete circondati da orfani. Oggi entrate in una nuova vita. Date vita! Unite dove avete separato. Questo può essere il vostro compito semplice e concreto.

Quando Chau tornò, si ritrovò un uomo altissimo inginocchiato al fianco di Thuan, come per raccontargli un segreto. Dal suo viso cadevano grosse lacrime. Non osò avvicinarsi oltre. Tornò sui suoi passi e si avvicinò alla casa di Chim. Un'idea gli girava per la testa, con insistenza. E aveva bisogno di metterla in pratica.

## 65. ABBRACCI PER L'ANNIVERSARIO

Non si scorgeva ancora il bagliore dell'alba, quando Thuan si inginocchiò sul freddo pavimento della canonica. Desiderava celebrare la sua liturgia all'alba e oggi avrebbe avuto come invitati "i santi". Cercò di non far rumore per non svegliare Chau. Ma una voce persistente avvolgeva quel mattino. Sotto la sua porta, come per magia, scivolò un pezzo di carta.

*«Il popolo aspetta in chiesa. Buon anniversario, vescovo!»*.

Thuan si mise la camicia e si diresse verso le macerie della Chiesa.

Dentro trovò una folla. Non fece in tempo ad attraversare la soglia: vide "i santi" inginocchiati nell'angolo estremo dell'ultimo banco. Chau e Chim erano ai lati della porta, sorridenti.

– Faremo la guardia fuori. Ma a quest'ora non ci sono capi svegli! – Chim fece l'occhiolino a Thuan. – Inoltre abbiamo due uomini all'entrata del villaggio e un albero gettato in mezzo alla strada.

– E se tutto andasse a rotoli, esci da quel buco – Chau indicò con la mano un rudere demolito nell'abside – e Chim comincerà a fingere di fare indottrinamento con la collettività.

Chau sbadigliò.

Thuan si avvicinò lentamente all'altare. Lo baciò e vide che sulla vecchia pietra avevano disposto un lenzuolo ricamato, pulito e profumato. Fiori silvestri decoravano il tavolo sacro. Cominciò a recitare le preghiere lentamente, commosso. Dopo aver proclamato il Vangelo, si raccolse alcuni secondi in preghiera. Il cuore gli scoppiava di gioia.

– Fratelli, oggi, quindici anni fa, Gesù mi ha chiamato a essere vescovo. Sono ventinove anni da quando ho cominciato a servirLo come sacerdote. E cinquantaquattro da quando mia madre mi ha portato alla fonte battesimale per farmi diventare figlio di Dio. Vi ringrazio, con tutta l'anima, perché mi accompagnate nel rendere grazia a Dio. Vi chiedo di pregare per me. Il tabernacolo più bello, lo scrigno più brillante, il tempio più maestoso è il sacerdote. Possono abbattere tutte le chiese del mondo, però se sopravvive un sacerdote, si celebrerà l'eucaristia e Cristo rinascerà fisicamente presente.

Thuan chiuse gli occhi e tornò a raccogliersi nel suo intimo. In lontananza si udivano appena dei galli e il pianto tenue di un neonato che stava poppando. Guardando verso le finestre demolite della chiesa, fece un segno con il dito.

– Guardate i nostri campi. Senza sole, i semi non germogliano. Abbiamo bisogno di rivolgerci al sole della giustizia, l'unica luce che non si spegne. Senza l'eucaristia la nostra vita spirituale non cresce. Oggi Dio ci dona di poter ricevere il suo corpo. Oggi tutti voi avete rischiato per venire fin qui. Benedico Dio per questo. Forse domani non avrete un ministro sacro, ma perfino se sterminassero tutti i sacerdoti, dove due o tre si riuniscono in nome del Signore, Lui ha promesso di farsi presente. Anche allora, dalla solitudine del deserto, dall'oscurità della persecuzione o in carcere, rivolgiti sempre verso tutti quegli altari del mondo dove Cristo si offre in sacrificio, e accoglilo così nel tuo cuore! La tua anima traboccherà di coraggio e di consolazione.

A Thuan andò via un po' la voce per l'emozione.

– Oggi siete usciti di notte dalle vostre case. Non avete inciampato perché vi guidava un astro immenso che brilla nell'oscurità. La Chiesa è come questa luna. Di notte brilla non di luce propria, bensì di luce riflessa: quella del sole, che è Cristo. Quanto più si lascia baciare dai suoi raggi, tanto più la Chiesa illumina la notte del cuore umano e le tenebre della storia. La preghiera, specialmente la santa messa, è il posto in cui ci lasciamo inondare dalla luce del sole, Cristo, per essere capaci di vivere la comunione e di annunciare il Vangelo.

Thuan fece un'altra pausa. Guardò i volti della gente. Tutti avevano gli occhi inchiodati a lui. Molti piangevano. Altri si erano prostrati per terra.

– Da dove trarremo la forza per sfidare le leggi dell'oppressione, per mantenere unite le nostre famiglie, per amare con un amore che perdona l'ingiustizia? Ce la faremo solo se viviamo il testamento dell'amore di Gesù: «Che tutti siano uno». Vi supplico: rimanete uniti attorno a Gesù. La divisione interna dei figli della Chiesa fa più male del male che viene dal di fuori.

Thuan sottolineò le ultime parole con un gesto iperbolico per evitare che nessuno girasse il viso verso "i santi" che continuavano a stare inginocchiati in fondo alla chiesa.

– «Padre, siamo in tempi di persecuzione», mi direte. Lo so, figli miei, vi parla un vescovo detenuto. So anche che la forza è un grande argomento, ma non è l'unico! Guardate, forse prima eravamo cattolici della domenica. Forse altri vivevano come sacerdoti di mestiere. Oggi, il nostro Dio muore nuovamente per noi sull'altare e ci ricorda il suo abbandono assoluto. E ci domanda: «Anche tu vuoi andartene?». Desidero rispondergli insieme a voi: «Ma dove andremo, Signore? Solo tu hai parole di vita eterna».

Thuan si raccolse per alcuni secondi, come cercando qualcosa in fondo al suo cuore.

– In un Paese lontano, mi raccontarono una storia della Rivoluzione. Un sacerdote, mentre saliva verso il patibolo per ricevere il martirio, cominciò a cantare la preghiera iniziale della messa – Thuan canticchiò – *Introibo ad altare Dei*. Cantava «Salirò verso l'altare di Dio», come per la celebrazione in cui il suo sangue si sarebbe mescolato con quello di Dio, sacerdote e vittima. Ogni volta che distribuirò il tuo corpo, o mio Cristo, pensa che sto distribuendo anche la mia vita intera, il mio tempo, le mie forze, i miei talenti, i miei beni. Desidero condividere la mia carne e il mio sangue con il tuo, come alimento per ogni uomo senza distinzione alcuna. Questo è il potere di un vescovo, la maggiore grandezza di un sacerdote.

Thuan sorrise, ricordandosi di qualcosa.

– Quando mi hanno nominato vescovo, un amico francese mi scrisse una lettera per avvertirmi che sarei rimasto senza amici perché nessuno avrebbe osato dirmi la verità (per non offendermi) e anche perché mi sarei abituato a una vita di feste e ricevimenti. Oggi sono qui con voi, figli miei, sul punto di celebrare il più grande banchetto. E ringrazio Dio per averci convocato. Lo ringrazio con tutto il mio cuore, perché voi siete il mio regalo di compleanno.

Tutti applaudirono. Thuan chinò il capo, e con le mani giunte continuò, quasi sussurrando:

– In questo tempo di incertezza, possiamo domandarci dove sia Dio. Oggi voi siete la risposta a questa domanda.

Gesù si trova dove gli uomini soffrono e sperano. In piccoli villaggi, come questo in cui viviamo, apparentemente al margine della Storia, come era Nazareth quando Dio ha inviato l'angelo a Maria. Qui oggi si compie la promessa di Dio. Qui oggi celebriamo la sua vittoria. Anch'io desidero farvi un regalo. Non so per quanto tempo Dio vorrà tenermi fra di voi.

Thuan sentì che lo sguardo gli si offuscava. Un ricordo di sua madre era appena rinato nella sua memoria.

– Quando ero bambino, mia madre mi diceva: «Santa Teresina era saggia, perché pregava così: "Tu sai, o Signore, che per amarti su questa terra non ho che oggi"». Vivendo bene il presente, avverrà come diceva Paolo: «Cristo vive in me, e in Lui tutto è possibile». Non è facile compiacere sempre Dio, sorridere e perdonare tutti. Però se siamo amore nel presente, affermiamo con la nostra vita che Dio può vincere il male. I doveri di ogni istante nascondono, sotto le loro oscure apparenze, la chiamata dell'Amore. Sono come il sacramento del momento presente. A ogni minuto voglio dire: «Gesù, ti amo, la mia speranza è una nuova ed eterna alleanza con te».

Thuan parlava con autorità e, allo stesso tempo, le sue parole risuonavano come una melodia festiva.

– Sapete? Poche settimane dopo essere stato ordinato sacerdote ho preso una tubercolosi mortale. Mi hanno mandato da un ospedale all'altro, il mio polmone destro aveva bisogno di un'operazione urgente. Prima di portarmi in sala operatoria, hanno fatto una nuova radiografia. E... sorpresa! Il mio polmone era completamente pulito. Non ho mai dubitato di chi mi avesse regalato quel miracolo. La Vergine ha voluto curarmi un 8 dicembre, festa della Sua Immacolata Concezione. Da allora, sempre le recito la preghiera che mi ha insegnato mia madre da bambino: «Ricordati che mai si è sentito dire che hai ignorato chi si rivolge alla tua protezione». La dico sempre prima dell'offertorio e prima della comunione. Oggi pregherò per ognuno di voi. Nella persecuzione, Maria è il nostro Vangelo vivo. Questo Vangelo potrete portarlo sempre con voi, nasconderlo nel vostro cuore. Che Lei ci aiuti a entrare nel Cielo. Durante questa eucaristia e nella vita eterna! Amen.

Dopo la messa festiva, il villaggio intero condivise un po' di brodo e focacce di mais in una stanza diroccata della canonica. Thuan benediceva i bambini e scherzava con loro. I parrocchiani improvvisati gli davano abbracci di giubilo. Quella festa in piena alba era un vero spettacolo. Quando finì di sorgere il sole, tutti erano al loro posto di lavoro.

Chau aveva un sonno terribile, ma si sentiva ricolmo di gioia per l'organizzazione della sorpresa. Cercò di andare a dormire un po', ma prima passò dalla stanza di Thuan. Lo trovò completamente immerso nella scrittura.

– Thuan, sono appena le cinque del mattino. Ho bisogno di dormire un po'. Vado a stendermi accanto alla porta. Che non ti venga in mente di uscire, per favore.

Lo scrittore si alzò quasi d'un balzo, si avvicinò allo stipite e lo abbracciò.

– Sei un soldato birbone, Chau, non ti posso raccontare un segreto!

– Non tutti i giorni ci si trova a sorvegliare un vescovo adolescente! – Chau sorrise. – Senti, anch'io ho un segreto. Ogni volta di più penso che sto diventando pazzo. Ho quasi paura di dirlo. È che… vorrei credere in questo tuo Dio.

– Tranquillo. Anche se tu non credessi in Dio, Lui crede in te – Thuan lo riabbracciò. – Va' a dormire, dopo parliamo.

Prometto di non uscire da qui né di parlare... neanche con la finestra.

Chau se ne andò, lasciando dietro di sé una risata. Thuan tornò a sedersi a scrivere, mentre si sentiva ubriaco di felicità.

## 66. IL VOLTO DELLA SPERANZA

Nonostante una cascata d'acqua cadesse dal cielo, "i santi" procedettero lungo la via della canonica con passo deciso. Salutarono Chau e bussarono alla porta della stanza di Thuan.

– *Habemus papam*! – gridarono in coro.

Thuan aprì la porta e li abbracciò.

– Figli miei, entrate! Raccontatemi, subito.

– Ci hai detto che dovevamo fidarci – l'uomo era emozionatissimo. – Quando ti abbiamo raccontato che era morto Paolo VI e ci hai spiegato, piangendo, il suo testamento spirituale; quando improvvisamente è morto Giovanni Paolo I e ti dicevamo che Dio si era dimenticato della sua Chiesa. Ahimè, scusa, avevi detto di non ripetere mai più una cosa simile – l'uomo si portò la mano alla bocca.

– Hanno eletto papa un comunista! – la donna non riusciva a trattenere la sorpresa e saltellava. Thuan guardò assolutamente stupefatto.

– È un polacco! – l'uomo trasse fuori dalla tasca un ritaglio di carta nel quale aveva scarabocchiato qualcosa. – «Woitijua».

– Karol! Karol Wojtyla!

– Sì, lui! Lo conosci?

– Eravamo entrambi a Roma quando eravamo studenti. Thuan si inginocchiò. "I santi" fecero lo stesso.

– Preghiamo per lui. Preghiamo affinché Maria protegga e guidi la sua missione – Thuan unì le mani e si addentrò nel profondo della sua intimità.

Dopo un po', la donna parlò:

– Temo che la notizia non sia piaciuta al Governo. L'elezione è avvenuta due giorni fa. Quando finalmente l'hanno detto alla radio, l'hanno presentato come un sindacalista sovversivo che ha sfidato il Regime polacco. Se c'è paura, forse è perché il Regime sa che i suoi giorni sono contati.

– Padre François, però... mentre la rete di spionaggio non ci trasmette buone notizie, – l'uomo interruppe la moglie, – continuiamo a rafforzare gli aiuti ai rifugiati del Sud. Siamo riusciti a riattivare la maggior parte delle cellule di Caritas. Nonostante ciò la gente è disperata. Facciamo in modo che abbiano cibo e un lavoro, ma la pressione della polizia li spinge a prendere il mare su pescherecci. I pirati li saccheggiano, violentano le donne... Ne affogano sempre di più nel mar della Cina – la spia non riuscì a proseguire perché un nodo le tagliò il respiro.

– Forse potremmo tentare una via per l'esilio – a Thuan tremò la voce nel dire questa parola – dalla frontiera della Cambogia.

– Padre, – anche la donna era molto afflitta, – la Cambogia è capitolata sotto il potere della Cina. E sono sul punto di dichiararci la guerra. Sai come diventa il cielo un attimo prima che scoppino i monsoni? Temo che rivedremo piovere sangue. Muoio dalla paura.

– Dobbiamo pregare affinché questa guerra non scoppi – Thuan era pallidissimo. Mise la mano sotto la camicia, estrasse la catenina metallica con la croce di legno e la baciò. – Signore, fino a quando permetterai la sofferenza del tuo popolo?

Chau sporse la testa dalla porta.

– Scusate l'interruzione. Abbiamo una visita a sorpresa. – Istintivamente Thuan nascose la croce e si gettò una coperta sulle spalle. Con lo stesso riflesso, "i santi" tirarono fuori un libro verde e un quaderno di appunti, come se stessero interrogando Thuan.

Quando comparve Nah sulla porta con un sorriso scintillante, tutti scoppiarono a ridere.

Il ragazzo era arrivato gocciolando e i capelli gli cadevano come frange sul viso.

– Abbiamo un nuovo papa! – gridò, abbracciando Thuan. Lo lasciò completamente inzuppato. – E vi porto due buone notizie!

Thuan si alzò e versò dell'acqua nella sua tazza di latta.

– Bevi e riposa un po' – avvicinò la bevanda a Nah e si rivolse a Chau. – Avresti indumenti asciutti da prestargli, per favore?

Ma Nah era euforico.

– Fratelli! – in questo grande abbraccio mise dentro "i santi" come se fossero i salumi di un panino. – Ho qui la lettera del cardinal Can nella quale si conferma la revoca della scomunica a tutte le spie pentite! Ho cercato di non bagnarla; spero di esserci riuscito…

Nah aprì il suo sacco con infinita attenzione. Dentro una scatola di cartone pressato c'era uno straccio. Dentro lo straccio un pezzo di plastica vecchia. Dentro la plastica, un rotolo di carta del giornale ufficiale. E dentro, un foglio sottile arrotolato.

Thuan prese il pezzo di carta, lo baciò con cura e si fuse in un abbraccio con i pentiti. Poi fece il segno della croce sulla fronte di Nah.

– Sì, padre, hai indovinato – il ragazzo gli prese il foglio, lo srotolò e lasciò che, da dentro, cadesse un altro foglio di carta. – Hai il permesso di ordinarmi sacerdote!

Thuan abbracciò con orgoglio il suo figlio spirituale.

– Non conosciamo né il giorno né l'ora – dichiarò con voce birichina. – Questa sera stessa faremo la cerimonia. Chi lo sa quanto tempo ci rimane qui!

– Speriamo molto, a te – sospirò l'uomo.

– Temo che il Governo si stia rendendo conto che qualcosa non funziona nella rete di spionaggio – lo interruppe la moglie. – Tutti stiamo tentando di mantenere le apparenze, ma non è ormai rimasto quasi più nessuno che dica la verità. Abbiamo saputo che la stessa polizia segreta che è venuta qui a intimidirci è andata a visitare tutte le province.

– Zio François, il cardinal Can mi ha detto di dirti che gli riporti indietro i due libri che stai scrivendo. Ti manca molto per terminarli?

Thuan si alzò e andò verso l'armadio. Baciò l'immagine della Vergine e, dal suo grembo, prese due pacchi di carta.

– Sono pronti. Ma si dovrebbe capire come nasconderli. Se la polizia ti dà l'altolà e ti ispezionano, possono arrestarti. E abbiamo bisogno di sacerdoti!

– Una volta ero un traditore. Lascia che me la cavi da solo: riuscirò a mimetizzarli e a portarli. Solo una domanda: hai numerato le pagine? Ho lasciato sulla porta, ad asciugarsi, montagne di calendari vecchi per mescolare tutto.

Thuan lo guardò con affetto e mise nelle sue mani i due manoscritti.

– Sì, sono numerati. Figlio mio, aspettami in chiesa. Tu e io passeremo la giornata pregando insieme per poter celebrare l'eucaristia di consacrazione stanotte. Avrò bisogno di molto aiuto da Dio affinché questa memoria ossidata ricordi…

– Zio François, non preoccuparti – Nah tirò fuori un altro mucchio di carte. – Meriam aveva nascosto i libri sacri. Quando abbiamo ricevuto il messaggio clandestino e ho visto la lettera del cardinale mi sono messo a copiare la cerimonia di consacrazione sacerdotale. Non è tanto. Inoltre, ho pensato che se mi avessero beccato in un controllo non avrebbero capito il latino – Nah si rimboccò i pantaloni e si slacciò una corda dal polpaccio, da dove caddero dei fogli di giornali vecchi con i margini scarabocchiati. – Qui c'è tutto. Spero che tu capisca la mia calligrafia.

Thuan si alzò e abbracciò il ragazzo.

– Prendi, questo è per te.

Nah allungò la mano e ricevette una croce formata da due rametti legati con un po' di spago nell'intersezione.

– L'hai fatta tu?

– Sì! Chau mi ha insegnato a essere falegname nel campo di concentramento.

La guardia diventò rossa in viso quando tutti rivolsero lo sguardo verso di lui.

– Grazie! Non dimenticherò mai questo regalo!

– Il regalo è quello che mi farai tu – negli occhi di Thuan volteggiavano scintille di luce.

– Non ho portato nulla – Nah rivolse gli occhi al suolo.

– Ma fra poche ore mi confesserai!

Nah retrocedette di vari passi.

– Sei pazzo? Come potrò io confessare… te!?

– Ebbene, tu no – Thuan sorrise. – Mi confesserà Dio

per mezzo di un sacerdote, che sarai tu. Sono tanti anni che desidero questo momento!

Le facce di quelli che ascoltavano sembravano narrare un poema sullo stupore.

– Potreste incaricarvi voi della sorveglianza? Credo che mezzanotte sia un buon momento. La puoi organizzare tu, per favore, Chau? Mi fido di voi.

Ogni volta che udivano questa frase, "i santi" sentivano che il cuore gli usciva dal petto. Thuan cominciò a preparare la sua anima per assistere a un altro assalto al Cielo.

# 67. NEL MEZZO DELLA NOTTE

Il cambiamento di stagione aveva inciso sullo stato d'animo di Chau. Da giorni era malinconico e svogliato. Anche se era ancora metà pomeriggio, il sole si era già nascosto e un vento freddo preannunciava l'arrivo dell'inverno. Pietrificato sulla porta d'ingresso, guardava volare i mulinelli di foglie morte quando arrivò Thuan.

– La invito a *cenaree, compagno* – suggerì, imitando perfettamente l'accento russo. Portava un cesto con un panno ricolmo di riso e datteri.

– Ha veramente un aspetto eccellente, ma non ne ho voglia, grazie. A proposito: mi ha detto Chim che verrà a parlare con noi all'ora di cena.

Come se avesse ricevuto delle minacce, Chim uscì di casa e si inoltrò per il sentiero, scalciando il fogliame.

– *Compagno* Chim, il *compagno* Chau non *cceena*. La invito a *cenaree* al mio banchetto.

– Oggi non si scherza, Thuan. Sono infuriato. Tu Ha ci ha mandato un ultimatum. Non so cosa vuole questa volpe. Detesto i ricatti. Odio questo sistema di pressione costante. Già te l'ho detto altre volte: se non fosse per te, lascerei l'esercito.

– Ricorda che siamo in due – Chau finse di stringergli la mano.

– *Grazzzie* di avere cura della mia *gooola, compagni.*

Non poterono evitare di scoppiare in una sonora risata come in duetto.

– Thuan, è una cosa seria – Chim si rimise in sesto. – Tu Ha non scherza. Non so se sia in pericolo la tua gola, quella di tutti e tre o di tutto il Paese. Gli ho proposto di liberarti, così gli daresti meno problemi. Mi ha risposto che avrei avuto una settimana di tempo per trovare un motivo valido per denunciarti. Domani scade il termine.

Thuan rimase pensieroso.

Chau guardava il cielo, senza stelle, angosciatissimo.

Chim lanciò un urlo.

– Ascolta, lasciamolo perdere! Non dormo da varie notti, ma sono sicuro che oggi succederà qualcosa. Nel caso venga domani mattina, andate subito a riposare. Ho avvisato che nessuno si presenti qui domani all'alba, per la tua messa. Vieni, coricati. Chau, vieni un attimo a casa mia per pensare insieme. Altrimenti, finirò a chiacchierare con una bottiglia.

Thuan raccolse gli avanzi della cena e chinò la testa alle sue guardie. Entrò in casa e andò nella sua stanza. Mentre si inginocchiava, sentì che un'inquietudine lo opprimeva. A tutta velocità gli passarono per la mente tanti volti. Lo angosciava pensare quanta gente stesse rischiando la propria testa. Queste guardie potevano subire rappresaglie per il fatto di essere suoi amici. Cominciò a pregare per ogni volto che irrompeva nella sua mente. Senza rendersene conto, cadde vinto dal sonno. Con il viso sul letto, continuava a stare in ginocchio.

A un certo punto notò che delle mani lo afferravano alle spalle.

– Alzati, Van Thuan! Non fare rumore o ti do un pugno.

In mezzo al sopore, il prigioniero non sapeva se fosse un incubo, un altro sequestro o un brutto scherzo. Scartò subito l'ultima ipotesi, perché quella voce era molto più rauca di quella di Chim.

– Non hai sentito? Muoviti! Non abbiamo tutta la notte!

Convinto che l'incubo fosse troppo reale, Thuan cercò di mettersi in piedi. Tastò un poco con le mani nell'oscurità.

– Che fai, imbecille?

– Ho bisogno di prendere la medicina per lo stomaco – Thuan cercava di avanzare verso l'armadio. L'angolo di legno si ficcò in un ginocchio e avrebbe voluto gridare, ma affogò il lamento contraendo il volto. Riuscì a intravvedere la bottiglia, la saponetta e alcuni pezzi di carta.

All'uscita della canonica c'era un furgoncino in moto. I due soldati lo spinsero dentro come un sacco. Thuan vide che dalla casa di Chim uscivano due guardie armate.

– Non sparate! – gridò nel bel mezzo della notte. – Vengono a prendermi – per un momento, Thuan temette che si stesse organizzando un'imboscata fatale.

Un uomo ricoperto di decorazioni, affiancato da un giovane soldato, si avvicinò a passo deciso.

– Compagno Chim, sono il generale Duong, tenente della Polizia segreta di Hanoi.

– Grazie, non è necessario che si presenti – Chim era furioso. – Ditemi: che fretta c'è, che venite a notte fonda a portare via un prigioniero che è qui da quattro anni?

– Suppongo che *abbiano* fretta. Io eseguo gli ordini, compagno. Il generale Tu Ha mi ha chiesto anche di informarla che l'aspetta alle otto, nel suo ufficio. Ora dobbiamo andare.

Il tenente si mise sull'attenti. Si girò e scivolò come un'ombra spettrale nel furgone.

## 68. PIÙ SBARRE

Thuan dormicchiava in una squallida stanza. L'edificio che avevano attraversato gli era parso interminabile. Sembrava un palazzo arenato nel passato. Fece in modo che il sonno placasse una fitta che gli percorreva le meningi senza tregua.

In un attimo, una sirena assordante lo strappò al suo letargo. Mentre cercava di scuotere la sonnolenza, entrò un ragazzino in uniforme. Thuan riconobbe uno dei suoi accompagnatori della notte prima, che per tutto il percorso aveva guardato imbambolato una lampadina del furgoncino come se fosse la luna.

– ThuThuan, il ge-ge-gene-rale Tu Ha mi ha chiesto di portarla nel suo uffi-ci-cio – la sua balbuzie affondava nel frastuono dell'ambiente.

I corridoi deserti della sera prima erano adesso un caos di persone. Si sentivano voci, stivali militari che correvano, porte sbattute e carri impazziti da un lato all'altro. La bandiera comunista era appesa ovunque: alle finestre, alle pareti, alle maniglie delle porte e delle ringhiere.

– Ahi, Van Thuan, sei senza speranza! – Tu Ha ricevette il prigioniero seduto sulla sua sedia e con gli stivali scintillanti appoggiati alla scrivania. Si stava pettinando tenendo uno specchietto in mano. Dopo, si pettinò anche i baffi e la barba e si fermò un momento a guardare le sue tre lentiggini.

Thuan esitò. Aveva voglia di lasciarsi cadere a terra come un sacco e, allo stesso tempo, sapeva che mostrare sintomi di debolezza lo avrebbe pregiudicato.

– Ti approfitti della mia generosità. Ti faccio regali che disprezzi – Tu Ha si grattava le orecchie con ansietà. – Sai che in Vietnam, all'improvviso, nessuno prega; all'improvviso, nessuno si oppone al Governo; all'improvviso, nessuno si interessa all'oppio del popolo, all'improvviso Dio è morto...? – ogni volta che pronunciava le parole «all'improvviso», Tu Ha alzava di più il tono di voce. Ormai a pieni polmoni dichiarò – Chi ha disarmato la rete di spionaggio? chi gioca a piantare fiori mentre prende in giro il Governo?

Thuan taceva.

– Non so cos'hai dentro questa testa perché io debba sopportare di non tagliartela. Non capisco perché non possiamo scambiarti con un altro e che il Vaticano ci lasci in pace. Voglio ucciderti! – Tu Ha ruggiva come un animale ferito. – Comunque, finché non posso affogarti io stesso, – gesticolava mimando di stritolare il collo di Thuan, – mi incaricherò personalmente di te, cospiratore.

Thuan aveva nostalgia di sua madre. Tornò a ricordarsi di lei e si distrasse dal discorso adirato dell'ufficiale. Eppure, a un certo punto, in seno al torpore, comprese la minaccia che gli si rivolgeva.

– Adesso mi segui nella zona residenziale del Governo. Vale a dire, a casa nostra.

– Che intendi dire con «nostra»?

– Quando imparerai che non devi fare domande, traditore? «Nostra» significa che questi edifici sono appartamenti per ufficiali. Vivrai con un ufficiale. Ti è proibito parlare con lui. Ci saranno due soldati che terranno d'occhio l'ufficiale affinché non lo contagi e terranno d'occhio te mentre l'ufficiale viene a lavorare in ufficio. Non puoi uscire dalla stanza, non puoi guardare dalla finestra, non esisti per nessuno, capito?!

– Ma io non sono della Polizia segreta: non posso vivere qui.

Thuan cominciò a sentirsi soffocare.

– Tu sei un traditore e non scegli dove vivere – Tu Ha fece una pausa per riprendere il filo del discorso. – Ogni quindici giorni cambierai appartamento, ufficiale e guardie. Oggi espellerò Chau e Chim dall'esercito – Tu Ha indicò due pratiche sul tavolo. – Sei riuscito a rovinare la carriera dei tuoi amichetti: mi auguro che non vorrai fare lo stesso con gli altri. Dunque, ti è proibito parlare con le tue guardie di null'altro che non sia dire: «voglio andare in bagno», «firmerò la confessione». Hai capito, cocciuto che non sei altro?

Quando Tu Ha gli afferrò la manica, si rese conto che stava per perdere l'equilibrio. Il sonno e la fame potevano giocargli un brutto scherzo. La gamba sinistra gli si contrasse in un crampo insopportabile. Thuan seguiva Tu Ha zoppicando, in parte sollevato perché quella fitta lo teneva in piedi.

Mentre attraversava un parco grigio, di cemento, fissò l'azzurro del cielo del mattino. Tentò di riempire i polmoni di aria pura e di conservare un po' di quel cielo nella sua memoria. Di fronte a sé si ergevano numerosi edifici, che formavano un incredibile alveare di cemento.

## 69. DI NUOVO IN GALERA

Le due guardie finirono la loro partita a carte e uno di loro estrasse dei bastoncini cinesi.

Dalla stanza arrivava l'eco della voce di Thuan che cantava in sordina.

– Credo che sia uscito di senno.

– E a noi che importa? Se impazzisce, sarà più facile controllarlo. Non so perché dicono che sia tanto pericoloso. L'unica cosa che fa è canticchiare cose senza senso e, tutti i giorni alle tre del pomeriggio, è come se gli si presentasse uno spirito per avvisarlo che è arrivata l'ora. Di chi è stata l'idea?

– La cosa peggiore è che a me piace la musica. Mi avevano avvertito le guardie precedenti. Spero che non mi stia contagiando.

La guardia finse di tremare di paura.

Dentro la minuscola stanza, Thuan cantava un inno spirituale in francese. Non appena ebbe finito, fece lentamente il segno della croce, assaporando ogni movimento, e cominciò a celebrare l'eucaristia in latino. Quando arrivò il momento di consumare le gocce di vino, Thuan sentì che gli si dissanguava l'anima. Cominciò a visualizzare un film di ricordi nei quali sfilavano, uno a uno, i volti dei prigionieri che avevano condiviso la reclusione con lui. Ricordò Thaverada, Dinh, Dang, Thao e Uy, Pinelli e tutti i suoi compagni del campo di rieducazione; gli venne in mente il colonnello Thuyen, intravvide il volto dei “santi”, il sorriso di Nah; quando pensò a Chim e a Chau irruppe in un pianto.

Le prime settimane si era consolato pensando che era preparato per affrontare di nuovo l’isolamento. Eppure i continui cambiamenti di appartamento lo logoravano e lo angosciavano. A malapena riusciva a far sì che qualcuno gli rivolgesse qualche parola, se non per comandargli di andare a mangiare o al bagno. Condivideva la stanza con uomini senza volto né nome, e lui stesso si sentiva una specie di fantasma errante.

Thuan tentò di rifugiarsi nel cuore di Dio. Mentre guardava le sue mani rugose e dimagrite, ricordò il giorno nel quale aveva fatto incidere sul suo anello episcopale *Tutto passa*. In ginocchio, sconsolato, gridò dal profondo della sua anima: «Tirami fuori dal pantano, Dio mio! Che io non debba affondare; che il vortice non mi ingoi né il pozzo chiuda dietro di me la sua bocca». Thuan sentì che il suo cuore si placava e l’angoscia cominciava a sciogliersi come quando le nubi nere svaniscono dopo il temporale.

Ebbe perfino il coraggio di sfidare la Madre del suo Dio: «Madre, se credi che ormai non posso essere utile alla Chiesa, concedimi la grazia di consumare la mia vita in prigione. Ma se vedessi che posso ancora essere utile, portami via da qui un giorno che coincida con una tua festa, ti supplico».

D’un tratto la sua memoria tornò indietro, a una velocità vertiginosa, lungo il film sbiadito della sua vita. Thuan ricordò, con sorprendente nitidezza, un pomeriggio di più di vent’anni prima. Allora studiava a Roma, e da lì era andato in pellegrinaggio al santuario di Lourdes. Appena si era messo in ginocchio nella grotta delle apparizioni, aveva sentito la voce di Maria nel suo intimo: «Non ti prometto né gioie né consolazioni, bensì prove e tribolazioni». Quelle parole erano le stesse che la Signora aveva detto alla pastorella Bernadette. Thuan aveva sentito le parole, però aveva cercato di convincersi che non fossero per lui. Man mano che passavano i mesi, concluse la sua carriera ecclesiastica con successo, tornò nel suo Paese, fu nominato vescovo... E ogni volta che ricordava l'episodio, riaffermava che la voce interiore era stata un miraggio. Adesso comprese che quelle parole si adempivano; e ciò significava una presenza speciale in quell'ora. Poco prima di cadere esausto sulla branda, non poté fare altro che tenersi alla mano onnipotente della sua Madre celeste.

Quando arrivò l'ufficiale, Thuan si svegliò di soprassalto.

Vide che lasciava un giornale sul letto. Senza nascondersi, guardò fisso la testata di «Il Cattolico».

– Potrei guardarlo, per favore, ufficiale?

– Sì.

– Guardi, sono qui da settimane e ancora non so il suo nome.

– No.

– Me lo vorrebbe dire, per favore?

L'ufficiale lo guardò come un gatto diffidente.

– Dimmi prima: che ne pensi di questo giornale?

Thuan prese fra le mani la copia di «Il Cattolico».

– Questo giornale non fa bene né ai cattolici né al Governo. Ogni volta di più aumenta la separazione. Guardi questo titolo: *Un cardinale imperialista nomina ministri tre giovani*. Sotto spiega una strategia militare affinché i ragazzi litighino.

E incita i giovani patrioti ad armare la resistenza. Il fatto è che questo ministero è una consacrazione spirituale, non una chiamata alla violenza militare. E non esiste una tale strategia marziale. In ogni caso, addirittura, se anche fosse così, non favorirebbe nessuno il fatto che i nostri giovani partecipino a combattimenti armati.

– Che disastro. Utilizzano male i termini religiosi. Ed è vero che normalmente parlano in modo offensivo.

– Ebbene, sarebbe conveniente che prima capissero meglio la terminologia religiosa.

– Lo sospettavo. Da quattro mesi sono addetto al Dipartimento delle questioni religiose. Più studio e più osservo che i nostri bollettini sono infestati di errori. Gli ufficiali più giovani non ne hanno la minima idea: pensano che cattolici, luterani e ortodossi siano dei clan e si confondono, quando il Signore (che considerano capo del clan) è lo stesso per tutti. Sono ben disposti, vogliono studiare, ma così non andiamo da nessuna parte. Ce n'è uno in giro che dice di essere stato catechista ma, sinceramente, non ne ha neanche l'idea.

Thuan rise.

– Mi viene in mente un'idea. Posso scrivere un piccolo vocabolario sul linguaggio religioso, dalla A alla Z. Quando non capiscono, glielo spiego con calma e così possono apprezzare meglio la struttura, la storia, lo sviluppo della Chiesa, le sue attività.

– Per combattere il nemico si deve conoscere bene – l'ufficiale cambiò improvvisamente faccia. – Tuttavia, non so se sia legale che il prigioniero si trasformi in professore.

– Il prigioniero è sul punto di diventare statua – Thuan finse di rimanere pietrificato. L'ufficiale sorrise tra i denti. – È meglio un prigioniero utile che un parassita sprecato.

Scrollando le spalle, fece un gesto di invito con gli occhi.

– Lasciami pensarci su e domani ti dico qualcosa. Per il momento, prendi questo quaderno e comincia a scrivere il tuo vocabolario.

Thuan si avventò sulla carta come se la volesse mangiare. Rimase a scrivere per molte ore, senza tregua. Molte volte annotava le parole persino in cinque lingue, per agevolare lo sforzo di coloro che leggevano documenti stranieri. Tra una parola e l'altra, implorava che quella minicatechesi gli permettesse di piantare semi di vita nel cuore delle sue guardie.

## 70. VECCHIE MELODIE

Quando l'ufficiale tornò dal lavoro, Thuan lo attendeva come un prigioniero che non beve da settimane.

– Ho guardato il tuo vocabolario con i miei due subalterni principali. Hai fatto un buon lavoro, ci può essere utile. Vengono a farti due domande.

Gli ufficiali erano stati convenientemente istruiti ed entrarono col volto serio e un'espressione da poche discussioni.

– Fategli le domande di cui avete bisogno. Ma ci atterremo al vocabolario e alle questioni della nostra ricerca – l'ufficiale parlava con estrema serietà. – Non voglio neanche la minima interazione personale.

Thuan vide che i ragazzi erano molto giovani.

Cominciarono a fargli delle domande, inizialmente con una certa timidezza. Lui rispondeva con storie e descrizioni minuziose di Paesi nei quali non erano mai stati; a volte ricorreva all'etimologia delle parole e accompagnava le spiegazioni con confronti fra le diverse lingue. Arrivò la notte e nessuno sembrò accorgersene.

Quando vennero a portare lo spuntino di mezzanotte al prigioniero, si resero conto dell'ora e si allarmarono. L'ufficiale li invitò ad andarsene e rimase da solo con Thuan.

– Vuoi che condividiamo la cena?

Il prigioniero fece un gesto gentile e mise il cibo in mezzo a loro due.

L'ufficiale era sconvolto. Non si aspettava quell'invito.

– Grazie, oggi non cenerò. E comunque, voglio farti una domanda. Oggi ho corso il rischio di parlare con un amico che è ai vertici del Governo perché ho avuto un'idea. So che ci sono sacerdoti che si sono resi conto che il nostro desiderio di cambiare il Paese è il migliore servizio che possono rendere adesso alla nostra patria. Penso che potresti essere utile costruendo con noi, invece di marcire per andare contro di noi. So che Tu Ha ha stima di te. Dietro il suo volto furibondo c'è un uomo che ama il Vietnam e ogni volta che parla di te si nota che ti rispetta e ti teme.

Thuan lo ascoltava con un sorriso, e di tanto in tanto mangiava piccolissime porzioni di focaccia di mais.

– La ringrazio per l'idea, ufficiale "Ics" – Thuan mise le braccia lungo i fianchi, fingendo collera. – Com'è imbarazzante parlare con qualcuno che non puoi chiamare per nome!

– Bay – lo guardava ansioso. – Allora, accetti?

– Bay, ho sempre pensato che ognuno ha il suo posto nel mondo. Ricordo quando ero bambino e vedevo come lavoravano i campi. Un buon contadino un giorno mi fece vedere i suoi attrezzi. E mi disse: «Cosa succederebbe se cercassi di arare il campo con una bacchetta?». Al suo fianco, in un fagotto aveva con sé una ciotola di riso con le bacchette. Me lo immaginavo mentre cercava di lavorare la terra con quelle sottili bacchette di legno. «Impossibile, gli risposi, ci metteresti un secolo, e la bacchetta si romperebbe». Allora mi fece una domanda: «E se mangio il riso con l'aratro?». Solo a immaginarlo mi venne da ridere. Quell'omone, con la sua semplice saggezza, mi stava dando un insegnamento: l'aratro al suo posto, la bacchetta al suo, ognuno con la sua funzione – l'ufficiale ascoltava risentito. – La mia missione non è quella di fare politica. La mia missione non è costruire un regime per il Vietnam. La mia missione non è unirmi a voi. Anch'io amo il mio Paese; anch'io voglio il meglio per il nostro popolo; però ho lasciato tutto quello che ero e avevo per mettermi agli ordini di Dio.

– Di quale Dio?

– Di un padre che è al di sopra dei Paesi, del colore della pelle, delle opinioni politiche. Di un padre che ci ha creato per godere con Lui del suo amore. La mia missione è annunciare questa buona notizia a tutti. A quelli del Nord e a quelli del Sud. Ai cinesi, ai giapponesi, ai cambogiani, ai russi, a tutti!

– È una notizia bellissima, ma non credo che porti prosperità al nostro Paese – l'ufficiale scrollò le spalle.

– La prosperità di un popolo comincia nel cuore di ognuno dei suoi abitanti. La pace mondiale sarà impossibile finché esisterà l'odio nel cuore degli uomini – l'ufficiale era in completo silenzio. – La vita è come un'orchestra. Voglio dare tutto affinché gli strumenti siano accordati il meglio possibile e ognuno trovi la melodia che può offrire all'insieme.

– Ti piace molto cantare – Bay abbassò la voce, come chi confessa un segreto. – Anche a me. C'è una delle tue canzoni che mi piace moltissimo. Me la insegni?

Dopo varie settimane senza parlare con nessuno, quel giorno era stato talmente pieno di emozioni, che Thuan era esausto. Tuttavia, non poteva perdere quell'opportunità.

– Non so quale canzone sia. Che dice il testo?

– Comincia tu.

– Sì, ma quale?

– Non è vietnamita, credo sia in latino. E suona come se un serpente fischiettasse mentre sta strisciando.

Thuan rise. E cominciò a canticchiare in latino, con la voce bassa.

– *Salve Reginaaaa...*

– No. Ma adesso sono sicuro che è in latino.

– *Ave Maris Stellaaaa...*

– Neanche.

– *Te Deum laudamus, te Dominum...*

– No. Questa no.

– *Veni, Creator Spiritus, mentes tuorum visita, imple superna gratia* – Thuan si fermò un attimo per prendere fiato.

– Continua! È questa!

– Bene, dammi un foglio che la scrivo. Siccome la musica è uguale in tutte le strofe, ti sarà facile impararla.

– Chi ti ha insegnato queste canzoni?

– È musica gregoriana. È nata secoli fa, per pregare. Sono melodie che elevano lo spirito e lo fanno arrivare al Cielo più facilmente.

– Mi piace! Scrivila così la imparo.

Thuan riprese a canticchiare a bassa voce la melodia e cominciò a scrivere le strofe in bella calligrafia. L'ufficiale, soddisfatto, gliela cantò due volte. Gli corresse due note la prima volta, ma aveva già acquisito dimestichezza con la melodia.

Quando tornò nella sua camera, Thuan immaginò mille angeli cantare intorno a lui.

# 71. INFERMIERE GUARDIANO

Quando aprì gli occhi, Thuan si rese conto che qualcosa non andava. Il dolore delle articolazioni gli impediva di muovere persino un dito. Una coltre di stanchezza, plumbea, gli irrigidiva il corpo e penetrava sottilmente fino in fondo al suo spirito. Cercò di pregare, ma la mente era vuota e il cuore legnoso. Non riusciva a reagire e cominciò ad allarmarsi. Di nuovo un'angoscia pesante cominciò a opprimerlo. La mancanza d'aria lo asfissiava. Lo stomaco cominciò a muoversi provocandogli ondate di nausea.

Accanto a lui, Bay si alzò e cominciò a cantare il *Veni, Creator* a pieni polmoni. Erano già diversi giorni che lo recitava di sera, eppure Thuan non si aspettava quella messa in scena. Con l'asciugamano al collo, l'ufficiale scese cantando per le scale. Dal suo letto, Thuan lo vedeva nel cortile, un po' sfocato a causa di alcune tendine lacere. Si sgranchiva, facendo la sua ginnastica mattutina, al ritmo del canto gregoriano. Gli esercizi risultavano maestosi. I muscoli goffi di quell'uomo si armonizzavano in una specie di danza. Durante l'ultima strofa, prese un catino d'acqua e se la spruzzò addosso. La sua voce giovane proruppe in un sonoro «Amen!» mentre si asciugava con l'asciugamano, felice.

Thuan notò che la bocca gli si muoveva. E sospirò sollevato nel vedere che una risata lo faceva sentire vivo. Con un filo di voce, disse: «Grazie, mio Dio. Quando non ho forze per pregare, mi mandi un poliziotto che lo fa per me».

Bay rientrò nella stanza per indossare la casacca dell'uniforme.

– Stai bene? – gli domandò un po' allarmato.

– Diciamo di no – Thuan parlava come un moribondo.

– No. Non puoi crepare. Accidenti!

– Per favore, non mi seppellire prima del previsto.

– Che ti succede?

– Mi fa male tutto il corpo. E una stanchezza atroce mi opprime.

– Sospendiamo la lezione di oggi ai ragazzi.

– No, per favore. Se non muovo per lo meno la lingua, morirò sicuramente – Thuan finse di spirare. – Muoio di angoscia, e questo mi distrarrà. Il solo vederti cantare mi ha un po' sollevato.

– Ascolta, vado a fare un giro in ufficio e mi porterò il lavoro qui. Ho molti dubbi su alcuni documenti ecclesiastici. Magari potrai aiutarmi, ma senza affaticarti.

– Buona idea, ufficiale Bay – Thuan si rallegrò nel vedere che il braccio gli rispondeva quando cercò di fare un saluto militare.

Il prigioniero rimase profondamente addormentato. Quando si risvegliò, trovò Bay seduto alla scrivania, sommerso nei documenti.

– Bay…

– Ehi, sei vivo! Stavo pensando che guaio sarebbe se morissi proprio mentre sei agli arresti con me. Non c'è da scherzarci. Può costarmi la vita. E per la verità ho voglia di vivere. Quindi non crepare, ti supplico.

– Bene, tu sei con me da più settimane degli altri e a qualcuno doveva toccare – Thuan si sgranchì un poco.

– Proprio questo pensavo di dire a Tu Ha. Da quando hanno deciso di non cambiarti più di cella affinché non contaminassi gli altri, è toccato a me pagarne le conseguenze – Bay stava finendo qualcosa e non faceva attenzione alle sue parole. – Non so neanche se mi hai già contagiato. A quanto pare è un virus invisibile.

– Che ore sono?

– Metà pomeriggio. Ma non ho voluto svegliarti. Andrò io stesso a cucinarti qualcosa. Preferirei che mangiassi qualcosa di caldo e con un po' di sostanza. Con queste stupide zuppe che ti portano, non mi meraviglia che ti faccia male dappertutto.

Bay uscì dalla stanza. Dopo un po', un odore delizioso annunciò il suo ritorno. Quando Thuan lo vide comparire ai piedi del suo letto con una minestra di polpette con carote, mandorle e broccoli pensò di sognare.

– Dai, mangia. Questa minestra è miracolosa. Anche al Sud fate così la minestra?

– A mia madre piaceva aggiungere un po' di salsa Hoisin e i fegatini di pollo. Che lotte facevamo! Il sapore agrodolce di questa salsa mi fa impazzire. Ma non potevo sopportare i fegatini e i tendini. Volevo solo succhiare le foglie di basilico e mangiare gli spaghettini di riso. E lei voleva insegnarmi a mangiare di tutto. Se solo avessi saputo la fame che avrei avuto! *Mamma mia*!

– Eh, questo è italiano, no?

– Esatto!

– Vediamo se ti riprendi e mi aiuti con questa enciclica. I tuoi capi dovrebbero scrivere raccontando storie, come te. Un bel groviglio di idee c'è qui. Anche per costruire una mente, è necessario sollevare la struttura dell'edificio – Thuan si fece il segno della croce e cominciò a mangiare con avidità. – Comunque, la semplicità è sempre una meta da non dimenticare.

L'ufficiale, impaziente, si sedette sul letto di Thuan con l'enciclica in mano e un quaderno di appunti. Quella notte di lezioni private gli avrebbe fatto risparmiare molti mal di testa.

# 72. TERREMOTO NELL'ANIMA

La mattina dopo, Thuan era così addormentato che nemmeno sentì svegliarsi il suo compagno di cella. Quando l'ufficiale Bay bussò alla porta, si spaventò.

– Devi vestirti e venire con me. Tu Ha ci sta aspettando – comunicò a Thuan.

Thuan percepì in Bay uno sguardo triste. Raccolse tutte le sue forze mentre una folata di aria fresca gli accarezzava il viso. Quando uscirono in strada, non riusciva a crederci. Erano mesi che non vedeva il cielo. Nella parte posteriore dell'edificio un furgoncino militare aspettava con la portiera aperta. Tu Ha stava indicando ai due soldati armati di salire. Lui si mise accanto a Thuan, dietro. Un vetro blindato li separava dall'autista e dal secondo autista.

– Van Thuan, non ho molto tempo ma volevo parlare con te.

– Dove andiamo? – chiese il prigioniero, fingendo la maggiore fermezza possibile.

– Proprio questo dico: dove si può andare con te? – Tu Ha smussò il tono di voce. – Non so più cosa fare! Sei riuscito a far arrabbiare tutto il Governo. Ti abbiamo messo insieme a noi per tenerti completamente isolato e non c'è nessun poliziotto che sopporti di rimanere più di tre settimane senza parlarti. Quelli del Dipartimento delle questioni vaticane, sorpresa!, hanno imparato a tutta velocità negli ultimi due mesi. Inoltre, adesso discutono sul loro lavoro e spesso fanno ragionamenti contaminati. Ce n'è uno che canticchia mantra in latino! – Thuan sentì che lo sguardo dell'ufficiale si inchiodava, interrogativo, nel suo. Cercò di non muovere neanche un muscolo del viso. – Senti, riconosco di stimarti ogni volta di più, però non hai il senso della misura. Sei incapace di stare zitto e quieto. Promuovi il disordine.

– Promuovo un altro ordine – Thuan sorrise e storse un po' la testa mentre sollevava le spalle.

– Anch'io preferirei un altro ordine – Tu Ha abbassò la voce e continuò quasi in un sussurro. – Speravo che qui sarebbe successo come in Russia. Ti confesso che mi attrae molto la *Glasnost* come l'ha proposta Gorbaciov. D'altra parte, pensavo che con il tempo avresti riflettuto e avremmo potuto contare sul tuo aiuto, al servizio della nostra patria. Ma non tutti i miei compagni considerano positivamente queste ventate innovative. E tu sei un pericolo per la nazione. A cosa stai pensando?

Thuan aveva voglia di chiedere di più riguardo le opinioni di Tu Ha, ma nel suo intimo sentì, quasi fisicamente, la voce del colonnello Thuyen che lo avvertiva: «Non fidarti di nessuno, né della tua stessa memoria». Si sentiva abbattuto e confuso. E tacque.

– Stiamo riflettendo sulla possibilità di liberarti una volta per tutte e di mandarti fuori dal Paese – Tu Ha guardava Thuan cercando di indovinare qualche reazione. – Ma i tuoi capi sono molto poco abili. Il cardinal Can ha inviato al papa una richiesta affinché faccia santi i martiri vietnamiti. Questi traditori hanno aiutato i francesi a dominare il Vietnam. E adesso nella tua Chiesa vogliono premiarli!

– Questi uomini hanno offerto il loro sangue per annunciare al Vietnam una liberazione che va oltre le frontiere e le nazionalità – Thuan non poté trattenersi. Dopo, come se stesse parlando con se stesso, si lasciò sfuggire una frase. – Ci sono uomini disposti a morire per annunciare la salvezza ai loro compatrioti. E ci sono uomini disposti a uccidere i loro fratelli pur di imporre la loro salvezza.

– I tuoi capi hanno richiesto qualcosa che sanno essere una dichiarazione di guerra a Hanoi. Certamente non possiamo arrestare il cardinal Can, è già un supplizio sufficiente tenere prigioniero te! Ma una cosa è certa: non cederemo, tanto meno nel liberare un controrivoluzionario. Quindi ascoltami bene: in questa prigione sarai un'altra volta completamente isolato. In realtà fatico a comprendere perché non firmi una dannata volta la confessione e te ne vai a casa.

Thuan prese istintivamente aria, come se durante i mesi seguenti i suoi polmoni dovessero ricevere solo ossigeno viziato. Guardò dal finestrino, fotografando scene che gli alleviassero il futuro isolamento. La macchina si era fermata a un semaforo vicino al mercato. Una donna con barattoli di salsa di tutti i colori possibili urlava promuovendo la merce. I chioschi dei fiori dipingevano ogni cosa con infiniti colori. Thuan vide un sorriso luminoso al lato del finestrino. Una ragazza molto giovane portava attaccato al petto un neonato, che stava allattando. Un altro bimbo un po' più grande giocava, alle sue spalle, avvolto in una tela trasformata in zaino. La ragazza si girò per attraversare la strada, cercando di farlo insieme agli altri due piccoli che camminavano al suo fianco. Thuan s'intenerì vedendo quella giovane madre circondata da tanta vita. Per alcuni secondi la sua vista si posò sul braccio libero della madre, che terminava in un moncherino. Con esso attirava verso il corpo i due piccoli per attraversare la strada. A Thuan si bloccò il respiro.

– Mai più la guerra, Dio mio, ti supplico! – irruppe Thuan, a voce alta.

L'automobile si mise in moto e tentò di rifugiarsi nella caotica coreografia del traffico di Hanoi. Anche Tu Ha osservava il movimento incontrollato che li circondava. Una frenata li riportò alla realtà. Al suo fianco, una motocicletta aveva investito una bici-taxi e si era formato un crocchio di persone.

– Accendi la sirena e va' avanti – ordinò il generale all'autista. – Ascolta, Van Thuan. Le guardie sono ben ammonite. Per loro sarai come un animale in gabbia. Ogni giorno ti porteranno il cibo nella stanza. Però, nessuno parlerà con te. Non continuare a rovinare le cose. Io ti apprezzo, ma non tutti sono disposti a lasciarti continuare la guerra dall'interno del nostro esercito. Mi chiedo come mai non te ne renda conto una volta per tutte. A cosa è servito che i tuoi avi spargessero il loro sangue? Se il tuo Dio esiste, non gliene importa proprio niente che voi moriate per Lui.

Thuan guardò di nuovo dal finestrino. C'era un uomo in età avanzata con la sua canna di bambù perfettamente livellata all'altezza delle sue spalle. Da entrambi gli estremi della canna pendeva una cesta. L'aveva sempre affascinato vedere come camminavano quei facchini, con la merce armonicamente in equilibrio. Ma sentiva di essersi completamente arreso. Quando l'auto si fermò, una nausea immensa gli ricordò i giorni di isolamento assoluto a Thanh Liet. Il suo corpo si ritorse in un brivido immaginando un'altra volta la pazzia spaventosa: la mancanza di orario, la luce artificiale, l'immondizia, la claustrofobia e una solitudine atroce e senza fine.

L'automobile si fermò. Tu Ha non si muoveva. Guardava Thuan.

– Mi piacerebbe sapere cosa pensi, Van Thuan.

– Che stamattina non mi hanno avvisato che non sarei tornato nella mia cella. Per favore, fammi avere quanto prima la mia medicina per il dolore allo stomaco – Thuan si mise la mano sulla pancia. – Tu Ha, – Thuan lo guardò attentamente, – mi hai detto qualcosa prima. Che al mio Dio non importa nulla. Che non è servito a nulla che i miei antenati morissero.

– Van Thuan, è evidente. Chiunque lo vede. Chiunque, tranne te.

– Tu Ha, può anche darsi che tu non lo sappia, ma ho un segreto da raccontarti.

Al generale si illuminò il volto. Quasi istintivamente, tirò fuori dalla borsa la confessione e preparò la penna.

– Tu Ha, il mio Dio è morto per me – Thuan notò che gli si spezzava la voce, ma non fece nulla per riprendersi. – Essendo Dio, si fece uomo. Non fece nulla di male, però è morto, torturato, ingiustamente su una croce. Sotto il Governo di allora. È morto anche per coloro che lo uccidevano. Il mio Dio esiste, e sono talmente importante per lui che valgo tutto il suo sangue.

– Van Thuan, a volte mi domando da dove tiri fuori questa forza sovrumana per credere in stupidaggini e vivere di esse.

– Anch'io, a volte, me lo domando. È incredibile fino a che punto possa esistere qualcuno che sia superiore alla paura.

– Di nuovo il tuo Dio?

– Lui distrugge la paura, la polverizza! Si può uccidere un corpo, generale, ma è impossibile uccidere uno spirito. Si può imprigionare un uomo, ma non l'anima di tutto un popolo. Una volta ho letto una storia sul generale Bismarck che mi piace ricordare spesso. Cercò di distruggere i cattolici tedeschi perché lo disturbavano nei suoi piani di *Kulturkampf*. A quanto pare, allora, qualcuno ebbe l'idea di fare una caricatura e la distribuirono per le strade e le piazze della Germania. Nel disegno si vedeva un gigante impegnato a muovere una gran pietra per gettarla nell'abisso del mare. Al suo fianco, il diavolo si prendeva gioco dei suoi sforzi: «Sono venti secoli che ci provo senza ottenerlo. Chi sei tu per soppiantarmi?» – Thuan fece le spallucce, come per non dare importanza alla sua frase. – Probabilmente il sangue versato dai miei antenati ha più forza di quel che sembra.

I due poliziotti attendevano sulla porta posteriore con le armi in spalla e gli sguardi persi. Il cielo era colorato di un azzurro intenso. Il prigioniero tentò di catturare un pezzo di quell'aria pura prima di tornare a essere inghiottito da una cella.

# 73. SCARTATO

Le guardie cercavano di schivare il sopore estivo con un pisolino sotto a un ventilatore in rovina.

– Questo aggeggio è a pezzi. Non so quando è stata l'ultima volta che qualcuno si è preoccupato di fare migliorie in questa prigione. Ci trattano come animali – si lamentò uno di loro.

– Tu Ha sta venendo spesso. Forse convince quelli del Ministero dell'interno affinché...

– Convincere? – con una risata forzata, si stiracchiò. – Quello viene a controllarci. A vedere se l'insetto ci ha già contagiato.

– Siamo dei veri eroi. Tu e io arriveremo mooolto lontano! Ci siamo giurati che non avremmo permesso che nessuno dei due cadesse. Bella squadra! – allungando la mano, cercò di battere il palmo contro quello del suo compagno.

– Ma confessa che l'insetto è un essere strano. Sorride sempre. Ha sempre una parola gentile. Ti ricordi l'altro giorno, quando ci siamo dimenticati di aprirgli e si è tutto sporcato? Quando sono andato a gettare un paio di secchiate, mi ha detto: «Grazie, immagino che non sia per niente gradevole». Non sapevo cosa rispondergli. Sembrava un verme, contorto in un angolo con lo stomaco annodato. Puzzava tanto che neanch'io riuscivo a non avere conati. Non so che diavolerie ha fatto, ma lo trattano come un cane.

– Hai ragione. È mezzo imbecille! Ringrazia sempre. E chiede le cose per favore. Al principio pensavo che fosse un signorino raffinato e mi faceva schifo. Ma dopo mi ha cominciato a infastidire la forza che ha. Accidenti! – la guardia si batté con la mano la fronte. – Ci stiamo coinvolgendo troppo. Ricorda il nostro codice: «Regola 1: Non pensare al prigioniero. Regola 2: Compiere la missione che ci hanno affidato, senza eccezioni. Regola 3: Impedire che il compagno tradisca o desista». Abbiamo cominciato a saltare la prima regola. Te lo proibisco!

– Ma dai, che ne ricavi?

I due risero dandosi pacche sulle spalle. Dalla nicchia del recluso cominciava a levarsi la melodia delle tre del pomeriggio. Giungeva alle loro orecchie, come la visita di uno spirito: li calmava e li immergeva in una sonnolenza gradevole.

Inginocchiato al suolo, sui talloni, Thuan intonava inni, con una voce che a volte languiva. Pensò ai martiri che sarebbero stati elevati agli altari dalla Chiesa. Con profonda gratitudine, pensò che il sangue di quegli eroi non era stato sparso invano. Lentamente, tenendo gli occhi chiusi, visualizzava quell'esercito di vescovi, sacerdoti, catechisti, uomini e donne di buona volontà che avevano sofferto esilio, prigione, sequestro di beni, decapitazione, il supplizio delle tenaglie fredde insieme alle incandescenti, lo strangolamento o le cento piaghe. Si sentì membro di una stirpe eletta per amare fino al limite. Cercò di abbracciare l'eredità degli eletti da Dio per accendere una luce inesauribile nelle tenebre della Terra.

Ma in fondo al cuore percepì la propria debolezza. Tra gemiti, supplicò ai suoi predecessori intercessione affinché il braccio potente di Dio lo inondasse di forza, specialmente se fosse stato necessario marcire in prigione.

Mentre recitava le preghiere, Thuan continuava a preparare le gocce di vino sul palmo della mano. Vedeva davanti a sé un futuro incerto e oscuro, ma aveva fede che quella medicina che stava per consumare avrebbe operato il miracolo di distruggere la paura. Mentre degustava il vino dolce sul suo palato, cercò di assorbire lo Spirito di Dio con la maggiore speranza che potesse trovare in quell'esilio.

Quando finì la liturgia, si mise in piedi e cantò l'inno latino del *Te Deum* con una gratitudine traboccante, a pieni polmoni. Non poteva trattenere la gioia di sentirsi preceduto da un esercito di martiri, protetto da una legione di angeli.

– Forse passerò il resto della vita in prigione, mio Signore. Ma mai più saprò che cosa sia la solitudine! Ognuna delle mie parole, ognuno dei miei gesti, ogni respiro, che siano lode a te – parlava a voce alta e chiara. – Gesù, proprio adesso che non ne posso più, è quando tu puoi tutto. Adesso so che loro intercedono per me affinché in questa povertà assoluta non abbandoni la mia più grande ricchezza che sei tu.

Conclusi i riti sacri, Thuan rimase seduto a contemplare la maestà di Dio. Si sentiva pieno di una pace indescrivibile, trasportato sulla soglia del Paradiso. Quando la porta si aprì ed entrò Tu Ha, non ebbe alcun soprassalto. Tuttavia, l'ufficiale si spaventò vedendo il suo viso trasfigurato.

– Van Thuan, sei sulla te-terra o nel mondo-do degli spiriti? – il balbettio denunciava il suo terrore. – Vieni, raccogli tutto che ce ne andiamo.

Il prigioniero si mise in piedi. In una tasca dei pantaloni logori, depose la sua bottiglia di medicina: nell'altra, la saponetta. Quando si mosse, si sollevò una nuvola di polvere. Al generale venne un attacco di tosse. Thuan gli diede alcuni piccoli colpi nella schiena, ma fu inutile. In pieno soffocamento, Tu Ha vide un bicchiere di succo giallo in un angolo e si lanciò come un posseduto.

– Nooooo! – gridò Thuan. – Non bere!

I due soldati si precipitarono sulla porta, messi in guardia per il grido.

– Portate acqua per il generale! – ordinò Thuan.

Una delle guardie gli diede immediatamente la sua borraccia di latta e Tu Ha bevve e, ancora col cuore impazzito, guardò Thuan.

– Che cosa è successo al tuo succo?

– Non è succo, è pipì.

I soldati videro la smorfia impaurita di Tu Ha e ingoiarono a fatica una risata. Tutti i muscoli dei loro volti si mantenevano contratti per lo sforzo.

– Van Thuan, ma perché bevi pipì?

– Uno dei tuoi uomini mi ha avvertito il pomeriggio in cui mi avete arrestato. È l'unico modo per conservare i denti quando si mangia poco o niente di sostanzioso.

Tu Ha rimase immobile, come se il sangue gli avesse abbandonato le vene. Solo due mosche che piluccavano nel suo sudore dimostravano che era ancora vivo.

– Cammina, andiamocene da qui prima di soffocare del tutto.

Mentre attraversavano la porta della cella, le due guardie fissarono Thuan impaurite, come chi dice addio a un fantasma.

## 74. UN GIORNALE VIAGGIATORE

Tu Ha fece il breve tragitto completamente in silenzio. Quando arrivarono agli uffici centrali del Governo, due uomini aspettavano nel pianerottolo vicino al suo ufficio. Non indossavano l'uniforme militare e nemmeno avevano tratti vietnamiti.

Li invitò a seguirlo. Thuan si rallegrò di rivedere volti umani lungo gli interminabili corridoi che percorrevano. Vide che lasciavano a un lato gli edifici degli appartamenti governativi nei quali aveva vissuto due anni prima. Dal più profondo dell'anima gli nacque una preghiera: chiese al suo Dio di benedire i suoi antichi alunni di latino.

Abbandonarono l'edificio da una porta posteriore ed entrarono in un'altra costruzione. I due uomini seguivano la comitiva. Dopo aver superato un altro labirinto, arrivarono a una cella. Tu Ha la aprì con agilità. Entrò e invitò tutti a farlo.

– Nguyen Van Thuan, questi uomini vengono a certificare le condizioni nelle quali ti manteniamo detenuto – il generale tossicchiò. – Proprio oggi avevamo pensato di sistemarti qui, cosicché approfittiamo della loro visita affinché possano comprovare il buon trattamento del nostro Governo: che nessuno possa lamentarsi del nostro Paese.

Thuan diede un'occhiata intorno. La prima cosa che vide fu un fornello. Solo al pensiero che avrebbe potuto cucinare gli venne voglia di cantare. Vide anche uno spazio minuscolo appartato, con una latrina, e sentì un sollievo indescrivibile per non dovere avvisare ogni volta per le sue necessità.

– Il prigioniero sarà agli arresti con le seguenti condizioni: – Tu Ha parlava con speciale solennità – tutte le mattine, uno dei miei subordinati gli porterà del cibo affinché lui stesso possa cucinarlo; non ha il permesso di ricevere visite, salvo quelle stabilite dal Comitato dei Diritti umani; può camminare in questa cella ma non uscirne fuori; gli si permette di avere un libro e le medicine di cui ha bisogno.

I visitatori guardarono Thuan. Uno di essi, con accento straniero ma parlando in perfetto vietnamita, gli domandò:

– Sta soffrendo qualche tipo di maltrattamento?

Thuan rimase in dubbio per un secondo. La presenza di Tu Ha condizionava del tutto la sua risposta. Era certo che, in quel preciso momento, poteva disporre di molto di più di ciò che lo aspettava.

– Il peggiore maltrattamento è l'ossidazione dei miei neuroni. Supplico che si consideri che devo fare esercizi mentali e che mi sia fornito un quaderno.

– Non possiamo correre il rischio che torni a pubblicare un libro clandestino nel nostro Paese – Tu Ha guardò con fermezza il prigioniero. Ma Thuan si rese conto che quello sguardo stava cominciando a sciogliersi.

– Non scriverò neanche una parola in vietnamita. E le autorità avranno la possibilità di leggere tutto quello che ci sarà nel quaderno.

Tu Ha si strinse nelle spalle. I due visitatori lo guardavano con aria di sfida.

– Numererò le pagine io stesso. E tu, da' la tua parola, davanti a loro, che non ci sarà nessuna lettera nella nostra lingua.

Thuan assentì con la testa e, chinandola, si portò la mano al cuore.

Tu Ha si mise sull'attenti e invitò i due uomini a uscire dietro di lui. Due giri di chiave riportarono il prigioniero alla sua più cruda realtà.

Si sedette sulla branda e guardò verso la piccola feritoia da cui si scorgeva appena un muro vicino, scrostato e con resti di muffa rinsecchita.

La serratura si riaprì. Una donna goffa entrò con un secchio di acqua sporca in una mano e un sacchetto nell'altra.

– Per oggi, prigioniero – lasciò il sacchetto sul tavolo; senza neanche guardarlo, uscì col suo secchio e chiuse di nuovo la porta.

Thuan ebbe appena il tempo di rispondere. Si alzò e aprì il sacchetto. Dentro c'erano alcuni broccoletti, un sacchettino di riso e qualcosa avvolto in un giornale. Cominciò a mettere tutto sul tavolo. Era curioso di sapere cosa ci fosse nel pacchetto. L'odore gli ricordava il porto di Hue. Chiuse gli occhi per godere di quel ricordo che risvegliava il suo olfatto. Nel riaprirli, il suo sguardo si inchiodò sulle lettere della carta, inumidite ma leggibili. Thuan fece un salto. Sebbene tutte le articolazioni protestassero contemporaneamente, non poté contenere la gioia. Con attenzione, lentamente, cominciò a scartare il pesce e stirò il foglio ampio del giornale. Il prigioniero baciò il foglio come se fosse una foto di sua madre. Non poteva crederci. Quel pezzo di giornale era come una visita a sorpresa.

Si sedette sul letto e mise ad asciugare la carta per terra. Guardava le lettere del titolo estasiato e ripeteva: «"L'Osservatore Romano". L'osservatore di Roma!». Si mise a immaginare la strada che aveva percorso quel foglio e decise di ripercorrerla al contrario. Il pesce era stato avvolto nella carta. Prima, il giornale aveva fatto parte degli imballaggi che la signora o il pescivendolo avevano forse preso al mercato, di seconda mano. Come era arrivato fin lì quel giornale censurato? Magari da una guardia che voleva guadagnarsi qualche spicciolo, forse da un ribelle che sfidava il Governo. Thuan non volle trattenersi più in quelle ipotesi: continuò a disfare l'itinerario. Immaginò il giornale che arrivava in Vietnam su un aeroplano. Prima, qualcuno l'aveva forse impacchettato in un ufficio del Vaticano. Qualcuno aveva scritto quelle informazioni nel cuore della Chiesa. Vicino a Pietro.

Thuan si inginocchiò e guardò il foglio. Si sentì più che mai vicino a Roma. Pensò al papa polacco e cominciò a pregare per lui, con affetto. Non poteva reprimere la gioia. Cominciò a cucinare il pesce con la verdura e il riso. Di tanto in tanto, lanciava un'occhiata in terra e immaginava cosa avrebbe potuto fare con quell'aggancio che lo collegava a una catena indistruttibile.

## 75. DISINTOSSICARE L'ARIA

Thuan continuava ad annotare pensieri, discorsi e storie nel suo quaderno. A volte le parole in latino o in francese gli traballavano per la debolezza. Ma riusciva sempre a formare una catena di frasi che si tuffavano nelle profondità di ciò che la sua anima stava sperimentando.

A fatica riusciva a calcolare i giorni e le notti che continuava a consumare in quella cella. Cercava di spremere ogni momento, specialmente quelli che dedicava a cucinare. Riceveva con giubilo l'eco di qualsiasi voce, o la presenza spaventata di chi gli lasciava il cibo e usciva fuggendo, come se si trattasse di un appestato.

Le visite di Tu Ha cominciavano a essere abbastanza ricorrenti. Ormai non veniva con il foglio della confessione. Quando attraversava la soglia e chiudeva la porta con doppio giro di chiave, si trasformava. Come un bambino appena tornato da scuola, si sedeva a raccontare a Thuan le sue peripezie e sperava pazientemente di ricevere qualche parola che potesse risolvere gli enigmi che lo angosciavano.

Una mattina, quasi all'alba, Tu Ha apparve nella cella un po' brillo e con segni evidenti di non aver dormito. Entrò e si sedette per terra, a fianco della branda nella quale Thuan tentava di sgranchirsi.

– L'aria viziata non è mai buona. Se ci rinchiudiamo finiremo per affogare.

– Buongiorno – Thuan guardava perplesso.

– Senti, il compagno Ngoc Dien ha ragione. Dobbiamo fare la nostra *perestrojka*. Fino a quando dobbiamo dipendere dalle idee russe, senza costruire ciò che merita la nostra patria? Stiamo preparando un pacchetto di riforme, un *Doi-moi* alla nostra misura. Se tutto è pubblico e collettivo, alla fine il popolo si annoia, non collabora. Se c'è qualche impresa libera, cerca di capirmi, solo un po', la competizione comincia a essere interessante. Cosa ne pensi?

– Che la libertà personale è il motore del progresso. A medio termine, l'unico motore. Un Paese non può crescere sulla base delle imposizioni del Governo, sotto il terrore e la violenza.

– Inoltre, la gente ha bisogno di vivere meglio. La verità è che, ogni volta che viaggio, mi rendo conto che stiamo rimanendo indietro. Gli altri hanno molte più cose. Possono comprare, essere felici comprando.

– Tu Ha, il consumismo è un altro tipo di schiavitù.

– Chi ti capisce? Se non sei comunista e non sei capitalista, che cosa sei?

– Qualcuno che desidera la libertà più profonda del cuore. Non voglio né per me né per nessuno essere schiavo delle cose materiali, non mi interessa se siano lingotti d'oro o allevamenti di vacche.

– Senti, Thuan. Ho trascorso tutta la notte in discussioni con i compagni. E non potevo togliermi una cosa dalla testa: voglio ottenere la tua liberazione. Potresti aiutarci a fare del Vietnam uno dei Paesi più importanti del mondo. Siamo una delle maggiori popolazioni, siamo un Paese di lavoratori.

Dobbiamo soltanto voltare la pagina del nostro passato sanguinoso e sommare gli sforzi. Se ti propongo come consulente del Governo per l'economia?

Thuan si schiarì la gola per vedere se riusciva a parlare dal profondo della sua sonnolenza.

– Ahimè, amico Tu Ha, – Thuan inghiottì saliva profondamente, – a questo punto non posso ingannarti. Ho cercato di spiegartelo altre volte... Io annuncio la salvezza di Dio, non un sistema politico che oggi è e domani non si sa.

Tu Ha si intristì alla parola «domani». Proprio alcuni giorni prima stava rileggendo un romanzo sul tradimento di Bruto a Cesare.

– Van Thuan, non puoi negare che anche nella tua Chiesa ci sono uomini che mirano al potere. Vivono come principi, pensano come principi, agiscono come principi. Ingannano i poveri con belle parole, mentre loro non abbandonano i loro palazzi, i loro privilegi, la loro influenza soprannaturale.

Van Thuan socchiuse gli occhi.

– No. Onestamente, non lo nego. Io stesso, a volte, sono caduto in quegli errori. E ho dovuto raddrizzare la rotta. Quando molti ti obbediscono, corri il rischio di crederti superiore – Tu Ha sussultò. – La verità è che – Thuan continuava con una voce che denotava completa sincerità – nella mia Chiesa governano esseri umani. E non tutti, né sempre, viviamo come esempio di ciò che annunciamo. Questo è vero. Così come succede anche che troverai fra i tuoi capi coloro che prevaricano, corrompono o uccidono pur di rimanere al potere. E tuttavia, nella mia Chiesa sono innumerevoli quelli che abbandonano casa, genitori, terra, futuro, per donarsi completamente all'annuncio della salvezza agli altri. Tu Ha, ti parlo della Chiesa con l'amore di un figlio che parla di sua madre, di uno sposo che parla della sua amata. Nella mia Chiesa, il perdono è il re. Hai mai visto qualcuno del Governo chiedere perdono, in pubblico o in privato, per i suoi soprusi?

Malgrado Tu Ha guardasse impaziente, Thuan rimase un momento con gli occhi chiusi. Fuori, un raggio di luce arancione rimbalzava sul muro grigio, creando un'atmosfera misteriosa.

## 76. ECCEZIONI

Thuan abbandonò la branda e cominciò a camminare lentamente per la stanza. Ebbe voglia di ridere a vedersi scalzo, con la camicia logora, i pantaloni corti, e con un ufficiale spaparanzato per terra nella sua cella. Ma contenne la risata per evitare malintesi in una conversazione che lo stava facendo esultare di gioia.

Tu Ha rimaneva assorto. A volte sembrava insonnolito, ma poco dopo si risvegliava come un leone che ha appena avvistato una preda.

– Van Thuan, ti supplico. Ripensaci. Hai ragione in quasi tutto, ma le tue parole sono manipolate. Non sei capace di vedere la realtà: l'oppressione che i miti provocano nel popolo.

Thuan restò per un momento in silenzio e poco dopo continuò a parlare come in un sussurro.

– Da piccolo amavo le storie. Le ascoltavo da mia madre. Le ho ascoltate da anziani saggi e da famiglie povere con le quali ho condiviso tanti tramonti. Mi chiedo: se quando un mito si incarna in opere, forse è qualcosa di più di un mito. Chi accudisce i malati terminali, chi accoglie le vedove, chi si incarica dell'educazione dei diseredati della società, di chi ha perso i genitori? Chi regala il suo messaggio senza domandare di che provenienza, lingua o religione è colui che soffre o è ferito gravemente?

Tu Ha lo interruppe con impazienza.

– Lo sapevo che ci saremmo capiti, Van Thuan. Questo è quello che voglio. Distruggere la povertà del nostro popolo. Finirla con la superstizione e l'egoismo. Che tutti posseggano terra, pane e felicità. Ma senza imporre un racconto occidentale su un certo Gesù, senza indottrinare, voglio che siano liberi!

– Solo la verità ci rende liberi.

– Sei sapiente, Thuan.

– Bene – il prigioniero sorrise. – Queste parole sono di Gesù.

Tu Ha sospirò come in preda alla confusione. Thuan, tuttavia, proseguì:

– Dimmi, sinceramente, credi che il tuo regime non indottrini i cittadini? Che li lasci pensare liberamente? Credi che io sia libero di vivere le mie convinzioni più profonde nel mio Paese? – rise. – Il nostro Paese ha sofferto troppe guerre tra fratelli. Solo il perdono ci potrà garantire un futuro migliore. Tutti dobbiamo perdonare. Meno di sessant'anni fa, tutta la famiglia di mia madre, meno mio nonno, morì bruciata dentro una chiesa. Hai mai sentito parlare della terribile notte di Dai Phong?

– Pensavo che fosse una leggenda. Una di quelle storie che si inventano per mettere paura.

– Mia zia Lien fu l'unica che riuscì a scampare da quel rogo. Aveva dieci anni allora. Quando, da bambino, andavamo a trovarla nella sua casetta sulla spiaggia, molte volte la ascoltai raccontare la storia. Ti assicuro che il viso angosciato e le terribili lacrime che la soffocavano ogni volta che raccontava quel momento non erano una leggenda. Tremavo di paura ascoltando i dettagli: quando cominciarono a lanciare le torce nella chiesetta di paglia e fango si accese un falò infernale. Intrappolati, tentavano di lanciare i più piccoli dalla finestra, per cercare di salvarli. I miliziani li ritiravano dentro. Mio Dio, dovette essere un inferno vedere quei corpicini maltrattati e arsi vivi!

– Puoi risparmiarti altri dettagli, per favore. Ho visto bruciare molta gente nella selva, ogni volta che lanciavano napalm dal cielo.

– E io sono cresciuto conoscendo la morte crudele di molti dei miei antenati. Ho visto assassinare i miei zii senza la minima pietà.

– E perché non reagisci?

– Chi dice che non reagisco?

– Tu non odi. Ti nascondi dietro una pazienza infinita.

– Io chiedo al mio Dio di perdonare. Non voglio vivere prigioniero dell'odio. Neppure prigioniero del Governo – Thuan rise tenuemente.

– Ma non firmi la confessione. E per quanto io cerchi di liberarti, non riuscirò a ottenere gran cosa. Al massimo, che ti scambino per un altro prigioniero.

– Ahimè, Tu Ha. E tuttavia, devo ringraziarti. Ho scoperto una libertà che conoscevo, – Thuan si mise la mano sulla fronte e si diede due colpetti, – ma che non avevo vissuto – mentre parlava, la sua mano discese, dolcemente, verso il suo cuore e rimase lì appoggiata.

Il generale si teneva la testa con le mani, come se gli stesse per cadere.

– Forse tu sarai un'eccezione. Nella classe dominante, dico.

– Forse tu sarai un'eccezione tra i comunisti – Thuan rise. – Forse uno non è buono o cattivo per il fatto di appartenere a una classe sociale o a un partito. Forse tutti siamo stati fatti per fare il bene e, contemporaneamente, siamo tanto capaci di commettere il male!

– Bruto uccise Cesare – Tu Ha tentava di recuperare qualcosa dalla memoria.

– Probabilmente Bruto sentì dire a Cicerone: «Quale uomo non commette errori? Solo gli stupidi persistono nei loro errori».

– Perché persisti nel tuo errore, Thuan? Posso prometterti un futuro splendido – Tu Ha parlava quasi supplicando.

Thuan rimase di nuovo un istante in silenzio. E poco a poco, il suo mutismo si trasformò in una cascata.

– In questi anni, credimi che ho avuto abbastanza tempo per riflettere se fossi in errore. Ma più ci penso, più mi sento felice di aver ricevuto una libertà a prova di prigionia. Tu Ha, non trovo una parola di salvezza migliore di quella che i miei genitori, i miei nonni, il mio lignaggio mi hanno dato in eredità. Credimi: ti sono grato per il tuo impegno nel volermi tirare fuori da qui. Ma a cosa mi serve ottenere la libertà esteriore se, per questo, devo tradire la mia anima? Quale ricchezza posso desiderare se adesso, in questa povertà assoluta, mi è dato un amore che distrugge l'ideologia? Guarda, io ti voglio bene.

– Ma come fai? Ti ho reso la vita impossibile...

– Malgrado tu mi abbia punito in tutti questi anni, come non gridare di gioia quando vedo che Qualcuno mi dà questo amore che distrugge l'odio e il risentimento? Tu l'hai reso possibile. Sei stato un buon allenatore. E ti voglio bene.

– Mi vuoi bene? A me! – gli occhi gli uscivano dalle orbite. – Quando ti vedo felice, penso che sei pazzo, ma che tu mi voglia bene mi sembra il colmo! Ci manca solo che balli con me.

– Perché non ballare, se conosco qualcuno che predica una parola di speranza oltre il regime politico di turno? Lui è venuto per salvare il cuore. Non si salva un Paese, Tu Ha. Si salvano le persone.

Tu Ha fece il gesto di alzarsi dal pavimento. Era contrariato e taciturno. Thuan gli tese una mano e lui in un primo momento la respinse, ma dopo l'afferrò.

– Thuan, promettimi che tornerai a considerare la mia offerta. Non posso sopportare che tu marcisca qui. Aiutami a costruire un Vietnam libero dall'oppressione e dalla povertà – Tu Ha si sentiva come un disco rotto, ma non fu capace di dire nient'altro.

Thuan sorrise.

– Ti ringrazio per l'offerta. Prometto che la riconsidererò.

Tu Ha si diresse verso la porta e, mentre metteva la chiave, disse come per sbaglio:

– Il tuo papa ha ordinato che facciano santi centodiciassette martiri del Vietnam. Il Partito pensa che sia inutile opporre resistenza. Si sono permesse alcune celebrazioni – Tu Ha lasciò la frase incompleta e uscì.

Quando il cancello emise il suo strappo metallico, Thuan notò che le articolazioni gli ballavano, e persino il dolore dell'artrite si adattò al ritmo del suono di una gioia indescrivibile. Andò a cercare la bottiglia della medicina e decise che, quel giorno, a quell'ora, fosse il migliore momento per prepararsi un banchetto.

# 77. GIORNO DI FESTA

Il prigioniero aveva cercato di camminare a tutti i costi per la cella affinché l'irrigidimento dei muscoli e delle articolazioni non aumentasse. Ma quell'alba, le fitte erano insopportabili. La pioggia martellava il suolo da più di una giornata, e un'umidità intensa filtrava dalle pareti e penetrava il suo corpo ravvivando il dolore.

Senza neanche potersi muovere nella branda, si era distratto preparando una festa spirituale. La Chiesa celebrava il giorno della presentazione della Vergine Maria al tempio. Aveva preso quel foglio del calendario immaginando Gioacchino e Anna mentre si dirigevano verso l'atrio con la loro piccola figlia. Sotto quelle copertine dormiva placidamente la donna più importante della Storia. Dalla sua parola, da un sì pronunciato nell'adolescenza, dipese l'incarnazione di Dio. Thuan si chiedeva, commosso: "E se avesse detto di no?"; a pensarlo, tremò davanti al mistero di un Creatore sottomesso alla parola di una delle sue creature.

Affranto dal dolore, cominciò a parlare a voce alta con la sua Mamma del Cielo: «Se credi che io sia utile per la Chiesa in questa prigione, fammi la grazia e l'onore di morire qui. Ma se credi che posso servire ancora in qualche altro modo, per favore, che mi liberino».

Pronunciando le ultime parole, Thuan ricordò i suoi genitori. Proprio quel giorno festeggiavano il loro anniversario di matrimonio. Come un bambino che chiede un desiderio, ritornò a scalare il Cielo.

«Madre mia, ti supplico di farmi rivedere i miei genitori prima che muoiano. Sono passati trent'anni dall'ultima volta che li ho abbracciati. Concedi loro la forza per sopportare ogni cosa nel loro cuore, come a me stai regalando la forza di resistere».

In lontananza, risuonava lo squillo costante di un telefono. Ogni volta che finiva la sua sequenza intermittente, passavano alcuni secondi e poi ricominciava. Col rumore ricorrente fuori e il dolore acuto dentro, cercò di prepararsi un po' di colazione. Stava finendo di mangiare alcune cucchiaiate di riso quando sentì i passi frettolosi di alcuni sandali che strisciavano per il corridoio, sempre più vicini. La serratura stridette e due guardie attraversarono quasi contemporaneamente la porta.

– Hai finito? – disse uno, con un mezzo sorriso.

– Sì – rispose Thuan posando il cucchiaio nella scodella.

– Forza, vestiti. Ci hanno detto di portarti immediatamente al cospetto di un pezzo grosso del Governo.

– Sono pronto – Thuan si raffigurò l'immagine di un pezzo grosso e gli venne voglia di ridere. Le due guardie si guardarono contrariate. Uno di loro, portandosi le mani in testa, lo sgridò.

– Non ti rendi conto. Andrai al cospetto di qualcuno di alto livello – col dito sulla tempia, mimava la pazzia di Thuan. – Mettiti dei vestiti migliori.

Thuan sorrise e si allungò un po' la camicia e un altro po' i pantaloni, come stirandolo con le mani.

– In verità, – confessò, – non ho altri vestiti. Oggi stavo celebrando una festa e mi sono vestito con le cose migliori che avevo.

I tre scrollarono la testa: era una situazione senza rimedio.

Una delle guardie si mise dietro Thuan e gli sussurrò qualcosa alle orecchie:

– Scommetto che oggi è un giorno importante per te.

Seguendo le impronte lente della guardia che apriva la strada, il prigioniero cominciò ad allontanarsi dalla sua cella, e si accorse che l'aria viziata degli ultimi mesi prendeva una boccata di fresco.

# 78. L'ARCHITRAVE DELLA LIBERTÀ

Mentre l'automobile discendeva a sobbalzi per le strade di Hanoi, fu uno spettacolo per Thuan rivedere alberi, edifici, persone che camminavano e andavano in bicicletta. La pioggia sfumava tutto con una sporcizia grigia ma, al di sotto, palpitavano vite umane che il prigioniero aveva sognato di incontrare di nuovo. La città sembrava un po' più sgombra di rottami e di resti di guerra.

Il cumulo di edifici cominciò ad allontanarsi dietro di loro e la natura irruppe con tutto il suo splendore. Le gocce d'acqua macchiavano il paesaggio verde, riempiendolo di riflessi, come minuscoli arcobaleni. Thuan, estasiato dalla vista che aveva davanti a sé, cominciò a rimuginare sull'imminente interrogatorio. Mentre stava immaginando possibili scenari, una delle guardie gli disse:

– Stiamo per arrivare in una casa per gli ospiti del Governo, sul lago di Ha Le. Preparati a incontrare il ministro degli interni.

Thuan ebbe un sussulto. Avrebbe incontrato quell'autorità in persona? Per un attimo, ebbe bisogno di pregare. Chiuse gli occhi, come per riposare e cercare di non sostenere nessuna conversazione. Raccolto nel suo intimo, elevò la sua anima al Cielo, chiedendo a Dio luce e forza per quel dialogo.

L'automobile si fermò davanti al palazzo del Governo. Dopo pochi minuti, il carcerato stava attraversando la soglia di un lussuoso salone. Era così immenso e sproporzionato rispetto alla sua cella, che Thuan ebbe un capogiro di pochi secondi. In fondo, in una poltrona, lo attendeva un uomo, seduto placidamente affiancato da uno scrivano.

– Nguyen Van Thuan, si accomodi – risuonò, solennemente, la voce del ministro.

Thuan avanzò tentennando e si sedette su una poltrona vicino al tavolo dove fumava una tazza di tè. Per un attimo, si vide sudicissimo con quegli stracci. Il contrasto con l'uniforme impeccabile del ministro era evidente.

– Sa perché l'ho fatta chiamare?

– No, non lo so – Thuan si sentì intimorito e contemporaneamente felice di poter parlare con qualcuno.

– Come sta di salute?

– Considerando che sono prigioniero da molti anni, che mi divora la fame e mi tiene occupato un dolore immenso alle articolazioni, mi trovo moderatamente bene – il gesto comico che fece strappò un sorriso al ministro. – La ringrazio sinceramente di preoccuparsi del mio stato.

I due, quasi contemporaneamente, lasciarono che il loro sguardo fuggisse dalla finestra e si perdesse nell'immensità di un lago molto bello nel quale si rifletteva una lieve parentesi di sole. Thuan si rese conto che gli occhiali gli si erano sfocati. Non vedeva bene le forme lontane e alcune righe nel cristallo interferivano col paesaggio.

– Che rapporto ha con Ngo Dinh Diem? – la fermezza della voce del ministro lacerò l'aria.

– Era mio zio – mentre pronunciava queste parole Thuan sentì contemporaneamente orgoglio e terrore. Le conseguenze potevano prolungare senza fine la sua prigionia.

– Sa una cosa? Durante la guerra ho dovuto lottare nel sud. E ho conosciuto suo zio. Per molti anni l'abbiamo identificato col potere imperialista degli Stati Uniti. Ma al giorno d'oggi, se legge i nostri libri di storia più recenti...

– Sono anni che non leggo un libro – chiarì Thuan.

– Quando lo leggerà, verificherà che non ci sono denunce contro la sua famiglia né contro il suo ruolo nella gloriosa storia del nostro Paese. Io ho i miei dubbi, persino, che gli Stati Uniti abbiano contribuito all'assassinio di Ngo Dinh Diem e Ngo Dinh Nhu.

Thuan sussultò.

– Questo Paese è stato il palcoscenico sul quale altri hanno recitato i loro ruoli teatrali. Ci hanno utilizzato. Quelli del Nord, quelli del Sud. Abbiamo solo dieci secoli come Paese. E abbiamo litigato troppe volte fra di noi. Molti Paesi ne hanno approfittato per appoggiare l'una o l'altra fazione. Ma così non andiamo da nessuna parte.

– Che gioia mi dà ascoltare tutto questo, signore.

– In fin dei conti, suo zio Diem e suo zio Thuc hanno fondato due università nel nostro Paese.

– Il sapere e la competenza dei nostri giovani sosterrà il futuro di questa patria.

– Non possiamo rimanere schiavi del passato – il ministro continuò il suo discorso, come se non avesse udito. – Dobbiamo guardare al futuro. Il nostro Paese ha bisogno di ricostruzione e mai più di una guerra devastante.

Thuan aveva smesso di guardare dalla finestra e scrutava il viso allungato di quell'uomo che, quasi istintivamente, si rimetteva ripetutamente gli occhiali a posto. I suoi occhi rimpiccioliti contrastavano con la grandezza della bocca che solcava il viso da un lato all'altro.

Ciò che avvenne dopo fu quasi come una folata di vento.

– Hai qualche desiderio, Van Thuan?

– Desidero essere libero – ad ascoltare queste parole fuori del suo essere, il prigioniero temette di aver allungato la sua condanna.

– Quando? – la voce del ministro arrivava con una tranquillità talmente incredibile che quasi sembrava fantasmagorica.

– Oggiiiiiiii – Thuan concentrò tutta la sua energia nello sforzo di spegnere un sospiro. – Il volto di Mai Chi Tho si tese. Nel mentre, l'anima di Thuan si ritorceva di angoscia. Fu incapace di frenare le parole che uscivano zampillando dalla bocca. La debolezza della voce contrastava con la convinzione. – Sono stato prigioniero sotto il pontificato di tre papi: Paolo VI, Giovanni Paolo I e Giovanni Paolo II; e sotto quattro segretari generali del Partito comunista sovietico: Breznev, Chernenko, Andropov e Gorbaciov.

Il ministro Tho sciolse il suo aspetto serio in una risata.

– Questo è vero! – con le dita andava inscenando la sua risata smisurata. – Breznev… Chernenko … Andropov… Gorbaciov… Sto diventando vecchio!

Thuan non sapeva se quella rappresentazione fosse un sogno, una farsa o un miscuglio di entrambe. Lo scrivano attendeva con impazienza, come se la sua penna fosse quella scelta per dare il segnale di partenza di una corsa. Il ministro, con tono solenne, imperativo, proclamò il suo verdetto.

– Fa' quello che è necessario affinché quest'uomo lasci oggi stesso la prigione e si realizzi il suo desiderio.

La tosse nervosa del segretario rendeva confuse le sue parole.

– Signore, saranno necessarie molte procedure.

Il ministro mutò nuovamente espressione che si trasformò in un preludio di temporale. Si alzò quasi d'un balzo e, cerimonioso, si mise a fianco di Van Thuan.

– Ho detto che sia oggi – proferì solennemente l'ultima parola, con evidenti gesti di irritazione.

Il ministro strinse con forza la mano al prigioniero. Thuan, a sua volta, fece un lieve inchino con la testa in segno di gratitudine e si girò verso le guardie. Mentre abbandonava quella residenza maestosa, nelle sue orecchie risuonavano le risate del ministro Mai Chi Tho.

## 79. TREDICI ANNI PIÙ UN'ETERNITÀ

Le guardie osservavano divertite il prigioniero. Mentre aspettavano che raccogliesse i suoi effetti personali, videro come allungava dei vecchi pantaloni sul letto per poi annodare le due gambe e utilizzare quello straccio come fagotto. Thuan raccolse la sua saponetta e la conservò con attenzione. Mise dentro anche, con cura, il quaderno e la bottiglia della medicina. Raccolse un paio di magliette vecchie e alcune mutande cenciose che aveva steso vicino alla finestra.

– Van Thuan, devo perquisire la tua valigia prima di lasciarti uscire – l'ufficiale cercava la documentazione relativa al prigioniero in un ufficio immondo, ingombro di carte e con un'unica luce, fievole, che penzolava da un angolo.

– Eccola qua – Thuan stese la mano, con la sua valigia improvvisata, mentre già si vedeva passeggiare quello stesso pomeriggio per strada, andando in bicicletta. Si perse immaginando il momento nel quale avrebbe chiamato i suoi genitori per dirgli: «Vi prego di accettare un regalo di anniversario: sono libero!».

– Van Thuan, – il direttore della prigione lo trasse bruscamente dalla sua fantasia, – questa non è una valigia: è un orrore e dà una pessima immagine della nostra prigione – poi si rivolse alle guardie. – Incaricatevi che nessuno veda questa porcheria. Che esca dalla porta di dietro e vada direttamente al furgone!

Thuan si strinse nelle spalle con una smorfia spiritosa mentre si immaginava quanto fosse patetico il suo aspetto. Fece un passo pensando di seguire di nuovo le guardie.

– Altolà, calmo – l'ufficiale era visibilmente nervoso. – Dobbiamo compilare il modulo di liberazione. O credi di andartene così e basta?

Thuan aspettò, in silenzio.

– Vediamo, qui si deve spiegare la causa della detenzione – con voce cerimoniosa e gesto contrariato guardò Thuan che gli rispose alzando il sopracciglio.

– Sì, d'accordo, non c'è chi lo sappia. Dunque metterò «Migrazione illegale». E punto. Vediamo. Luogo dove si invia sotto arresti domiciliari. Le autorità mi hanno ordinato di condurti alla residenza del vostro capo ad Hanoi. Hai l'obbligo di rimanere sempre dentro i limiti della città. Non fare il furbo, altrimenti ti arrestiamo di nuovo, ti rinchiudiamo e la grazia finisce per sempre!

Thuan non poté evitare di commuoversi dentro di sé. L'arbitrarietà con la quale era stato arrestato e tenuto in prigionia, portato come un sacco da una prigione all'altra, contrastava potentemente col rigore di quelle procedure per essere liberato. Ma tutto quell'incubo stava per finire.

Mentre finiva di dire le sue parole in un modo burlesco, l'ufficiale mise il timbro della prigione, firmò e scrisse sotto: «Hanoi, 21 novembre 1988». Thuan tentò di contenere la gioia che sentiva nel suo intimo, ma non riuscì a evitare che un sorriso pieno di vita gli illuminasse il volto.

# 80. COME IL SOLE SCIOGLIE LA NEVE

Quando avvistò le torri della cattedrale di Hanoi, Thuan ebbe voglia di gridare di gioia. Le finestre ogivali, le punte degli archi che sfidavano il firmamento, tutto gli sembrava un riflesso della sua anima che aveva bisogno di lodare Dio per la sua libertà. Ma un'intuizione gli fece prudentemente conservare la gioia finché l'autista del furgone non lo avesse lasciato alla sua nuova casa.

Tra gli alberi, Thuan vide la statua di Maria Regina della Pace. A pochi metri dalla colonna, i suoi piedi erano sostenuti dalle nuvole e, tra le mani, accarezzava il mondo incoronato dalla croce. Dietro, la piccola *Nôtre Dame* accoglieva i fedeli con le porte aperte. Anche a Thuan si spalancò il cuore e, dal più profondo, sbocciò un gioioso atto di ringraziamento. Si meravigliò quando percepì che dentro di sé non trovava né rancore né ira verso i suoi carcerieri: poteva essere solo frutto di un regalo del Cielo.

Non appena l'automobile si fermò, Thuan strinse calorosamente la mano al soldato e scese.

La porta della residenza arcivescovile era socchiusa. Come un mendicante, attraversò la soglia e dall'altro lato trovò due braccia che lo aspettavano.

– Benvenuto di nuovo a casa, fratello mio – le lacrime

scivolavano lungo le guance del cardinal Can, che aveva visto in controluce la figura spettrale di Thuan.

Mentre camminava verso la camera da letto che gli avevano preparato, l'uomo appena liberato percepiva ogni dettaglio come un regalo: vedere volti, toccare la foglia di una pianta, seguire la scia di un raggio di luce lungo il corridoio. Quando trovò dei vestiti bianchi puliti, una veste talare e un basco, preparati sulla sedia, di fianco alla doccia, credette di sognare.

– Grazie per avermi accolto nella tua casa, Can. Spero di non crearti problemi con le autorità – le idee si accalcavano nella sua testa come uno stormo di passeri.

– Non immagini la gioia che tutti sentiamo nel vederti. Spero di "farti ingrassare" un po' nei prossimi giorni: ho chiesto che ti preparino una buona colazione, adesso. Desidero farti compagnia mentre mangi.

Thuan finse di essere una gallina che beccava ansiosamente, e i due uomini risero di gusto.

– Mi piacerebbe, anche, che appena possibile chiami i tuoi genitori per dargli tu stesso la notizia della tua liberazione.

– I miei genitori… – Thuan trasformò un sospiro in sorriso – Sai che oggi festeggiano il loro anniversario di matrimonio? Quante volte ho sognato di suonare il campanello di casa, di sorpresa, e loro aprono e mi vedono lì, come un regalo!

– Speriamo che tu possa andare presto a trovarli.

– Credi che mi daranno il passaporto? – Thuan socchiuse gli occhi.

– Ne dubito molto. Ancora non capisco perché ti hanno liberato. Dobbiamo comportarci con molta cautela: possono tornare a imprigionarti in qualunque momento, lo sai.

Can temeva di aver provocato angoscia in Thuan, invece lo sorprese un sorriso puro.

– Non so se troverò parole per tradurre quello che sento, fratello – Thuan si trattenne, prese aria e disse con brio. – Mi vedo molto poca cosa, molto piccolo. So che sono molto vulnerabile di fronte alle decisioni arbitrarie del Governo. Ma sono nelle mani di Dio. Nulla di ciò che mi capita può succedere senza che Lui lo sappia. Lui ha distrutto le catene della paura, dell'odio, della morte – mettendo la mano in tasca, prese la saponetta. Con l'unghia si mise a perforarne un angolo. Dal centro del sapone, estrasse la catenina con la croce e la baciò lentamente. – Gesù, hai vinto per sempre!

Il cardinale di Hanoi guardò commosso. Ma fece in modo di sdrammatizzare un po'.

– Comunque, chi lo sa cosa hanno in mente? Sono nervosi. Ogni volta che si accorgono che il Regime sta per crollare, fanno qualsiasi cosa per dimostrare la loro capacità di governo. Forse quello che vogliono è proprio darti un passaporto e che tu esca dal Paese.

– Una volta per tutte – adesso sì che l'espressione di Thuan si rattristò. – Non so se sia peggio l'esilio o la prigione, ma so che Dio anche stavolta mi darà la forza se mi impediranno di tornare nella nostra terra.

– Da dove è uscita fuori questa croce? – il cardinale non poteva distogliere lo sguardo dalle mani di Thuan che accarezzavano il legno ruvido ricoperto di sapone.

Un giovane bussò lievemente alla porta e sporse la testa.

– Monsignore, ha telefonato l'inviato del papa. Tra meno di mezz'ora sarà qui – avanzò di un passo. – Porto anche l'acqua col ghiaccio che mi aveva chiesto Sua Eccellenza.

– Il papa! Vedi? – Thuan afferrò il suo fagotto pieno

di stracci e finse di portarlo in spalla come un escursionista. – Avrò bisogno di un passaporto per andare a trovarlo. Come ho desiderato, in tutti questi anni, abbracciarlo! Ogni secondo della mia agonia ho voluto che fosse un sacrificio a Dio per lui. Devi raccontarmi cosa sta facendo il papa polacco.

– Thuan, bevi un po', per favore. Hai le labbra completamente screpolate – il cardinale gli avvicinò il bicchiere con affetto.

Thuan bevve un sorso d'acqua e la trovò eccessivamente fredda. Mise il bicchiere sulla finestra e rimase lì, a guardare come il sole scioglieva il ghiaccio, poco a poco. Si ricordò del peggiore momento della traversia. E ricordò le parole che aveva detto ai suoi amici.

– Solamente l'Amore scioglie il male, come il sole la neve – ripeté ad alta voce. E in quello stesso istante, una profonda gioia interiore gli fece capire che le promesse di Dio si compiono sempre.

Il cardinale assentì, sorpreso.

– Sai, anche il papa desidera vederti presto, Thuan. Non immagini come siamo stati benedetti con il suo ministero. Lui ha una conoscenza diretta della persecuzione comunista, della missione spirituale della nostra madre Chiesa. Ha patito il prezzo della libertà.

– La libertà... – Thuan assaporò la parola come se gli si sciogliesse una zolletta di zucchero in bocca – Can, fratello, desidero ringraziare il nostro Dio insieme a te. Non so cosa ne sarà di me. Probabilmente mi concederanno un passaporto e dopo mi negheranno l'ingresso. Forse mi rimetteranno in prigione. Forse... – il volto di Thuan si tinse di angoscia ma, in pochi secondi, cominciò a trasfigurarsi di beatitudine – Ma tutto ciò che succede è protetto da Dio. Niente e nessuno potrà usurparmi la libertà. Niente e nessuno riuscirà a impedire che speri contro ogni speranza. Nessuna catena potrà impedire che Lui mi ami, che mi doni di poter amare. Possono uccidermi, ma non uccidere l'Amore che c'è nel mio cuore.

Le campane della cattedrale di S. Giuseppe rintoccarono per l'Angelus. Anche il cuore di Thuan rintoccò di gioia, mentre ad Hanoi un sole raggiante irradiava luce a fiotti, come se il cielo fosse ansioso di partecipare a un giorno di festa.

# CENNI STORICI

Questa storia è un romanzo che si basa su alcuni fatti veri.

Nguyen Van Thuan è nato il 17 aprile 1928 a Hue, una delle città più importanti del Vietnam. Ricevette il battesimo il 19 aprile, col nome cristiano di François-Xavier. Il suo albero genealogico era stato irrigato dal sangue dei martiri per molte generazioni.

Il nonno materno, Ngo Dinh Kha, era stato maresciallo di palazzo, comandante della guardia imperiale, gran saggio, assistente al trono e tutore imperiale. Tutta la sua famiglia e il suo villaggio morirono carbonizzati in una chiesa durante la messa domenicale in una delle epoche di persecuzione religiosa (lui si salvò perché stava studiando in Malesia). Lottò sempre per l'indipendenza del Vietnam. In seguito, alcuni dei suoi figli diedero la vita per questa causa: Ngo Dinh Diem, primo ministro e presidente del Vietnam del Sud, fu assassinato a causa di un colpo di Stato nel 1963; Ngo Dinh Khoi, governatore di Hanoi, ebbe la stessa sorte; Ngo Dinh Thuc, vescovo di Vinh Long e fondatore della prima università del Paese, dovette fuggire in esilio.

La madre di Van Thuan, Elisabeth Ngo Dinh Thi Hiep, non solo trasmise la fede ai suoi figli sin dall'infanzia, ma fu un esempio indimenticabile. Insegnò sempre ai suoi a perdonare gli assassini e a non rinnegare mai il nome di Gesù. Morì in esilio, in Australia, a 102 anni. Molti di coloro che la conobbero la considerano una santa.

Anche il padre di Van Thuan, Nguyen Van Am, proveniva da una famiglia perseguitata per i suoi principi religiosi. Raccontava come il suo bisnonno paterno fosse stato deportato in un campo di concentramento per non aver rinnegato la fede cristiana. Lì lavorò come schiavo e suo figlio doveva percorrere chilometri a piedi per portargli qualcosa da mangiare.

A 13 anni Van Thuan entrò nel seminario minore di An Ninh (Hue) dove compì i primi studi. Più avanti maturò la possibilità di diventare gesuita e anche benedettino. Ma, alla fine, fu ordinato sacerdote diocesano il 12 giugno 1952. Poco dopo, contrasse una tubercolosi mortale. Il giorno prima che gli togliessero un polmone nell'ospedale Grant di Saigon, i medici scoprirono che la malattia era inspiegabilmente scomparsa.

Fu mandato a studiare a Roma. In Europa, oltre a portare a termine una brillante tesi in diritto canonico, conobbe di prima mano nuovi movimenti e associazioni, suscitati dallo Spirito Santo e dai loro fondatori (Focolari, Rinnovamento nello Spirito, *Cursillos de Cristianidad*, *Legio Mariae*...). Più avanti, come rettore del seminario e nelle sue parrocchie e diocesi, avrebbe incorporato questo torrente di linfa nuova per ravvivare il ruolo del laicato. Si sarebbe anche ispirato a quella ricchezza per fondare il Gruppo di Scout di La Vang e il movimento *Mater Unitatis*.

Il 13 aprile 1967 fu nominato primo vescovo vietnamita della diocesi di Nha Trang. Il 30 aprile 1975, dopo una cruenta guerra durata più di due decenni, il Vietnam del Nord conquistò il Sud, dal quale pochi mesi prima erano uscite sconfitte le truppe degli Stati Uniti.

Nel nuovo Paese si impose un regime comunista. Van Thuan fu arrestato il 15 agosto, festa dell'Assunzione di Maria. Poco prima era stato nominato da Paolo VI vescovo aggiunto di Saigon, antica capitale del Vietnam del Sud.

Fu prigioniero in diverse prigioni e in un campo di rieducazione per 13 anni, nove dei quali in regime di isolamento. Il Governo arrivò a disperarsi per l'inevitabile trasformazione che continuava ad avvenire nelle sue guardie, che lui amava al di sopra di ogni ragionevole logica.

Il 21 novembre 1988, festa della Presentazione della Vergine Maria al Tempio, fu liberato. Nello stesso modo arbitrario con il quale era stato imprigionato, senza processo né condanna, gli si concesse di vivere agli arresti domiciliari. Negli anni seguenti, continuò a crescere l'inquietudine da parte del Governo comunista, sempre più teso a causa degli avvenimenti mondiali, specialmente del 1989 (anno delle proteste nella Piazza di Tienanmen e della caduta del muro di Berlino). Le pressioni sulla Conferenza Episcopale e sul Vaticano affinché allontanassero Van Thuan dalla Chiesa vietnamita finirono quando, nel 1991, il Governo del Vietnam lo condannò all'esilio.

Van Thuan fu chiamato a Roma e realizzò varie missioni all'estero prima di essere chiamato al Pontificio Consiglio della Giustizia e della Pace, del quale nel 1994 fu nominato vicepresidente e presidente nel 1998. Svolse un enorme lavoro per redigere il Compendio di Dottrina Sociale della Chiesa. Visitava regolarmente, e in tutto il mondo, le comunità formate da centinaia di migliaia di vietnamiti espatriati.

Nel 2000 papa Giovanni Paolo II lo invitò a predicare gli esercizi spirituali alla curia romana, chiedendogli di raccontare la sua testimonianza di speranza sostenuta dalla grazia. Quelle meditazioni, semplici e profondamente radicate nell'Amore di Dio, sono state immediatamente tradotte in molte lingue.

Nel 2001 fu creato cardinale. Solo pochi mesi dopo gli venne diagnosticato un tumore allo stomaco. Morì a Roma il 16 settembre 2002. Le sue guardie, i suoi amici, i suoi familiari, le migliaia di persone che hanno beneficiato del suo ministero, i lettori dei suoi libri di spiritualità, erano convinti che fosse santo. Per questo, nel 2007, il Pontificio Consiglio della Giustizia e della Pace si fece promotore e diede inizio alla causa di beatificazione e canonizzazione.

Le opere che scrisse durante la prigionia sono state pubblicate in tutti i continenti, sostengono ancora oggi le comunità punite a causa della fede e sono state tradotte in molte lingue. Alcuni prigionieri hanno conosciuto Gesù grazie alla sua testimonianza e sono riusciti a ridurre la loro condanna rivolgendosi alla sua intercessione presso Dio. Molte altre persone hanno ricevuto da lui la grazia di scoprire una libertà interiore, suscitata esclusivamente dalla fiducia in Dio e (per questo) impossibile da essere cancellata dalla sofferenza, dalla persecuzione, dalle sbarre, dall'ingiustizia e da nessun tipo di disperazione.

## RINGRAZIAMENTI

Ho conosciuto la storia di Van Thuan nell'adolescenza, leggendo il suo libro *Cinque pani e due pesci*. Più di quindici anni dopo mi sono imbattuta di nuovo in questa vita affascinante, grazie a mons. Francisco Pérez. Nel sentirlo parlare del suo amico Van Thuan, mi sono accorta che quello che avevo letto non era semplicemente un interessante libro di spiritualità, ma piuttosto la storia di una vita reale, provata dalla sofferenza estrema e redenta in modo prodigioso. Esclamai, dal profondo dell'anima: «Questa vita è da romanzo, mi piacerebbe raccontarla!». Don Francisco mi ha offerto tutta la sua collaborazione. Nella casa editrice Ciudad Nueva, Gabriel Revuelta, Ana Hidalgo, Joaquín Herrero e Antonio Santos hanno accolto e si sono presi cura del progetto. Sei anni dopo non posso che ringraziarli per essersi fidati di me, per aver contribuito con le loro competenze e per aver atteso pazientemente il risultato.

Mons. Paolo Crepaldi, che ha accompagnato Van Thuan nei suoi ultimi anni di vita, mi ha orientato verso Luisa Melo che ho conosciuto a Roma; lei mi ha schiuso le porte verso informazioni attendibili, così come ai volti dei superstiti. Ho potuto intervistare Thien Therese (sorella di Van Thuan), Ambrosio Van Si e Silvio Daneo (suoi amici). Ringrazio tutti loro per avermi raccontato ciò che sapevano e per avermi indirizzato verso altri testimoni. La mia gratitudine va all'aiuto inestimabile della biografia ufficiale di Van Thuan, scritta da André Nguyen Van Chau, e a Felipe Hernández e Joaquín Elizalde, gesuiti che hanno dato un contributo con la loro esperienza in Oriente. Ringrazio María Luisa di Castro, Keith Rule ed Elena Postigo per aver tradotto elenchi di dubbi, in modo da poterli risolvere grazie all'aiuto di persone di tutto il mondo. Ringrazio, soprattutto, ogni vietnamita che ha condiviso la sua storia con me, dando un sapore orientale e martiriale a quest'opera. Non posso indicare i loro nomi perché continuano a far parte di una Chiesa perseguitata e corrono pericoli sia loro che le loro famiglie.

Nel percorso finale del cammino avevo bisogno di occhi che scoprissero errori e di anime che mettessero alla prova l'efficacia del racconto, e un esercito di amici mi ha regalato il suo aiuto. Grazie a Laura Curiel, Adolfo Torrecilla, Beroiz Pérez de Rada, Chacho Castiella, Chus Hidalgo de Caviedes, Manuel García Clavel, Esperanza Melero, Miguel Aranguren e Luis Gutiérrez de Cabiedes per i loro contributi. Grazie a Juan Ramón García-Morato e a Javier Casanova per avermi prestato l'inchiostro della sapienza.

Essere madre, missionaria, professionista e scrittrice suppone un cocktail di una complicata miscela. Solo con l'aiuto di una retroguardia di geni si può riuscire a fare acrobazie per rubare tempo inesistente nel quale poter ricercare e scrivere. Grazie a mia madre, Teresuca; alla mia mamma adottiva Mary Romero, a Carmen Berián e a Jorge Ruiz: se non aveste aperto la vostra casa per prolungare la mia, in quale momento mi sarei potuta rinchiudere a favoleggiare?

Grazie a mio marito Hervé, motore infaticabile, abile documentatore e critico, perseverante nel raggiungere il punto finale; in definitiva, padre. Padre di questo racconto e padre della migliore storia alla quale ha potuto collaborare: la storia dei nostri figli. Grazie anche a loro: ad Angelo che asseconda ogni parola dal Cielo e a Giuseppe per i momenti in cui ha fatto a meno di giocare con me, affinché – ha voluto spiegarmi – "il racconto di Thuan" venisse alla luce.

Grazie, Thuan, per avermi fatto camminare sulle tue orme. In ginocchio davanti al tuo sepolcro firmo questo finale. E ti prego per tutti coloro che partecipano a questo libro (editori, distributori, librai, giornalisti, lettori...). Penso che mai mi sarei potuta affacciare davanti al tuo abisso se io stessa non fossi stata in una prigione. Incarcerata da una malattia, toccando il fondo spirituale e umano, mi chiedevo: anch'io posso vivere questa esperienza di libertà che fluisce attraverso una speranza indistruttibile, di una fede a prova di sofferenza, di un Amore che polverizza l'odio e per il quale rinascono la verità, il bene e la bellezza? Ho capito che si può uccidere un innamorato ma è impossibile strappargli l'Amore dal cuore. Ho sperimentato una liberazione interiore che vorrei trasmettere a tutti coloro che queste parole attraversano.

Caro lettore, per vincere la lotteria si devono comprare i biglietti. Nessuno può farlo per te. Solo tu puoi farti sorprendere. Di cuore, grazie per aver letto fino a questa pagina. E grazie perché puoi fare da messaggero affinché questo dono arrivi a molti altri.

Grazie, infine (e sin dal principio), a Dio, che mi ha donato di poter raccontare una realtà che va oltre ogni migliore fantasia.

Teresa Gutiérrez de Cabiedes
Roma, Santa Maria della Scala
Pasqua del 2016, Anno Santo della Misericordia

# INDICE